AF551350

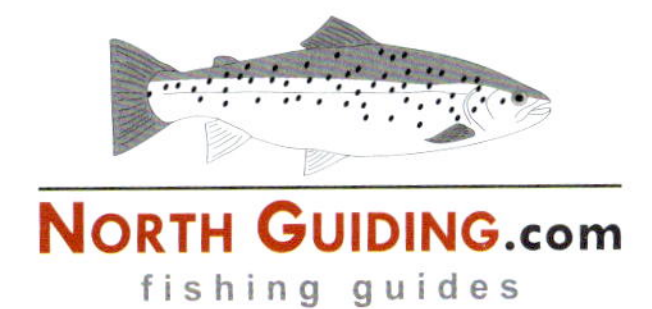
NORTH GUIDING.com
fishing guides

BERTUS ROZEMEIJER

Raubfischangeln

auf Holländisch

Inklusive Hollands bester Raubfisch-Reviere

Aus dem Niederländischen
von Henning Stilke

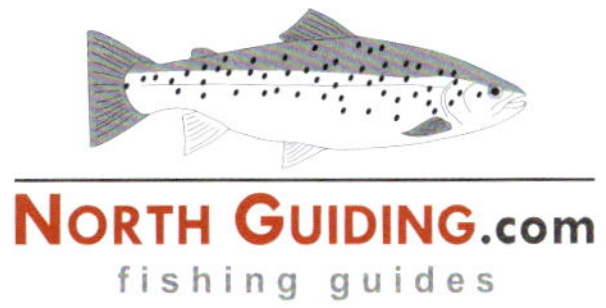

NORTH GUIDING.com
fishing guides

1. Auflage 2014
ISBN 978-3-942366-29-8

Internet: www.North-Guiding.com – E-Mail: feedback@northguiding.com
Facebook: www.facebook.com/Meerforellen

Landkarten: Peter Palm, Berlin
Zeichnungen: Coco Zillmann (www.pixel-pixel.com)
Coverfotos: Bertus Rozemeijer
Umschlaggestaltung: Peter Albers und Rafaela Nimmesgern
Herstellung und Innengestaltung: Satz · Zeichen · Buch, Hamburg
Printed in Germany

INHALT

VORWORT

Als ich vor vielen Jahren zum ersten Mal nach Holland fuhr, um Bertus Rozemeijer zu besuchen, versprach er mir: „Wenn wir zusammen angeln gehen, fängst Du Deinen Meter-Hecht.“ Ich war natürlich sehr skeptisch, weil ich schon meine Erfahrungen mit vergleichbaren Versprechen hatte. Wir fuhren mit seinem Boot auf das *Alkmaardermeer* und meine Skepsis wuchs mit der Größe des Gewässers. Eine weite Wasserfläche, auf der ich nicht den geringsten Anhaltspunkt für einen Hechtstandort entdecken konnte. Der Vormittag schritt voran, und wir hatten noch nichts gefangen. Bertus schien meine Gedanken zu lesen und meinte: „Keine Sorge, Du kriegst heute noch Deinen Meter-Hecht, wahrscheinlich fangen wir sogar mehr als einen.“ Was soll ich sagen? Er behielt Recht. Noch vor der Abenddämmerung hatten wir mehr als einen Meter-Hecht gefangen. Und Bertus hielt weit mehr als sein Wort, denn ich fing mit einem Kapitalen von 1,25 Meter meinen bis heute größten Hecht.

Nach einem phantastischen Angelausflug verabschiedete mich Bertus mit den freundlichen Worten, ich solle ihn doch mal wieder besuchen kommen. Ich hatte nur darauf gewartet, dass er das sagen würde, und natürlich kam ich wieder, mehr als einmal. Mal gingen wir auf Hecht und mal auf Zander. Auf Hecht gab es bei jedem Angelausflug mindestens einen Meter-Fisch. Auf Zander zählten wir jedes Mal zahlreiche

Typisch Bertus Rozemeijer: mit den Boot auf einem der großen Seen in Holland. So bringt er sich und andere zielsicher zum Fisch.

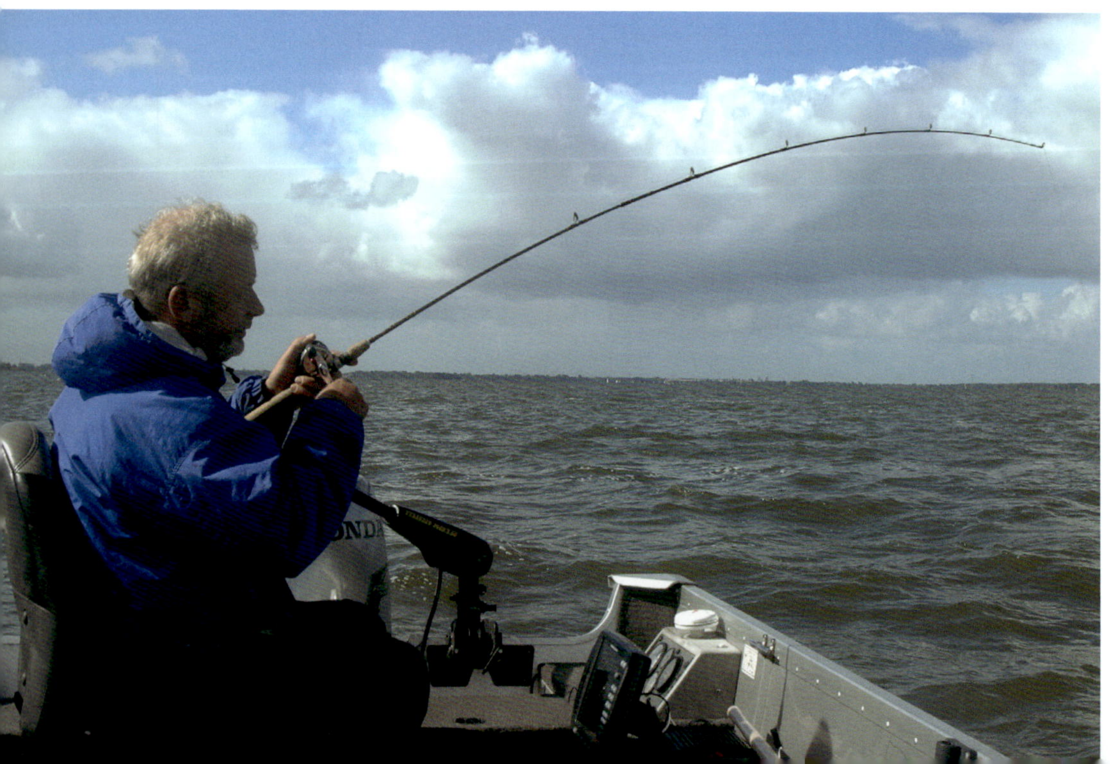

hammerharte Bisse und tolle Stückzahlen. Ich erlebte immer glückliche Fangtage, nur Bertus war einmal unglücklich. Nach einem Zander-Angeltag auf dem *Nordseekanal* bei Amsterdam entschuldigte er sich regelrecht bei mir für das schlechte Beißen. Er wollte mir gerne einmal zeigen, was das für ein gutes Zandergewässer ist. Aber wir hatten einen richtig schlechten Tag erwischt. Wir fingen „nur" 22 Fische.

Wenn ich jedes Mal ganz begeistert von meinem Angelausflug in die Niederlande zurückkehrte, hatte das immer zwei Gründe: Zum einen lag es an den ausgesprochen guten Raubfischgewässern, deren Fischbestände von den einheimischen Anglern gehegt und gepflegt werden. Zum anderen trug natürlich Bertus als ausgewiesener Raubfisch-Experte ganz persönlich zu den guten Fängen bei. Beides steht nun auch für Sie, den Lesern dieses Buches, zur Verfügung. Die niederländischen Gewässer sind ohnehin für jeden Gast problemlos zu beangeln. Und Bertus präsentiert in diesem Buch sein umfassendes Wissen über den Raubfischfang in den Niederlanden, und das ist fast so gut wie eine Angeltour mit ihm.

Nein, eine Tour mit dem leibhaftigen Bertus ist natürlich noch viel besser. Denn dabei lernen Sie nicht nur einen großen Angler, sondern auch einen großartigen Menschen kennen. Ein Ausflug mit Bertus macht ja nicht nur Spaß, weil man dabei meistens sehr gut fängt. Auch in den Phasen, in denen man gerade nicht fängt, hat man viel

Schon oft war Henning Stilke bei Bertus zu Besuch. Und immer gab es ein paar richtig dicke Fische vorzuzeigen.

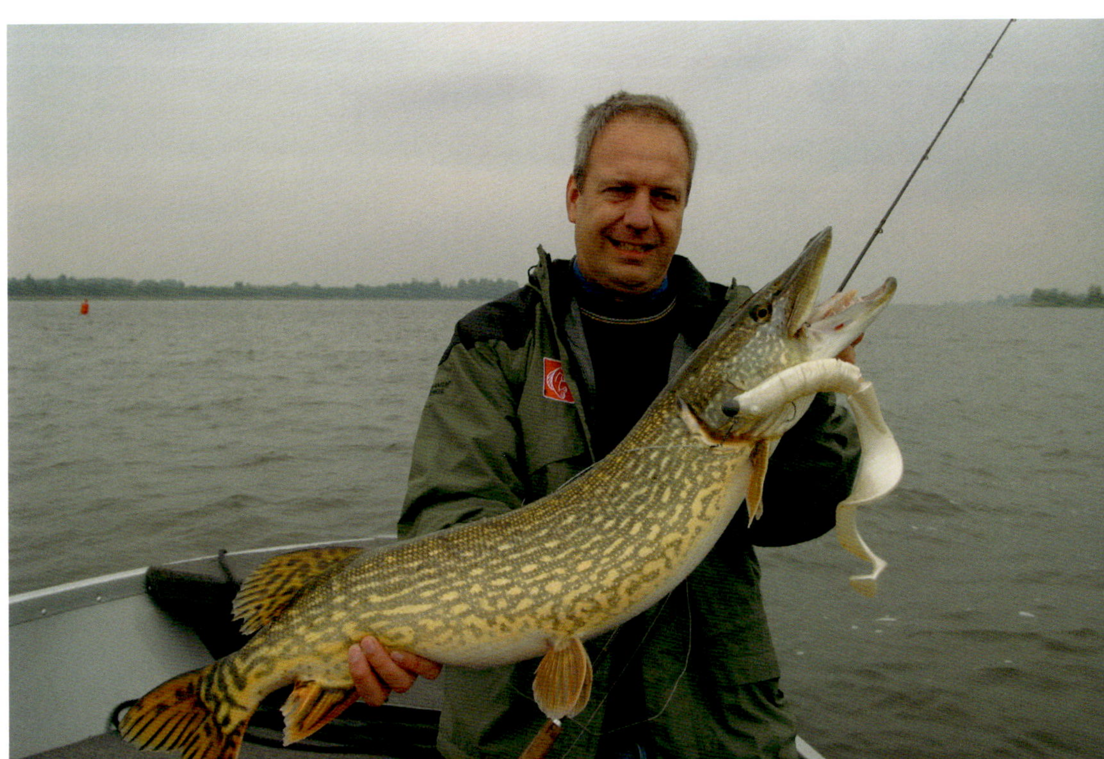

Spaß mit einem humorvollen und großzügigen Menschen. Bertus ist tatsächlich einer der nicht ganz so weit verbreiteten Angler, die frei sind von Fangneid, dafür aber voller Fangfreude auch für die Fänge anderer. Wenn ich in seinem Boot gefangen habe, war seine Freude über meine Fische sogar immer noch größerer als bei seinen eigenen Fängen.

Wie sehr es Bertus um seinen Gast geht, fiel mir schon immer während der Fahrt zu den Hotspots auf. Wir haben nie darüber gesprochen, aber ich habe selbstverständlich gemerkt, dass Bertus immer versucht hat, mich möglichst gut zu positionieren. Immer wenn wir an eine gute Stelle kamen, hat er darauf geachtet, dass ich als sein Gast in guter Wurfposition war und dass mein Köder die besten Chancen hatte, die beste Stelle zu erreichen. Wie viele Angler gibt es wohl, die freiwillig dem anderen den Vortritt lassen?

Mit einem Wort: Ich kann Bertus empfehlen, als Buchautor und als Angelguide. Vielleicht bereiten Sie sich ja mit diesem Buch auf einen Ausflug mit ihm vor. Sie werden auf jeden Fall viel Spaß mit dem ersten Buch über das Raubfischangeln in Holland haben und sicher auch nicht weniger, wenn aus dem Gelesenen einmal Angelwirklichkeit in unserem an guten Gewässern so reichen Nachbarland wird.

Henning Stilke

Solche Hechte sind die Spezialität von Bertus Rozemeijer. Aber auch Sie können ein derartiges Monster in den Niederlanden fangen.

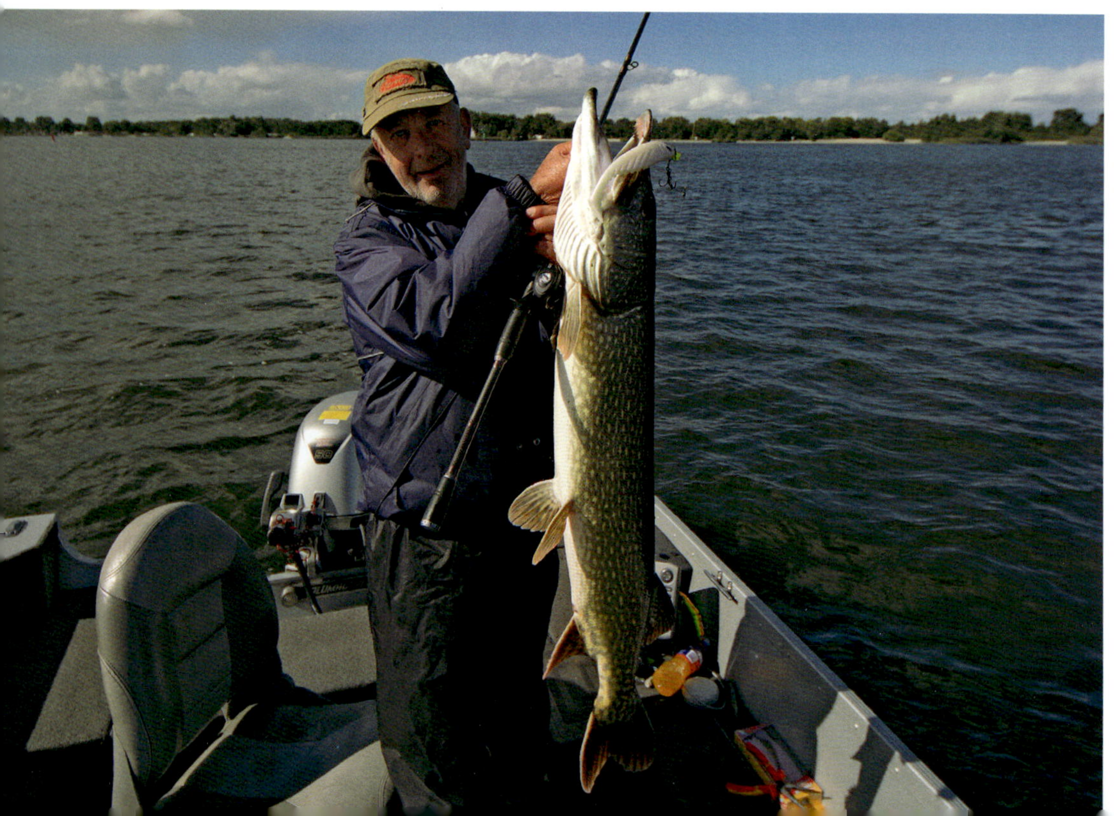

EINLEITUNG

Sie wollen in den Niederlanden angeln? Dann darf sich Ihr Anglerherz freuen, denn das Land erwartet Sie mit viel Wasser. Die Niederlande liegen zu einem großen Teil unter dem Meeresspiegel und bilden eigentlich das Deltagebiet von *Rhein* und Maas. Vor allem der *Rhein* hat dabei einen großen Einfluss auf die Formung der Landschaft gehabt.

Eigensinnig wie die Niederländer sind, haben sie, nachdem Gott mit der Erschaffung der Erde fertig war, selbst noch einmal Hand angelegt. Aus Wasser wurde Land gemacht, und in dem Land wurden hunderte Kilometer Kanäle und Gräben angelegt, um Wasser zum Meer abzuführen und das Land trocken zu halten. Durch Torfgewinnung entstanden besonders in den Niedermoorgebieten riesige Seen. Oft weisen die Namen der Seen noch auf die einstmalige Torfgewinnung hin, man denke nur an *Vinkeveen* oder *Ankeveen*.

Die Polder mit ihren zahllosen Gräben sind von Menschenhand geformt, aber die Natur hat sie im Laufe der Zeit zu einer einzigartigen Landschaft umgeformt zu einem Lebensraum mit einem reichen Bestand an Fischen, und dazu gehören natürlich auch viele Raubfische. Als Kind bin ich in solch einer Landschaft aufgewachsen, und wie das mit Kindern in einer wasserreichen Landschaft oft so ist, fing ich ganz selbstverständlich an zu angeln. Meine Heimatregion nördlich von Amsterdam erwies sich mit vielen Gräben und Kanälen als ein wahres Hechtparadies, und in dem angrenzenden Fluss, der *Zaan*, gab es viele Zander, Hechte und zahllose Barsche zu fangen.

Die Niederlande liegen tief, und das Land sackt noch immer weiter ab. Die Niederlande sind außerdem dicht bevölkert und stark industrialisiert. Häuser und Straßen können hier aber nur auf einem Fundament aus einer dicken Sandschicht gebaut werden. Dieser Sand wurde in großem Umfang im eigenen Land abgebaut, wodurch ganz neue Seen entstanden sind. Im Westen der Niederlande findet man viele dieser Seen, die zu Naherholungsgebieten wurden und zum Boot fahren, Schwimmen und natürlich zum Angeln einladen. Auch wenn dies nicht die größten Seen des Landes sind, können sie einen guten bis sehr guten Fischbestand aufweisen.

Ob im hohen Norden in den Provinzen Groningen und Friesland oder weiter im Süden der Niederlande, überall findet der Raubfischangler große und kleine Gewässer, an denen er seinen Lieblingsfischen nachstellen kann. Einige der ganz großen Gewässer des Landes waren früher Teile noch größerer Gewässer mit Verbindung zum Meer. Die großen Seen in Südholland wie das *Haringvliet*, *Volkerak* und *Veerse meer* waren früher einmal Meeresarme oder Teile davon. Hier wirkte das Meer einmal ganz ungehindert und formte zusammen mit *Rhein* und Maas die wasserreiche Landschaft. Nach der Überflutung im Jahr 1953 wurden an der Küsten und den Flüssen Deiche errichtet und Schleusen gebaut, wodurch neue Seen mit Süßwasser entstanden, in denen unglaublich große Raubfisch leben. *Haringvliet* und *Volkerak* sind allerdings riesige Gewässer, in denen man nicht mal eben auf die Schnelle einen Fisch fangen kann. An diesen Gewässern muss man schon ein bisschen mehr Zeit investieren. Dann hat man aber auch die Chance, außergewöhnlich große Hechte, Zander und Barsche zu fangen.

In den Niederlanden zu angeln, ist recht unproblematisch. Besonders einfach ist es für Jugendliche. Bis zum 15. Lebensjahr darf jeder gratis mit allen Formen von Teigprodukten und mit Maden angeln. Wer mit Kunstködern angeln will, braucht allerdings einen Erlaubnisschein. Das gilt sowohl für Jugendliche wie für Erwachsene. Den Erlaubnisschein (vergunning) zu bekommen, ist allerdings auch sehr einfach. Man bekommt ihn in jedem Angelladen und überall, wo Angelgeräte verkauft werden. Zunächst erhält man einen befristeten Erlaubnisschein. Mit dem wird man automatisch Mitglied in einem niederländischen Angelverein. Wofür man aber nicht zusätzlich bezahlt. Der eigentlichen Angelschein, der vispas, wird einem nach kurzen Zeit mit der Post zugestellt. Der sieht aus wie eine Kreditkarte, und man kann damit in nahezu allen fließenden und befahrbaren Gewässern angeln. Allerdings gibt es auch ein paar Ausnahmen. Aber das steht alles in einem kleinen Büchlein, dass Sie mit dem vispas bekommen. Eventuelle brauchen Sie noch einen zweiten Erlaubnisschein. Der kostet aber auch nur fünf Euro.

Bertus darf sich zur Recht rühmen, das Vertikalangeln erfunden zu haben. Natürlich spielt diese Technik auch in diesem Buch eine große Rolle.

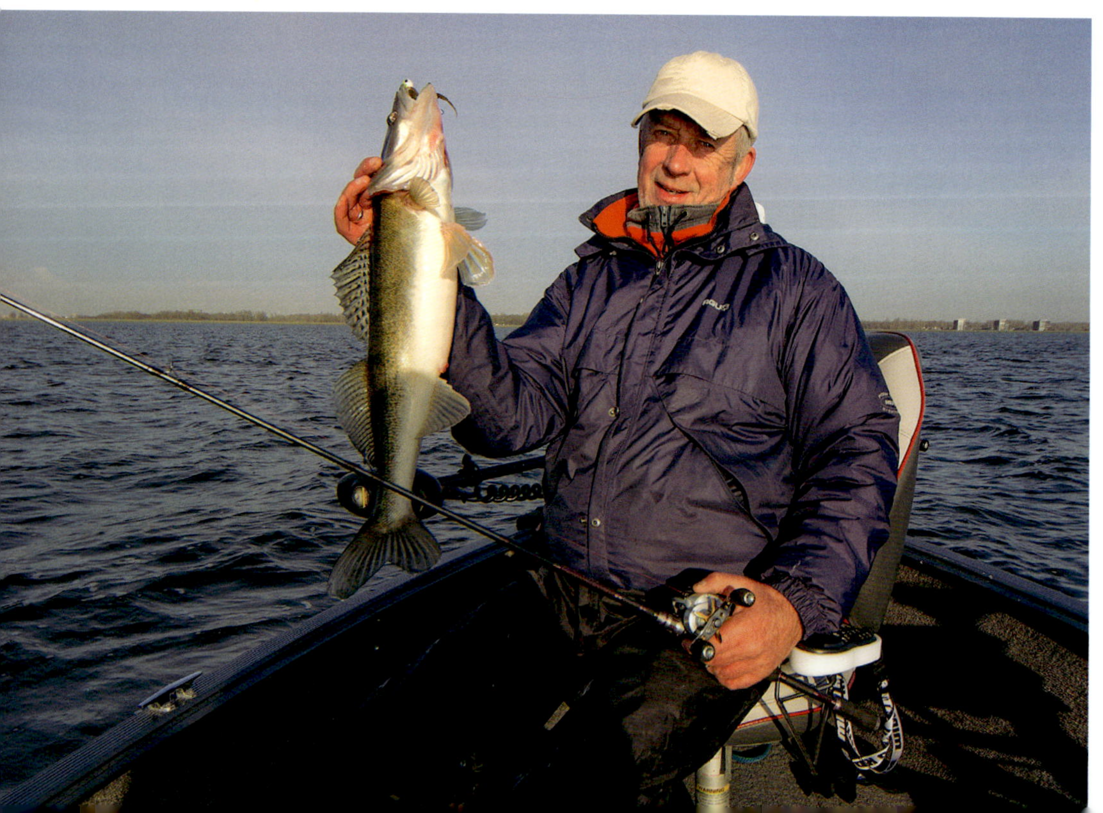

Der vispas selbst kostet, je nach dem, in welchem Verein Sie Mitglied werden, selten mehr als 50 Euro im Jahr. Sie können also für recht wenig Geld sehr viele gute Gewässer beangeln.

In den Niederlanden gilt weitgehend Catch & Release. Bei rund einer Million Anglern ist das auch eine vernünftige Regelung, um einen guten Fischbestand zu sichern. Es heißt aber nicht, dass Sie niemals einen Fisch mitnehmen dürfen. Karpfen sind allerdings überall ganz geschont. Für den Hecht gilt eigentlich dasselbe. Allerdings gibt es auch ein paar Vereine, die es erlauben, einen oder zwei Hechte mitzunehmen. Aber sein Sie sich auch darüber im Klaren, dass Sie sich keine Freunde machen, wenn Sie in den Niederlanden tatsächlich einen Hecht mitnehmen. In den allermeisten Gewässern darf man keinen Hecht mitnehmen, und man darf auch keinen Hecht in Besitz haben, also keinen lebenden oder toten Hecht bei sich haben.

Mit dem Zander verhält es sich ähnlich. Viele betreiben reines Catch & Release, aber man darf auch einen oder zwei Zander mitnehmen. Barsche sind so häufig, dass man von ihnen mehrere mitnehmen darf, gewöhnlich sind es zehn Stück pro Tag. Mit den großen Barschen verhält es sich aber ähnlich wie mit den Hechten. Sie machen sich keine Freunde, wenn Sie mit toten Großbarschen gesehen werden. Über das Mitnehmen von Rapfen muss man wohl nicht viel sagen. Ihn nimmt ohnehin niemand freiwillig mit. Bleibt noch der Wels, der nach dem Fang umgehend zurückgesetzt werden muss.

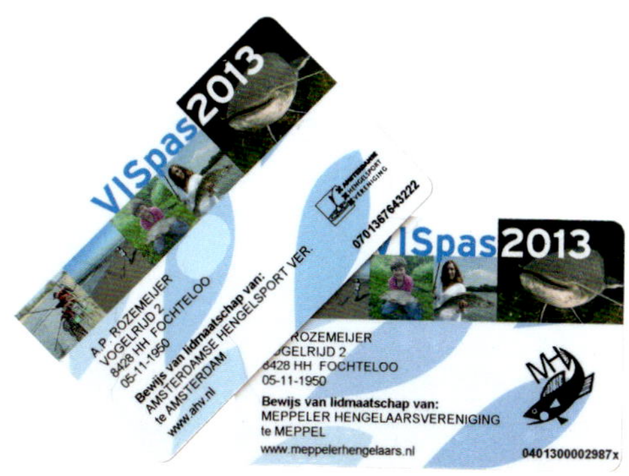

Wer in den Niederlanden angeln will, braucht den vispas. Im Angelladen bekommen Sie eine vorläufige Genehmigung, der vispas wird Ihnen danach zugeschickt.

In den Niederlanden ein Boot zu mieten, kann zu einem echten Problem werden. Jeder Niederländer scheint sein eigenes Boot zu haben oder sogar mehrere. Boote zu vermieten, ist deshalb kein lukratives Geschäft. Wenn Sie ohne Boot nach Holland kommen, aber vom Boot angeln wollen, ist es das Beste, wenn Sie sich vorher im Internet schlau machen. Googeln Sie „Visboot verhuur", dann finden Sie eine Reihe von Orten, in denen Sie ein Angelboot mieten können.

Am Ende dieses Buches habe ich Ihnen auch noch einige niederländische Guides aufgelistet, die Sie gerne mitnehmen zum Angeln. Auf diese Weise finden Sie auch einen guten Einstieg ins Angeln in den Niederlanden. Und wenn Sie erst einmal da waren, dann wollen Sie bestimmt wiederkommen, und dann wird´s beim nächsten Mal schon leichter. Ich wünsche Ihnen auf jeden Fall viel Spaß und Erfolg beim Angeln in den Niederlanden.

Bertus Rozemeijer

BERTUS ROZEMEIJERS INSIDERTIPPS

Der Autor stellt *Hollands beste Raubfischreviere* vor und geizt nicht mit hervorragenden Reviertipps und Insiderinformationen. Auf *über 50 Seiten und mit 14 Gewässer-Karten* stellt Bertus Rozemeijer die besten Raubfischreviere für Zander, Hecht, Barsch und Rapfen in Holland vor. Viele weitere Gewässer werden zusätzlich vorgestellt. Besonders wertvoll sind die Tipps zum Bootsangeln, beste Driften, Jahreszeiten, Köder und Gewässerabschnitte. Aber auch der Uferangler bekommt einige Hinweise.

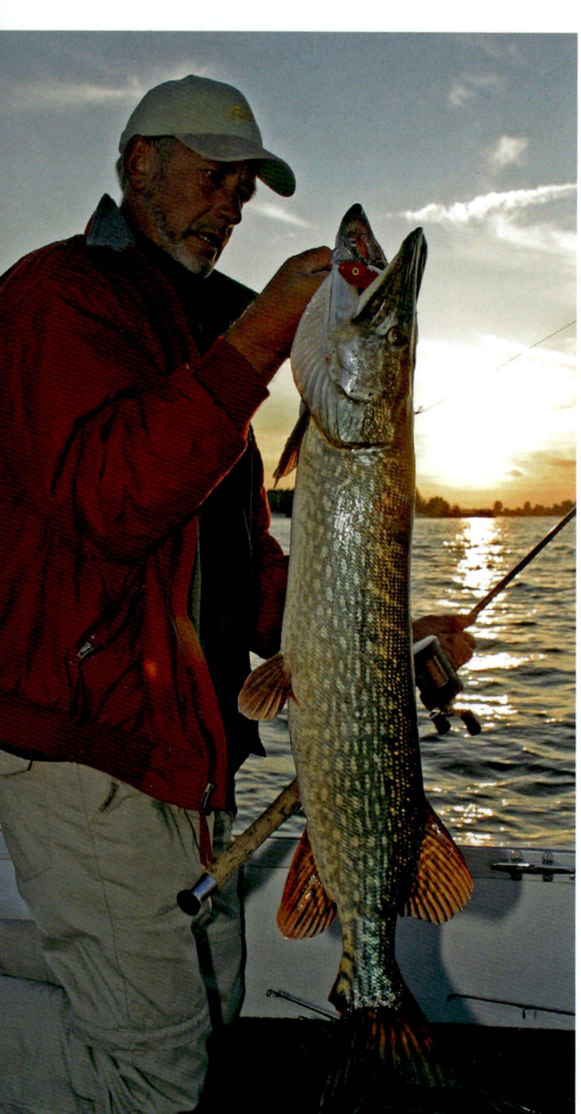

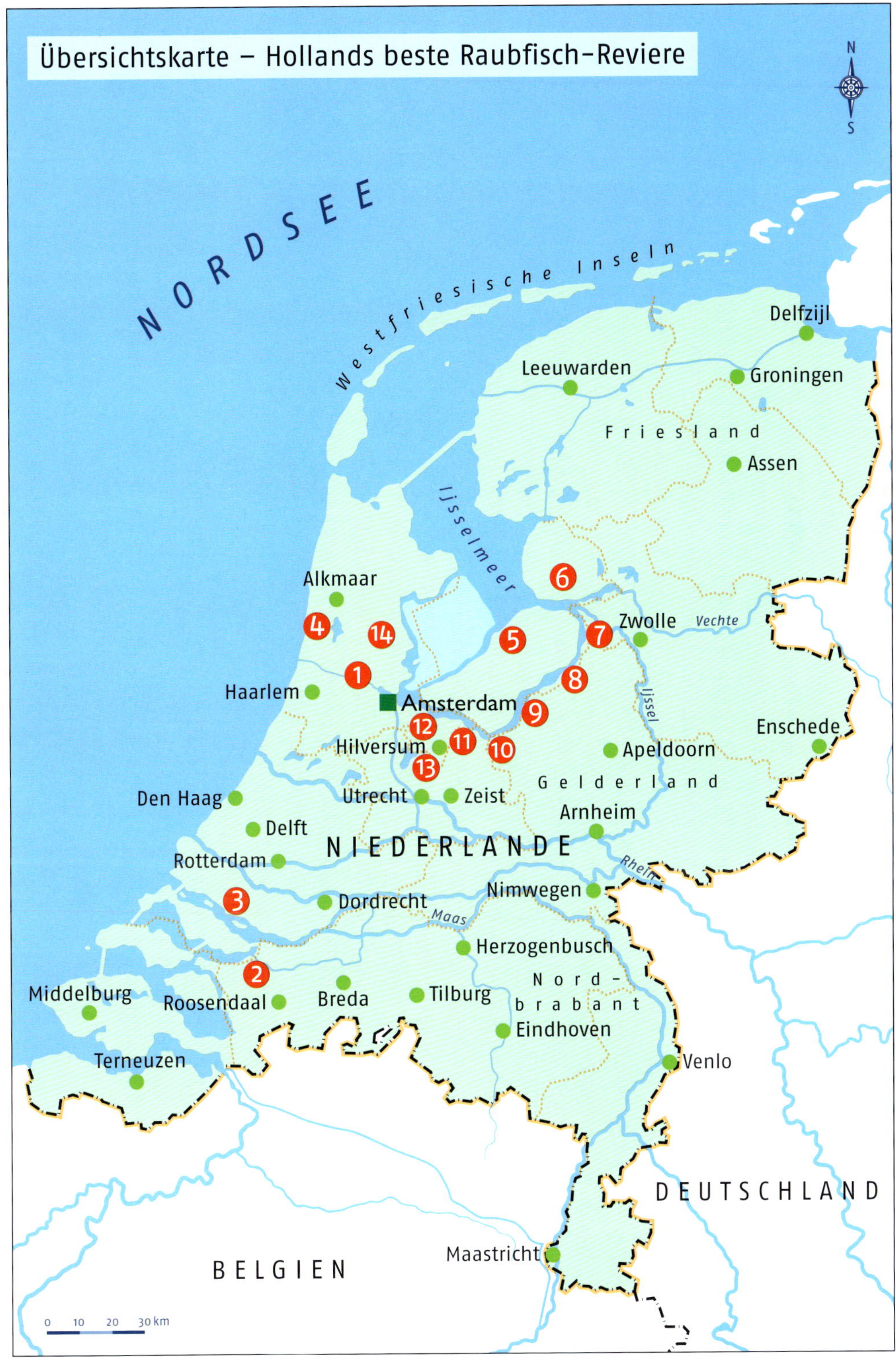
Übersichtskarte – Hollands beste Raubfisch-Reviere
N
S
NORDSEE
Westfriesische Inseln
Delfzijl
Leeuwarden
Groningen
Friesland
Assen
Ijsselmeer
Alkmaar
Zwolle
Vechte
Haarlem
Amsterdam
Ijssel
Enschede
Hilversum
Apeldoorn
Gelderland
Den Haag
Utrecht
Zeist
Arnheim
Delft
NIEDERLANDE
Rotterdam
Rhein
Nimwegen
Dordrecht
Maas
Herzogenbusch
Nord-brabant
Middelburg
Roosendaal
Breda
Tilburg
Eindhoven
Terneuzen
Venlo
DEUTSCHLAND
Maastricht
BELGIEN
0 10 20 30 km
1
2
3
4
5
6
7
8
9
10
11
12
13
14

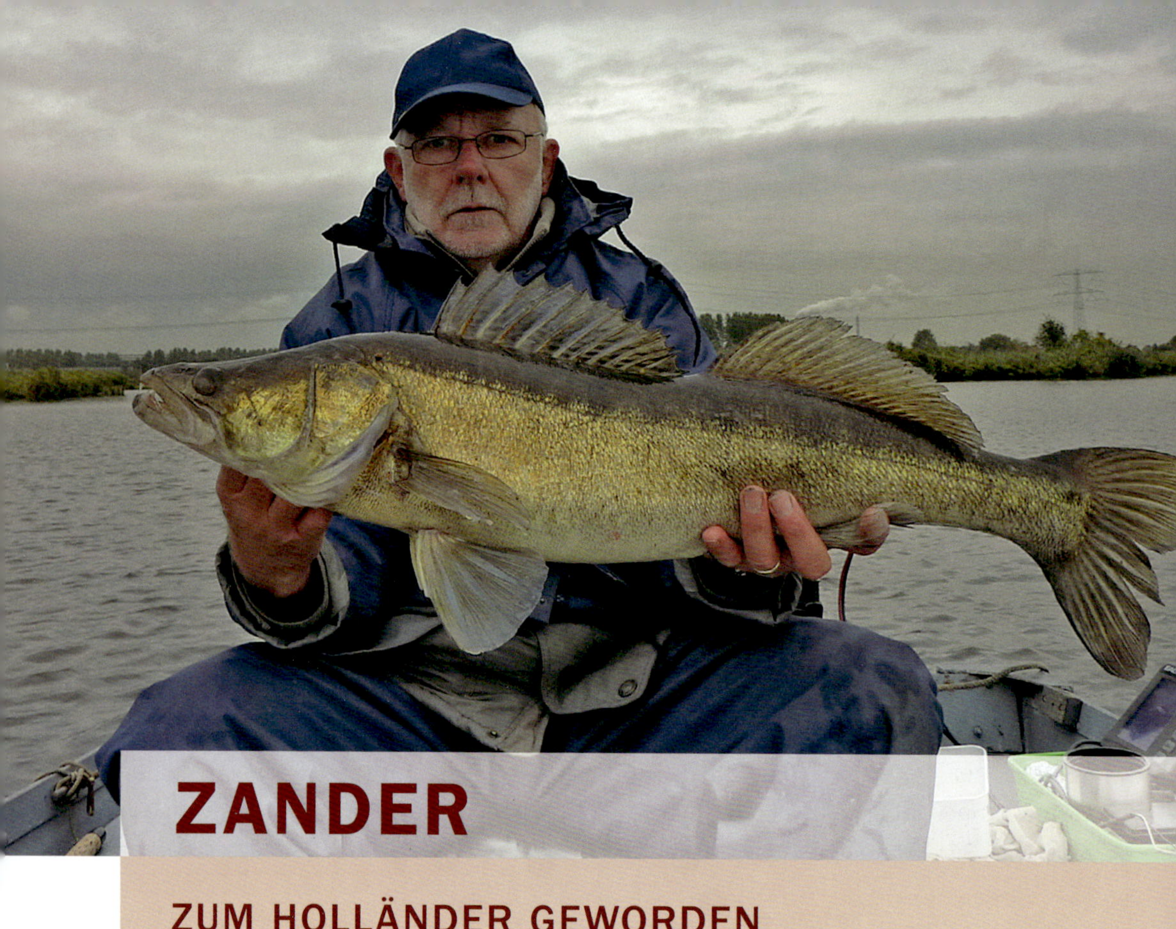

ZANDER

ZUM HOLLÄNDER GEWORDEN

Der Zander ist ein echter Holländer geworden. Er war es nicht immer, denn eigentlich ist er doch ein Exot in den niederländischen Gewässern. Den Erzählungen nach haben deutsche Berufsfischer den Zander ausgesetzt, um ihre niederländischen Kollegen zu ärgern, weil die ihnen im Unterlauf des *Rheins* zu viele Lachse wegfingen. Wenn man so will, haben beide Parteien gründliche Arbeit geleistet. Der Lachs war nahezu ausgestorben und er ist auch trotz großer Bemühungen zur Wiedereinbürgerung immer noch eine ganz große Rarität im *Rhein* und seinen Nebengewässern. Und die Berufsfischer nehmen auch jetzt noch jeden Lachs und jede Meerforelle mit, wenn sie in ihre Netze gegangen sind. Das Aussetzen der Zander hat dagegen zu einem sensationellen Erfolg geführt. Die niederländischen Gewässer sind brechend voll mit Zandern.

Die Umstände waren günstig für eine schnelle Ausbreitung des Zanders. Viele Gewässer in den Niederlanden hatten unter einer jahrelangen Überdüngung zu leiden. Zum einen war das die Folge der Einleitung von Abwässern aus zahlreichen Haushalten, zum anderen wurde im Zuge der Intensivierung der Landwirtschaft so viel Dünger ausgebracht, dass dieser zu einem großen

Teil in die Gewässer gespült wurde und dort seine Wirkung tat. Die Kombination der eingeleiteten Nitrate und Phosphate führte zu einer bisher nicht gekannten Algenblüte in unseren Gewässern. Die zuvor klaren Gewässer mit natürlichem Pflanzenbewuchs wurden auf einmal trübe und so grün wie Gras. Der Bestand an Hechten, die in diesen Gewässern heimisch waren, nahm ab und teilweise verschwanden sie auch ganz. Dadurch war der Platz frei für die Zander, die sich in dem trüben Wasser sehr wohl fühlten. Schon nach wenigen Jahren gab es praktisch kein Gewässer mehr, in dem man nicht irgendwo auf Zander stieß. Selbst die größten Seen und die tiefsten Kanäle in den Niederlanden hatten sich grün eingetrübt. Eine Sichttiefe von einem Meter war eine absolute Ausnahme in den Gewässern geworden. Dem Zander war das sehr recht und so vermehrte er sich schnell und kam bald in großen Mengen vor.

Für mich war der Zanderreichtum schon immer ein Genuss. Bereits als Teenager und Jungangler konnte ich mit meinen bescheidenen Mitteln sehr viele dieser Räuber fangen. Mit einer ziemlich langen Spinnrute und einem recht billigen Kunstköder, nämlich einem nicht gerade sehr gut rotierenden Spinner, fing ich meine Zander. Ich erinnere mich immer noch sehr gut an meinen besten Zandertag. Genau 64 Zander konnte ich mit meinen einfachen Geräten landen. Wahrscheinlich hat dieser Tag nicht wenig dazu beigetragen, dass Angeln zu meinem Beruf geworden ist.

Eingefleischte Zanderangler haben heute meistens mehrere verschiedenartige Ruten im Boot.

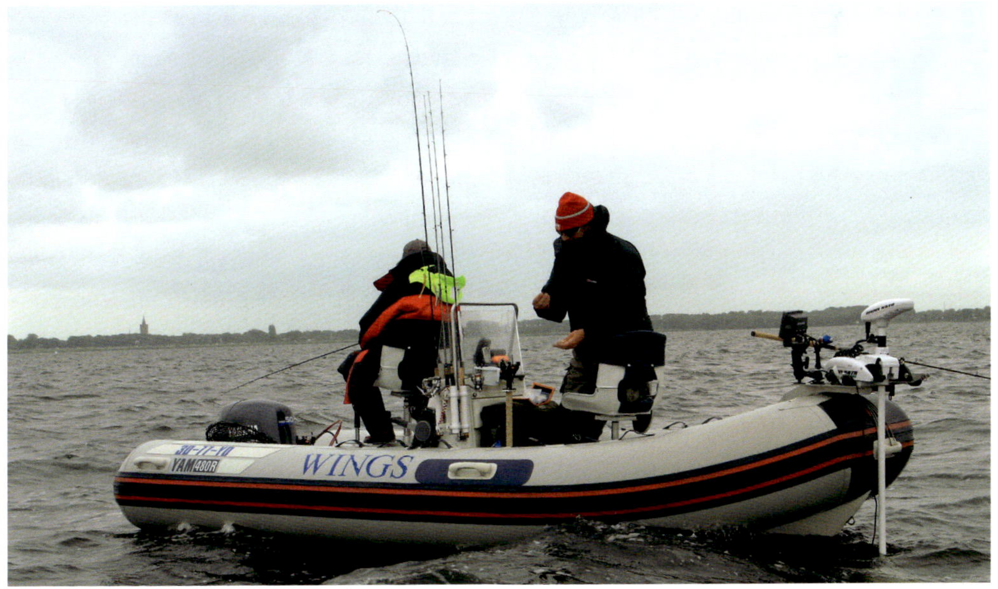

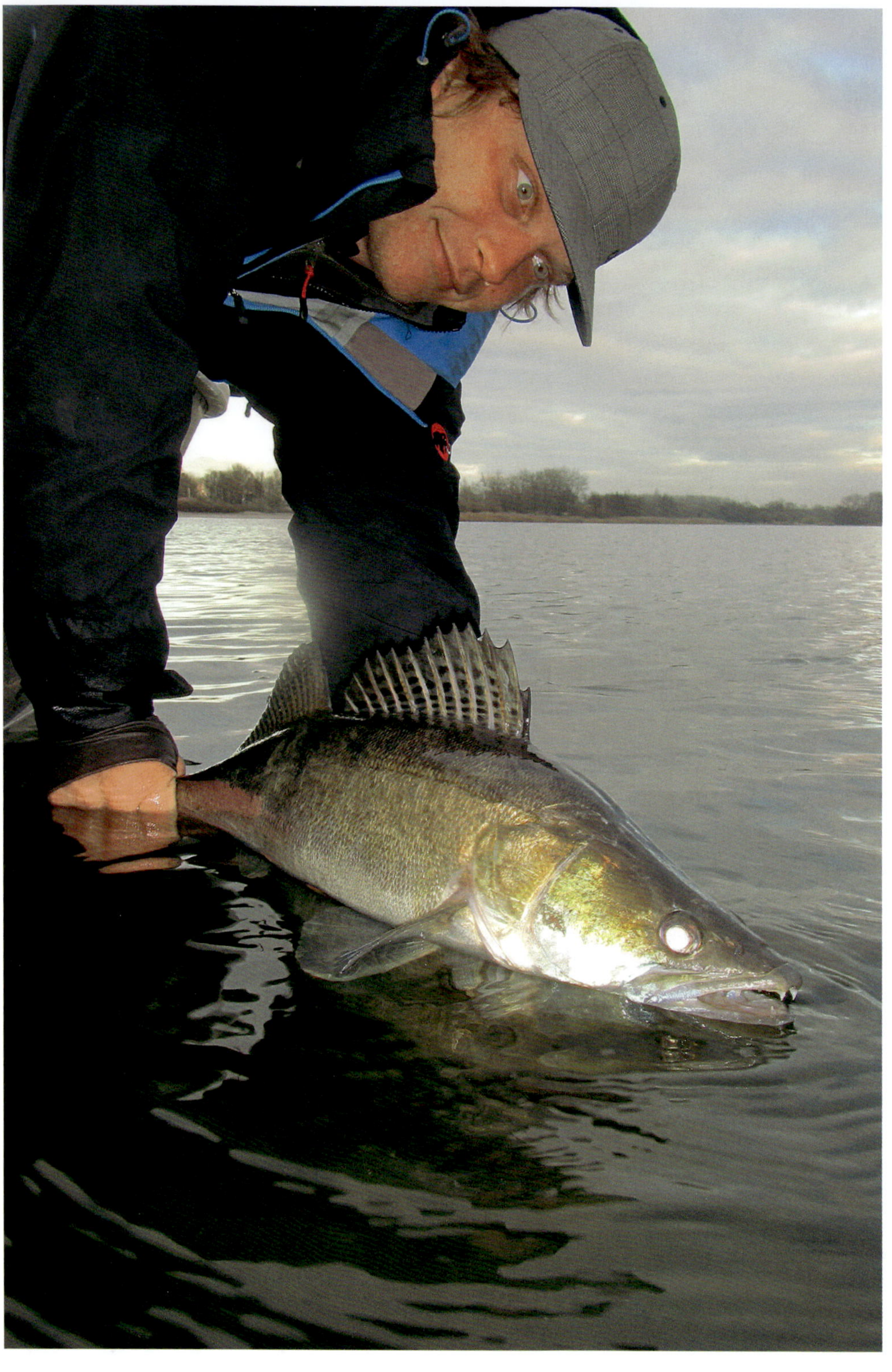

Natürlich konnte es in unserem Land nicht immer so weitergehen mit der Gewässerverunreinigung. Die Abwasserleitungen wurden irgendwann Richtung Klärwerk geführt, und die Düngung der Felder wurde schärfer kontrolliert und reglementiert. Und auch in den Bestand der Weißfische wurde und wird heute noch aktiv eingegriffen. Denn die Wassertrübung hatte auch dazu geführt, dass mehr und mehr Weißfische wie Brassen und Rotaugen, aber auch Karpfen in die Gewässer einzogen. Durch ihre Aktivitäten am Gewässerboden sorgten sie nur noch für weitere Wassertrübung. Durch gezieltes Abfischen dieser Friedfischarten versucht man weiterhin die Wasserqualität zu verbessern. Natürlich geschieht das auch auf Kosten der Zander. Kamen in den Poldern vor einigen Jahren noch viele Zander vor, so führte die Säuberung und Aufhellung des Wassers dazu, dass jetzt insgesamt weniger Fische darin schwimmen.

Einige bekannte Zanderstrecken sind bereits vollständig verloren gegangen, beispielsweise im *Gooimeer*, in dem man einmal ohne größere Anstrengungen 50 und mehr Zander an einem Tag fangen konnte. Damals konnte man kaum einen Meter tief ins Wasser schauen, heute ist das Wasser so klar, dass man vier Meter tief Einsicht hat. Für den Zander sind das natürlich weniger günstige Umstände. Allerdings finden die Fische jetzt mehr Schutz vor der Sonne zwischen den Wasserpflanzen, vor allem im Laichkraut, das im *Gooimeer* kräftig

In ehemals trüben Gewässern, die immer klarer wurden, gibt es immer noch Zander, oft sogar sehr große.

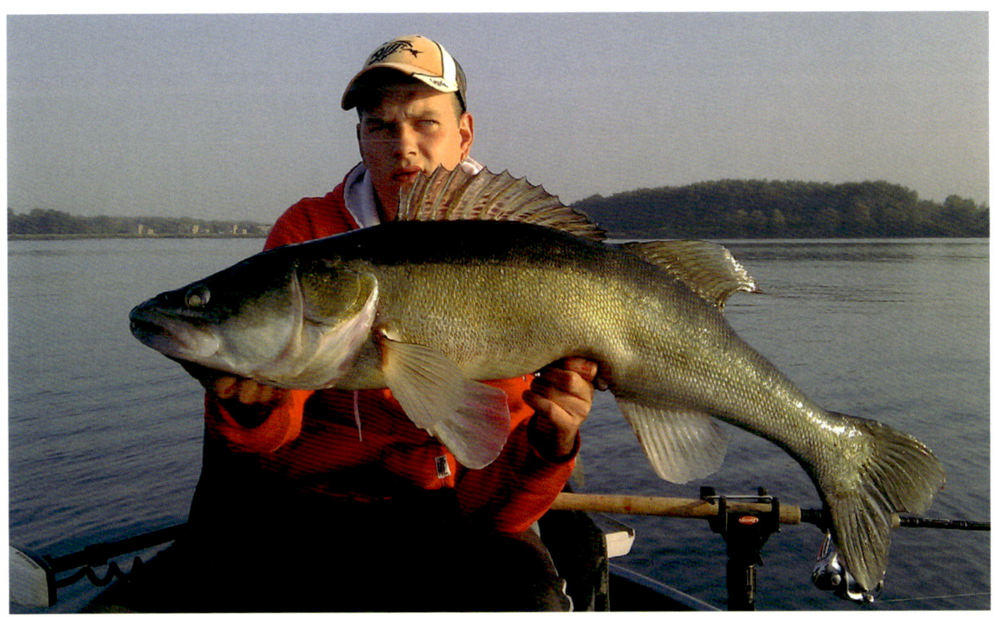

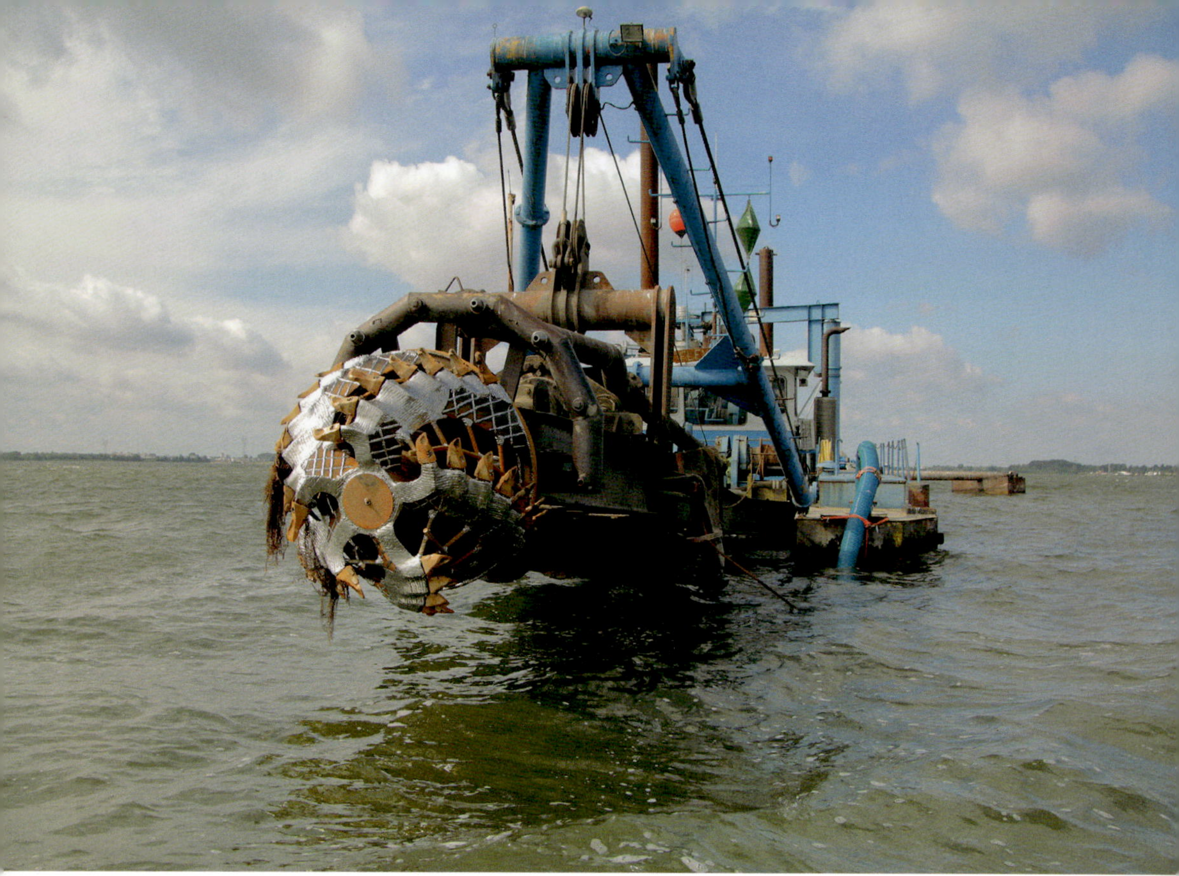

Die Gewässer in den Niederlanden wandeln sich permanent. Durch Sand- und Kiesabbau werden bestehende Gewässer vertieft und neue Gewässer geschaffen.

gedeiht. Tatsächlich zieht es die Zander in einigen Gewässern in die Wasserpflanzen. Für die Angler heißt das wiederum umzudenken, wenn sie weiterhin Zander fangen wollen.
Bedeutet das alles, dass es abwärts geht mit dem Zander in den Niederlanden? Nein, glücklicherweise nicht. Es gibt noch viele Seen und andere Gewässer, in denen man sehr gut auf Zander angeln kann, weil das Wasser weiterhin trübe oder zumindest nicht klar ist. Das hat dann aber weniger mit der Belastung des Gewässers zu tun als mit seiner natürlichen Färbung.

Von den Niederlanden liegt ein großer Teil des Landes unter dem Meeresspiegel. Eigentlich wäre dieses Land ein großes Flussdeltagebiet, das im wesentlich von *Rhein* und Maas geformt würde. In den Niederlanden wurde viel Land gewonnen, indem man das Land den riesigen Gewässern durch Deichbau und Trockenlegung abgerungen hat. Viele der Polder, die heute begehbares Gelände sind, liegen unterhalb des Meeresspiegels. Von dem gewonnenen Land sinkt ein Teil weiterhin langsam aber stetig ab. Ich bin selber in einem Gebiet aufgewachsen, das einmal ein Moor war, ein Niedermoor genau genommen. Um solche Gebiete bewohnbar zu machen, muss das Wasser des stets feuchten Bodens abgeführt werden. Dafür müssen Gräben oder Kanäle angelegt werden. Ein Großteil des Moores wurde als Torf zu Brennstoff verarbeitet.

Die unzähligen Gräben und Kanäle in den Poldergebieten sind von Hand gegraben worden und dienen dazu, das viele Wasser des feuchten Landes zu sammeln. Dieses Wasser wiederum muss abgepumpt werden. Früher geschah das mit Hilfe von Mühlen, heute mit großen Pumpwerken. Durch das Abpumpen des Wassers sackt das Land langsam weiter ab und sinkt allmählich immer weiter unter den Meeresspiegel. Das Entwässern und Abpumpen, die ganzen Bewegungen des Wassers führen dazu, dass feine Sedimente als Schwebstoffe für Eintrübung und für eine Sichttiefe von oft nur wenigen Zentimetern sorgen. Warum ich das alles erzähle? Natürlich, weil auf diese Weise Zandergewässer entstehen. Die trüben künstlichen Gewässer sind nämlich ideale Zanderreviere.

➤ Die traditionelle Methode

Obwohl Zander in den Niederlanden an nahezu allen Gewässern gefangen werden können, zieht es die meisten einheimischen Angler doch zum Zanderfang auf die großen Gewässer. Überall stößt man in den Niederlanden auf große Seen. An fast allen gibt es gute Stellen für Uferangler. Mit dem Boot ist man aber unabhängiger und kann alle Bereiche beangeln.

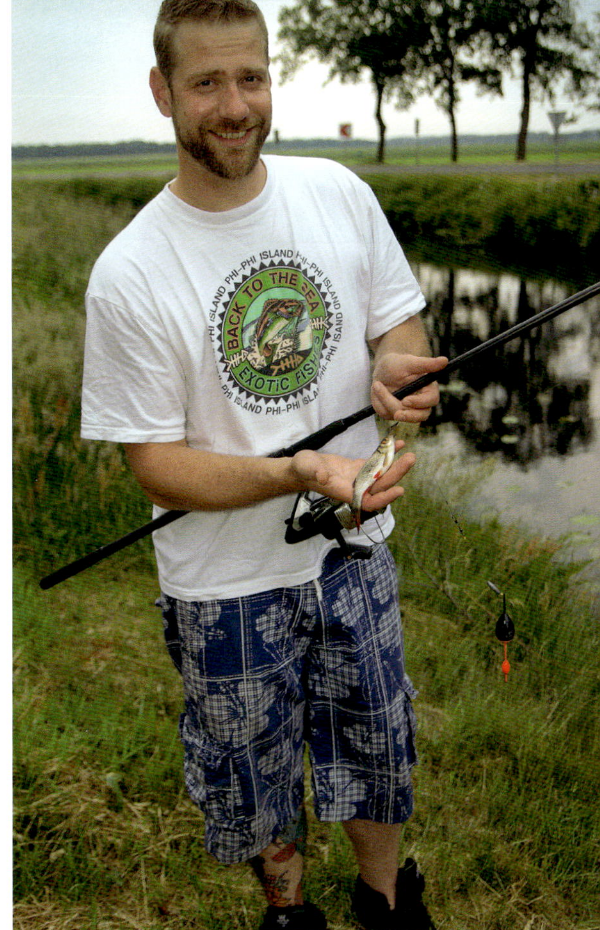

Zanderangeln mit Posenmontage und totem Köderfisch ist eine traditionelle Methode, die an kleinen wie an großen Gewässern vom Land und vom Boot funktioniert.

Die einfachste und wohl auch ursprünglichste Methode des Zanderangelns ist das Ansitzen mit der Posenmontage. Es werden schlanke Posenmodelle verwendet, und der Köderfisch wird oft in größeren Tiefen angeboten. Dann wird zwangsläufig mit einer Laufpose geangelt, die auf der Schnur gleitet. Selbstverständlich habe ich früher auch mit der Pose auf Zander geangelt. Das ist eigentlich auch eine ganz

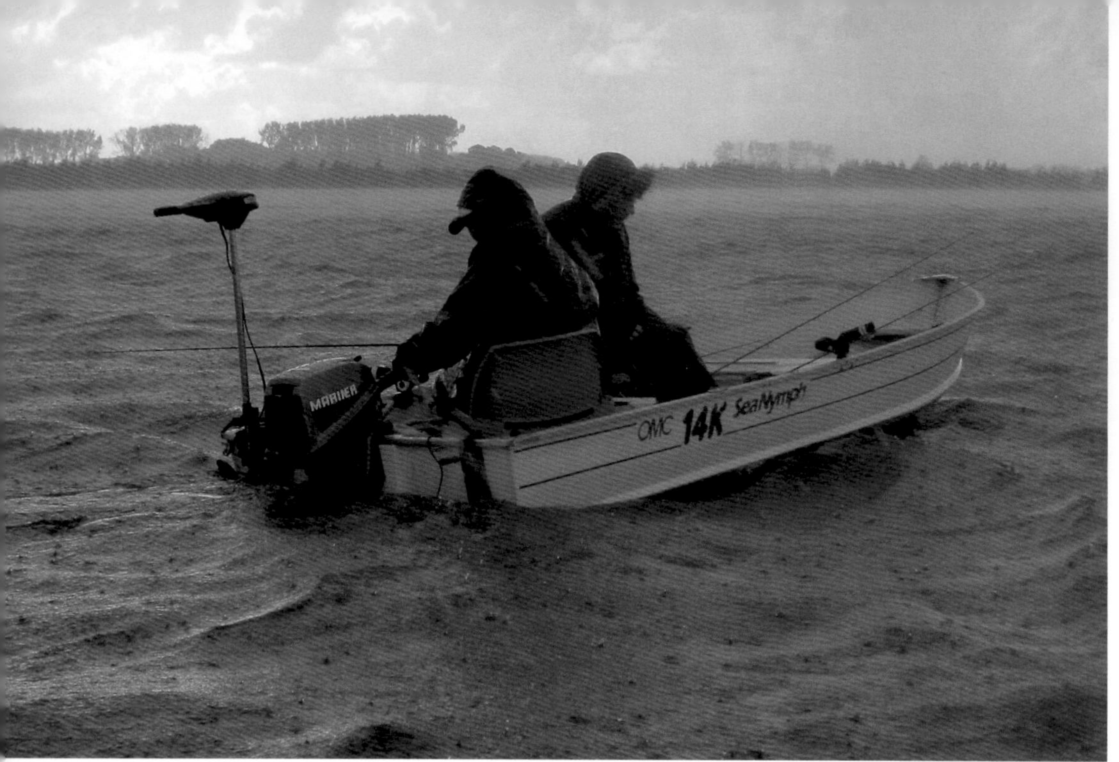

Nur mit dem Boot kann man die vielen guten Stelen eines Gewässers erreichen – gegen schlechtes Wetter schützt es aber auch nicht.

spannende und entspannte Art zu angeln. Man muss nur die Gewässertiefe ausloten, die Pose richtig ausbleien, und schon kann man den Köder in Bodennähe servieren und sich selbst entspannen. Vom Ufer aus geht das alles ganz fix. Wenn man mit dem Boot unterwegs ist, dauert alles etwas länger.

➤ Richtiges Verankern des Boots

Das Boot muss zwingend richtig verankert werden, wofür man zwei Anker und möglichst lange Seile braucht. Vor allem, wenn man in tiefem Wasser angelt, sind ein paar Dutzend Meter Ankerseil pro Anker dringend erforderlich. Das Boot muss möglichst unbeweglich verankert werden. Wenn man genug Seil zur Verfügung hat, kann man sich, ohne die Anker lichten zu müssen, auch etwas weiter von der Stelle, an der die Köder liegen, wegbewegen. Um richtig zu ankern, wirft man zunächst den einen Anker aus. Sobald er am Boden ist, gibt man Seil nach. Achten Sie darauf, dass das Boot in dem gewünschten Tiefenbereich bleibt. Geben Sie so viel Seil wie möglich nach. Der zweite Anker wird in die entgegengesetzte Richtung zum ersten ausgeworfen. Dann wird Seil vom ersten Anker aufgenommen und Seil vom zweiten Anker nachgegeben. Beide Seile werden dann gestrafft und am Boot befestigt, das dann so fest steht wie ein Haus.

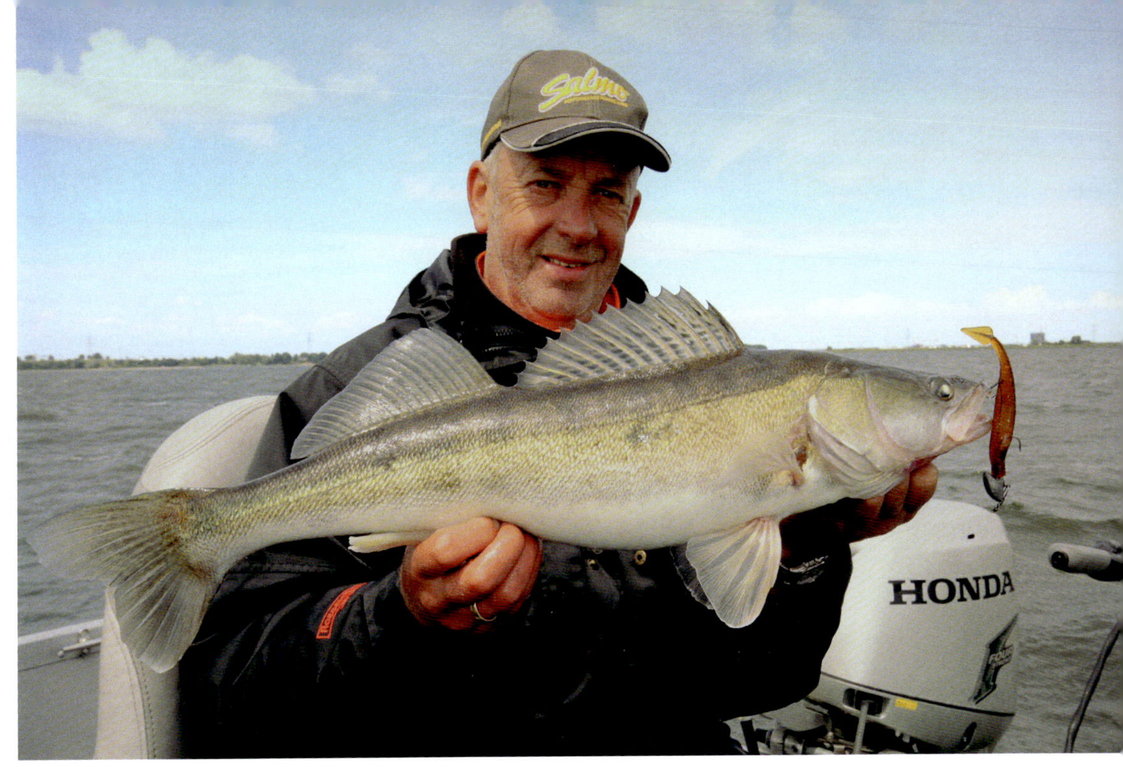

Bertus war bei allen Entwicklungen des Zanderangelns mit dabei. Ganz nebenbei hat er beim traditionellen Zanderangeln das Vertikalangeln entdeckt.

➤ Posenangeln – die richtige Rute

Wenn das Boot steht, werden die Ruten ausgepackt. Die niederländischen Zanderangler haben sich dabei schon früh für recht weiche Ruten entschieden. Der Blank vieler Zanderruten erinnert sehr an den einer langen Fliegenrute. Natürlich hat die Rute einen Griff und eine Beringung wie eine normale Spinnrute. Weil man mit diesen Rute aber einiges an Gewicht zu werfen hat, dürfen sie nicht zu zart sein. Die Ruten sind auch nicht gerade kurz, und das hat einen guten Grund. Die Strecke zwischen Köder, den Bleien auf der Schnur und der Pose, auch wenn diese gleitet, ist so groß, dass man damit an einer kurzen Rute nicht hantieren kann. Eine längere Rute ist außerdem auch komfortabler, wenn es darum geht, die Montage weiter auszuwerfen. Vom Boot muss man keine riesigen Wurfweiten erzielen, aber um einige Meter mehr oder weniger geht es schon, und da hilft die Rutenlänge weiter. Auch beim Angeln vom Ufer spielt die Rutenlänge eine wichtige Rolle. Das versteht sich fast schon von selbst. Dabei hilft eine länge Rute, wenn es darum geht, auf Entfernung den Haken beim Anhieb richtig zu setzen. Auch wenn die Rute recht weich ist, kann man sie in einer langen, weiten Bewegung nach hinten durchziehen, um den Anhieb durchzubringen. Natürlich biegt sich der weiche Blank ganz ordentlich, sogar schon bei einem gerade einmal mäßigen

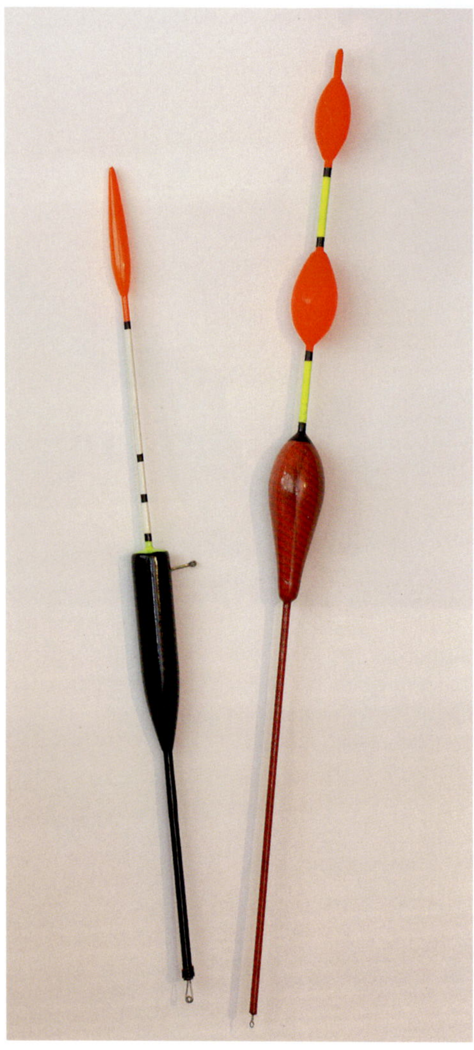

Posen zum Köderfischangeln auf Zander sind lang und schlank, zugleich haben sie aber eine hohe Tragkraft, weil sie oft schwer ausgebleit werden.

Fisch, aber trotzdem kann man den Fisch sicher drillen.

Eine weiche Rute hat auch einen Vorteil, wenn man, wie in den Niederlanden üblich, mit weichen Köderfischen wie Stint und Weißfischen angelt, die beim Gebrauch einer harten Rute schnell vom Haken fliegen würden. Die weiche Zanderrute puffert beim Wurf gut ab und sorgt für einen sanften Flug des weichen Köders.

➤ Posenmontage

Auf der Rolle befindet sich in der Regel eine recht dünne geflochtene Schnur mit einem Durchmesser um 0,12 Millimeter. Einige Angler nehmen auch Nanofil, weil die sehr geschmeidig ist und bessere Wurfeigenschaften hat. Für die Montage wird als erstes ein Schnurstopper auf die Schnur gezogen, dann folgt eine Perle, die verhindern soll, dass die Pose über den Stopper rutscht. Als Pose wird entsprechend ein gleitendes, schlankes Modell gewählt. Obwohl sie schlank sind, erfordern die Posen einige Gramm Blei. Ich entscheide mich für recht große und schwere Schlotbleie, damit ich nicht so viele von ihnen anbringen muss. Die Pose wird so ausgebleit, dass sie sinken würde, wenn sie das gesamte Blei tragen sollte. Das untere Blei, das ruhig ein Gramm schwer sein darf, soll aber auf dem Boden aufliegen, so dass es die Pose nicht belastet. Dieses Blei wird etwa einen halben Meter vor dem Haken angebracht. So ist es weit genug vom Köder entfernt, um dem Zander etwas Spielraum zu geben, ohne dass er gleich Verdacht schöpft. Als Haken nehmen wir bevorzugt ein Modell mit kurzem Schenkel, also einen klassischen Rundbogenhaken in der Größe 04 bis 02.

Die Pose wird so eingestellt, dass nur ihre Spitze aus dem Wasser schaut. Ehrlich gesagt bekommt man das meistens nie so ganz genau hin. Vor allem nicht, wenn man, nachdem einige Zeit kein Biss kam, die Montage ein bisschen dichter ans Boot heranzieht. Und das macht man schließlich nach und nach um einen halben Meter, um so den Boden abzusuchen. Dabei wird sich die Position der Pose zwangsläufig immer ein bisschen verändern. Es sieht selbstverständlich besser aus, wenn die Pose ordentlich steht, aber sie erfüllt ihre Funktion letztlich auch, wenn sie auf dem Wasser liegt. Bei einem Biss sieht man schnell, wenn sie anfängt, sich zu bewegen, noch ehe sie sich aufrichtet und schließlich abtaucht. Wenn genau das passiert, gibt man zunächst etwas Schnur nach. Dazu wird der Rollenbügel geöffnet und von Hand mit viel Gefühl Schnur nachgegeben. Dann wird der Bügel geschlossen und die Rute auf den abziehenden Fisch ausgerichtet. Die Rutenspitze wird dabei so dicht wie möglich über das Wasser gehalten, und dann wird der Anhieb gesetzt, indem die Rute mit einer zügigen, durchgehenden Bewegung nach hinten gezogen wird. Wenn alles gut geht, krümmt sich die Rute schnell unter der Last des Fisches. Damit ist das Ziel aber noch nicht erreicht. Jetzt heißt es, mit der Rolle so viel Schnur wie möglich aufzunehmen und die Rute dabei unter stetiger Spannung nach vorne herunter zu bringen. Jetzt wird praktisch der Anhiebvorgang noch einmal wiederholt. Erst jetzt hängt der Fisch sicher und kann ausgedrillt werden, und das ist mit einer echten holländischen Zanderrute immer wieder ein Genuss.

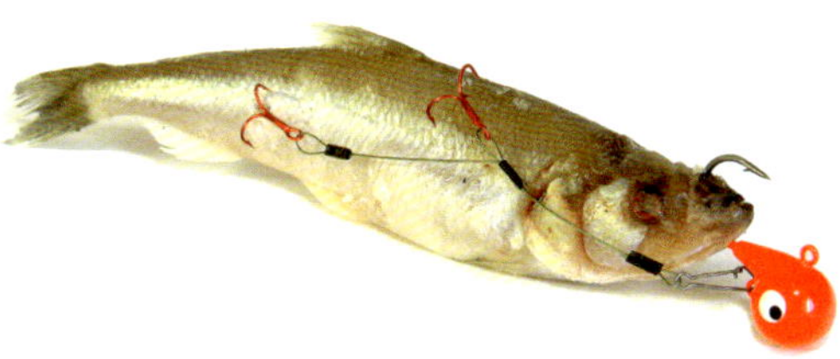

Eine neuere Methode des Köderfischangelns ist die mit Fireballsystem. Das ist ein bisschen wie Vertikalangeln mit Köderfisch.

➤ Montage für das Grundangeln

Wenn der Köderfisch nicht nur stationär angeboten, sondern aktiv über den Boden geführt werden soll, bekommt die Grundmontage den Vorzug gegenüber der Pose. Ehrlich gesagt, mag ich diese Methode lieber, sie ähnelt mehr dem Spinnfischen und man ist dabei aktiver. Für diese Form der Köderpräsentation können wir die weiche Rute gerne zuhause lassen, denn jetzt brauchen wir mehr Gefühl für die Köderführung. Das beste Gerät besteht jetzt aus einer Spinnrute von 2,10 Meter Länge, vielleicht auch ein bisschen länger. Viele der etwas längeren Vertikalruten sind hervorragend geeignet, um einen Köderfisch am Grund zu führen.

Die Schnur sollte auch bei dieser Technik nicht zu dick sein. Eigentlich würde ich sogar sagen, sie sollte so dünn wie möglich sein, ohne dass man dabei etwas riskiert. Ich nehme auch hier eine geflochtene Schnur oder Nanofil mit einem Durchmesser von 0,12 Millimeter.

Die Montage ist denkbar einfach. Als erstes wird ein Grundblei auf die Schnur gezogen. Das können alle möglichen Formen sein. Ich persönlich nehme immer ein Blei vom Typ Arlesey Bomb, also ein grob birnenförmiges Blei mit einer Öse. Das Gewicht wird je nach Gewässertiefe gewählt. Meistens liege ich mit 15 Gramm ganz gut. Wenn das Wasser sehr Tief ist oder Strömung herrscht, dann erhöhe ich auch auf 20 oder mehr Gramm. Nach dem Blei kommen eine Perle und anschließend der Stopper auf die Schnur. Als Haken kommt wieder ein Rundbogen der Größe 04 bis 02 an die Schnur. Der Stopper wird 30 bis 50 Zentimeter vor dem Haken platziert.

➤ Wahl des Köderfischs

Als Köderfisch kommen verschiedene Arten in Frage, Weißfische, Stinte und Kaulbarsche gehören zu den bevorzugten. Manchmal funktioniert auch ein Stück von einem Fisch sehr gut. Ich habe den Eindruck, dass Fischstücke vor allem auf Gewässern mit starkem Schiffsverkehr gut fangen, in denen häufiger Fische in Schiffsschrauben geraten und zerstückelt werden. Zander scheinen dort manchmal geradezu versessen zu sein auf Fischstückchen. Auch etwas zerquetschte Fische und solche, die mit dem Messer ein paar Mal eingeschnitten wurden, fangen oft besser als unversehrte Fische. Wenn der Zander solche Vorlieben zeigt, offenbart sich sein geheimnisvoller Charakter. Immer wieder überrascht uns dieser Fisch und immer wieder müssen wir uns etwas einfallen lassen und unsere Köder und Taktik variieren, um ihn zu überlisten.

Noch ein Hinweis zum Einsatz von Köderfischen: In den Niederlanden ist der Einsatz von lebenden Köderfischen genauso wie in Deutschland verboten. Man darf aber lebende Köderfische mit sich führen, allerdings nicht mehr als 15 Stück pro Angler und Tag. Bevor der Köderfisch angehakt wird, muss er getötet werden. Fische, die ein Mindestmaß haben, dürfen nicht mitgeführt werden, wenn sie untermaßig sind. Rotaugen und Brassen, Kaulbarsche und Grundeln unterliegen keiner Beschränkung. Das gilt auch für die üblichen Meeresfische. Von ihnen dürfen (tot) so viele mitgenommen werden, wie man möchte.

➤ Auswerfen der Grundmontage

Zurück zur Grundmontage, die wir nun also auswerfen und auf den Boden absinken lassen. Viele Angler schließen den Rollenbügel, sobald die Montage aufs Wasser auftrifft. Das sollte man eigentlich nicht tun, denn dadurch zieht man den Köder beim Absinken an der straffen Schnur zu sich hin. Bei großer Gewässertiefe kann das bedeuten, dass man den Köder um mehrere Meter zu sich heranzieht. Und dadurch büßt man praktisch auch an Wurfweite ein, denn der Köder startet am Boden nicht in derselben Entfernung, die man mit dem Wurf erreicht hat. Lassen Sie den Bügel also offen und den Köder an loser Schnur auf den Boden absinken. Erst dann nehmen Sie mit der Rolle Schnur auf. Mit der straffen Schnur haben Sie die Rute dann so weit an, dass ein 90-Grad-Winkel zwischen Rute und Schnur entsteht. Mit dieser Position von Rute und Schnur haben Sie das beste Gefühl für den Biss.

➤ Aktives Fischen und richtiger Anhieb

Lassen Sie den Köder nach dem Auswerfen

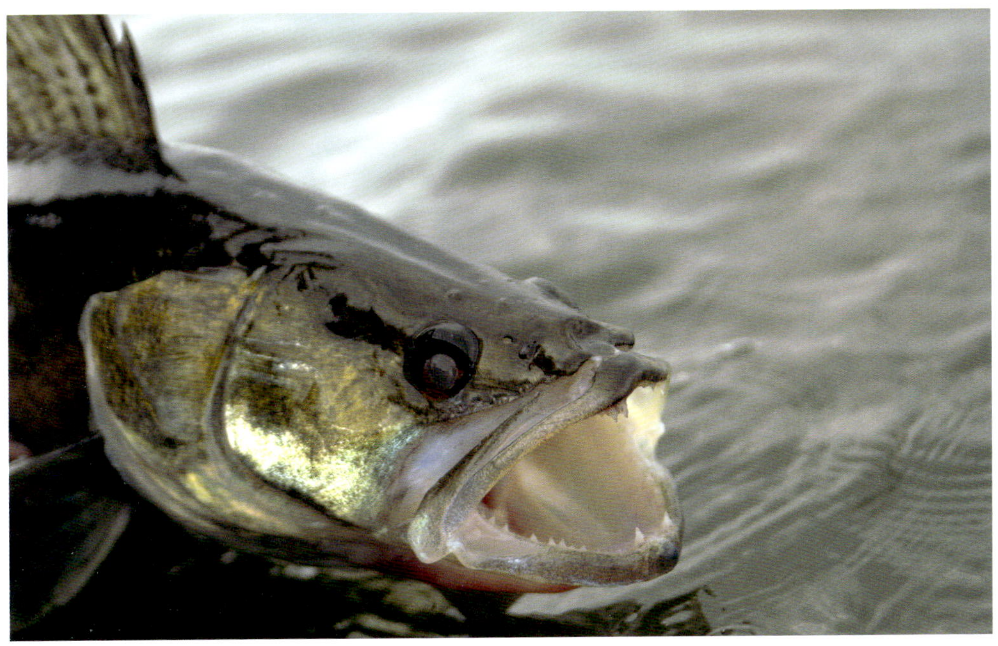

In solch ein Maul passt schon ein ordentlicher Köderfisch hinein. Manchmal wollen die Zander aber lieber nur Stückchen.

ruhig ein paar Minuten liegen. Nehmen Sie dann etwas Schnur auf. Ich empfehle, das mit der Hand zu machen, also nicht direkt mit der Rolle. So haben Sie nämlich ein besseres Gespür und können bei einem Biss gleich Schnur nachgeben. Erst wenn Sie etwa einen Meter Schnur mit der Hand aufgenommen haben, ohne dass sich ein Fisch gemeldet hat, wird die gewonnene Schnur mit der Rolle aufgespult. Bekommen Sie beim Einholen der Schnur einen Biss, wird sofort der Rollenbügel geöffnet. Hat der Fisch den Köder entschlossen genommen, dann wird er auch gleich Schnur von der Rolle abnehmen. Lassen Sie den Fisch etwas ziehen, schließen Sie dann den Rollenbügel, richten Sie die Rute auf den Fisch aus und setzen Sie den Anhieb. Keinen wilden, brutalen Anhieb, sondern einen kontrollierten, beherrschten Anhieb mit einer gleichmäßigen, durchgehenden Rutenbewegung. Wenn Sie nicht sofort einen deutlichen Widerstand des Fisches bemerken, wiederholen Sie den Anhieb besser noch einmal. Zeigt die Rute eine deutliche Krümmung und die Schläge des Fisches sind gut spürbar, dann dürfte er sicher hängen.

➤ Vertikalangeln

Die klassische Methode des Zanderangelns mit langen, weichen Ruten ist außerhalb Hollands kaum bekannt. Umso besser kennt man auch außerhalb unserer Grenzen das Vertikalangeln auf Zander. Dabei ist diese Technik kaum ohne das klassische Zanderangeln denkbar, zumindest hätte es sich ohne diesen Vorläufer viel später entwickelt.

➤ Vertikalangeln verändert das Zanderangeln

Es war im Januar 1985, ich erinnere mich noch sehr genau daran, Jan Eggers fragte mich, ob ich ihm bei der Erstellung eines Videofilms über das Zanderangeln in den Niederlanden behilflich sein könnte. Ein italienisches Filmteam kam extra angereist, um Jan beim Zanderfang auf dem Nieuwe Meer in Amsterdam aufzunehmen. Jan und das Filmteam fuhren auf dem Boot von Geert Trompetter raus, einem der bekanntesten Zanderangler Hollands. Seiner Ansicht nach hatten wir den denkbar schlechtesten Tag erwischt. Es wurde nach seinen Informationen nichts gefangen, und er gab auch uns nicht den Hauch einer Fangchance.

Hier ist die Vertikalrute noch recht lang. Ohne das Angeln mit langen weichen Ruten wäre das Vertikalangeln nicht denkbar.

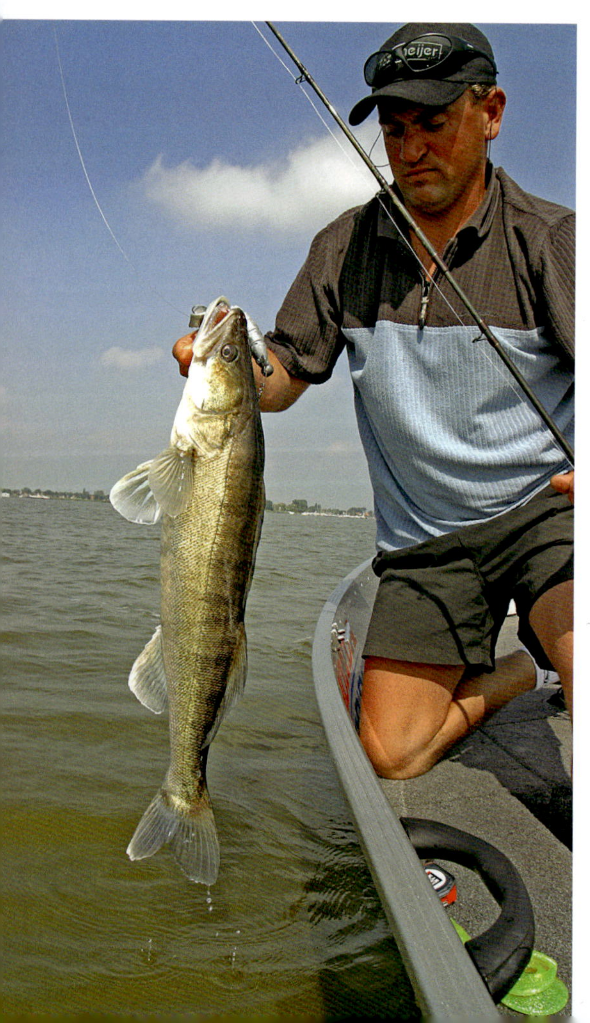

Als ich Jan beim Ankern beobachtete, sah ich sogar die nicht vorhandenen Chancen noch schwinden. Jan angelte in den niederländischen Poldern, vom Bootsangeln hatte er keine klare Vorstellung. Er ließ die beiden Anker nebeneinander herunter, so dass der Wind das Boot schön um diese eine Ankerstelle treiben konnte. Wie man ein Boot mit zwei Ankern richtig festsetzt, habe ich oben schon beschrieben. Wenn man aber falsch ankert und mit der Pose angelt, dann bewegt der Wind nicht nur das Boot, sondern auch die Schnur und die Montage hin und her. Manchmal sieht es dann so aus, als würde die Pose wie bei einem Biss über das Wasser wandern. Jan schlug dann jedes Mal an, bzw. er schlug ein Loch in die Luft oder dem Kameramann gegen den Kopf.

Wir hatten vorher abgesprochen, dass ich, für den Fall, dass ich einen Fisch haken sollte, Jan die Rute gebe, damit er den Fisch vor der Kamera drillen konnte. Nun fuhr ich auf meinem eigenen Aluminiumboot, musste aber immer aufpassen, dass

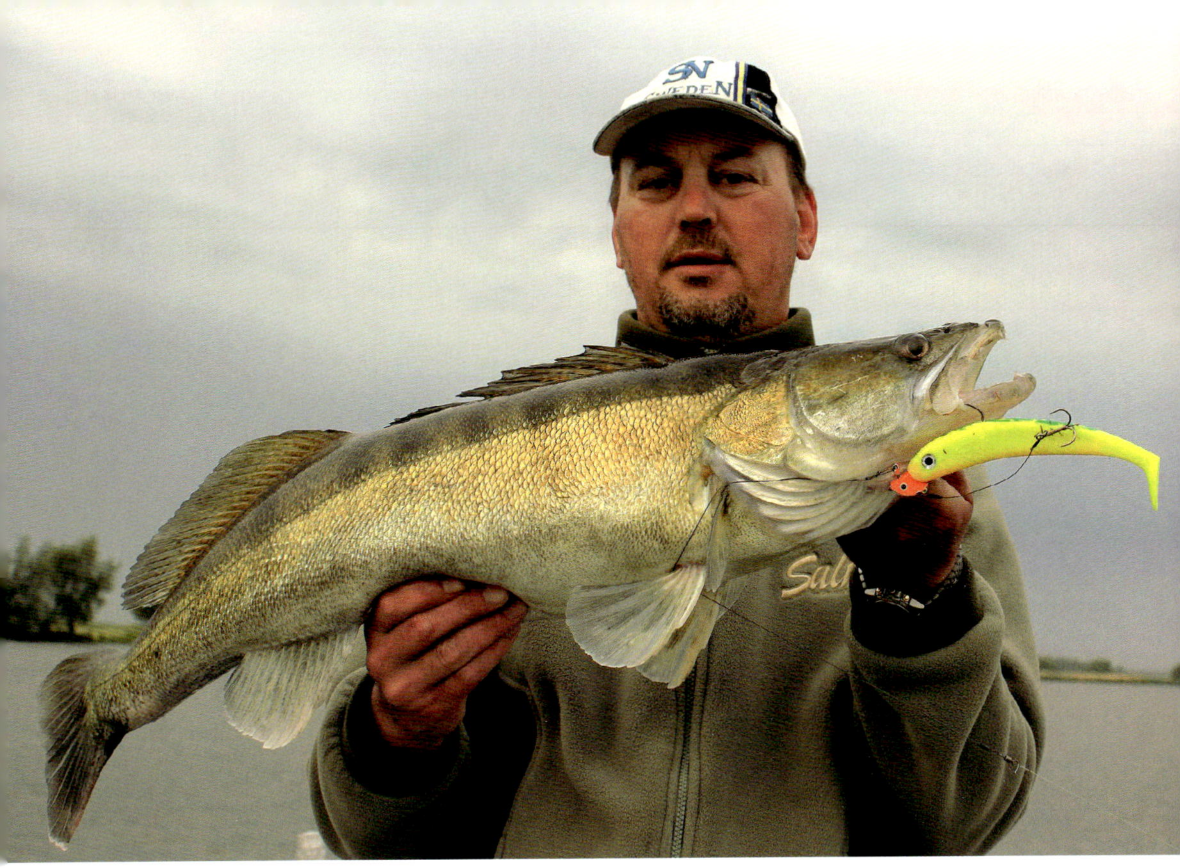

Auch auf solch große Gummifische kommen die Bisse beim Vertikalangeln knallhart.

ich nicht vor die Kamera kam. Also sah ich zu, dass ich mit meinem Elektromotor immer schön im Rücken der Kameraleute blieb. Nach Geerts Worten hatte ich keine allzu große Hoffnung und packte meine Hechtrute aus, um mit einem großen Twister am Jigkopf mit einem zusätzlichen Spinnerblatt ein bisschen zu Jiggen. Eigentlich habe ich in dem Moment, ohne mir dessen bewusst zu sein, Vertikalangeln betrieben. Auf 17 Meter Wassertiefe bekam ich plötzlich zu meiner nicht geringen Überraschung einen Biss. Das war alles andere als ein sanfter Anbiss, er ging viel mehr knallhart durch die Rute in meinen Arm. Und ich fing einen Zander. Jan war erleichtert, die Kameramänner auch, ich war immer noch verwundert. Und meine Verwunderung nahm nicht ab, als ich noch drei Zander auf dieselbe Art fing. Den fertigen Film habe ich nie zu Gesicht bekommen, aber wir hatten auch so viel über diesen Angeltag zu erzählen. Geert konnte die Fanggeschichte kaum glauben, und ich hatte ein Erlebnis, das ich erst einmal mit anderen Anglern klären musste.

Als erstes unterhielt ich mich mit Stephen Jansen über diese Fänge. Mit Stephan angelte ich auf der *Zaan*, das ist ein Fluss, der das *Alkmaardermeer* mit dem *Nordseekanal* verbindet. Es ist ein sehr schön gelegener Fluss, dessen Wasser stets trüb ist, weil es aufgestaut und abgepumpt und dadurch immer bewegt wird. In dem Gewässer gibt es reichlich Zander, im Winter waren sie aber keineswegs so leicht zu fangen. Als wir dort zum ersten Mal Vertikalangeln betrieben, fingen wir rund zwanzig Zander, und unsere Begeisterung kannte keine Grenzen.

Davon musste ich Henk Rusman erzählen. Henk war damals schon ein alter Angelfreund, der aber immer für neue Techniken offen war. Henk angelte viel auf den Kaagplassen wie dem Zwaailand und der Joppe. Das sind ganz andere Gewässer als die *Zaan*, mit viel mehr Struktur und Tiefenunterschieden. Als Henk dort mit dem Vertikalangeln anfing, konnte er unglaublich viele Zander landen. Als wir zusammen auf den *Nordseekanal* fuhren, erlebten wir ebenfalls sensationelles Zanderangeln. Wir fingen sofort enorm viele Fische, und das ist unverändert auch heute noch möglich.

In unserem kleinen Kreis von Angelfreunden wussten wir, dass da etwas Neues entstanden war. Und uns war schon klar, dass sich damit das Zanderangeln total verändern würde. Das Vertikalangeln, wie wir es zunächst nur mit einer Handvoll Leuten betrieben, wurde schnell bekannt.

Am Anfang mussten wir uns noch mit einfachen Mitteln bescheiden. Es gab noch gar keine geflochtene Schnur, also mussten wir mit Monofil angeln. Wir merkten sofort, dass die Monofilschnur mit der geringsten Dehnung die beste Bisserkennung ermöglichte. Da Nylon mit geringer Dehnung kei-

Ob traditionell oder modern – bei den großen Wasserflächen in den Niederlanden muss man mobil sein, um schnell die Stellen wechseln zu können.

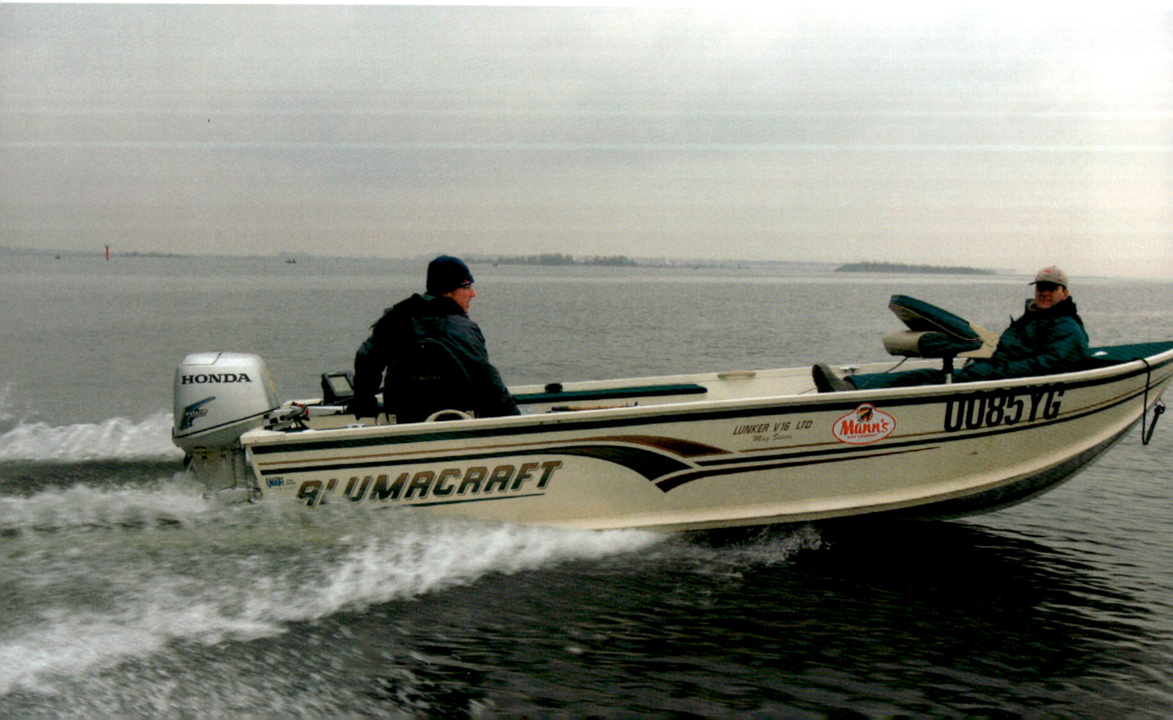

ne allzu hohe Tragkraft hat, wir aber doch ganz stattliche Zander fingen, brauchten wir Schnüre von mindestens 0,16 Millimeter Durchmesser. Und das ist verdammt dick verglichen mit der Schnur, die wir heute benutzen.

Die richtige Rute zu finden, war eine einzige große Suchaktion. Man bedenke: Das Vertikalangeln gab es in dem Sinne noch gar nicht, keiner hatte eine Rute dafür, und wir musste erst einmal herausfinden, wie die Rute aussehen sollte. Wir probierten alles Mögliche aus, wir wussten ja selbst noch nicht, wie die Methode am besten funktioniert. Aber nach und nach haben wir unsere Kenntnisse verbessert und damit auch die Geräte. Zunächst versuchten wir es mit recht langen, weichen Ruten mit einer parabolischen Aktion. Dann probierten wir sehr harte Ruten. Beides konnte uns nicht voll überzeugen. Bei der Rutenlänge konnten wir uns immerhin bald auf einen Bereich zwischen 1,80 und 2,10 Meter einigen. Allmählich wussten wir auch, was wir von dem Blank erwarteten: Er sollte stramm und schnell sein, aber nicht hart, denn wir wollten auch, dass sich die Rute im Drill krümmt, wenn ein kleinerer Zander am Haken hing.

Ein Meilenstein für das Vertikalangeln war das Aufkommen der geflochtenen Schnur, in Holland sprechen wir allgemein von Dyneema. Damit konnten wir selbst die vorsichtigen Bisse in tiefem Wasser sicher erfühlen. Ehrlich gesagt, haben wir uns am Anfang sogar erschrocken, wie hart die

Auch solche Zandermonster können beim Vertikalangeln auf den kaum bewegten Köder einsteigen.

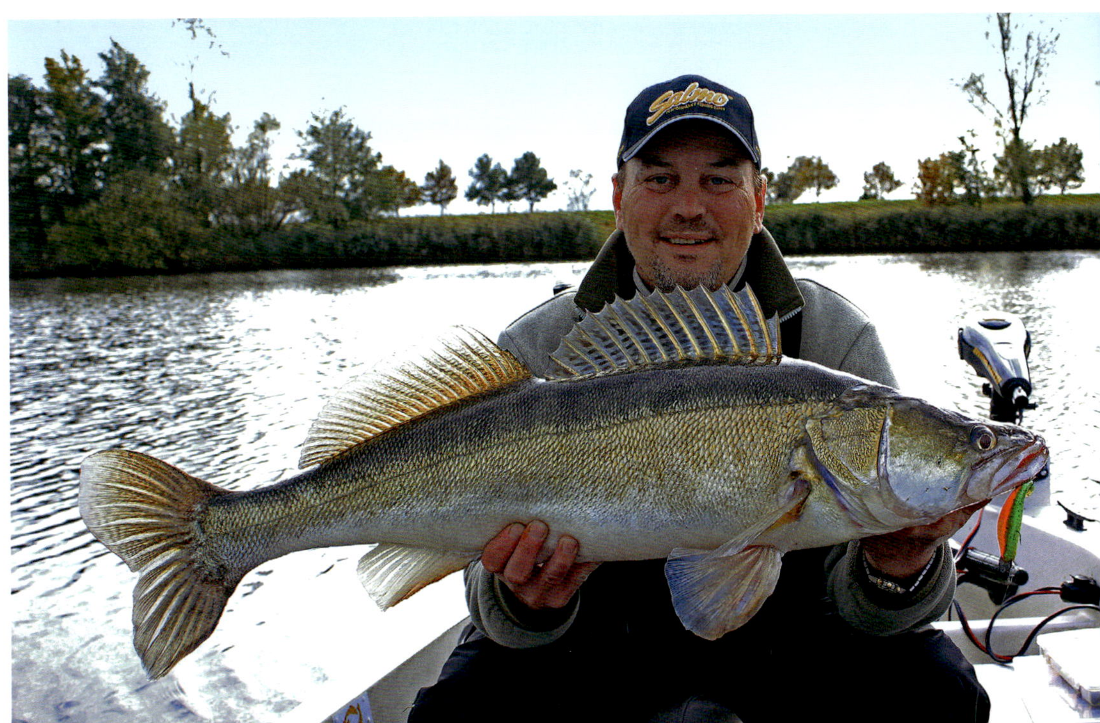

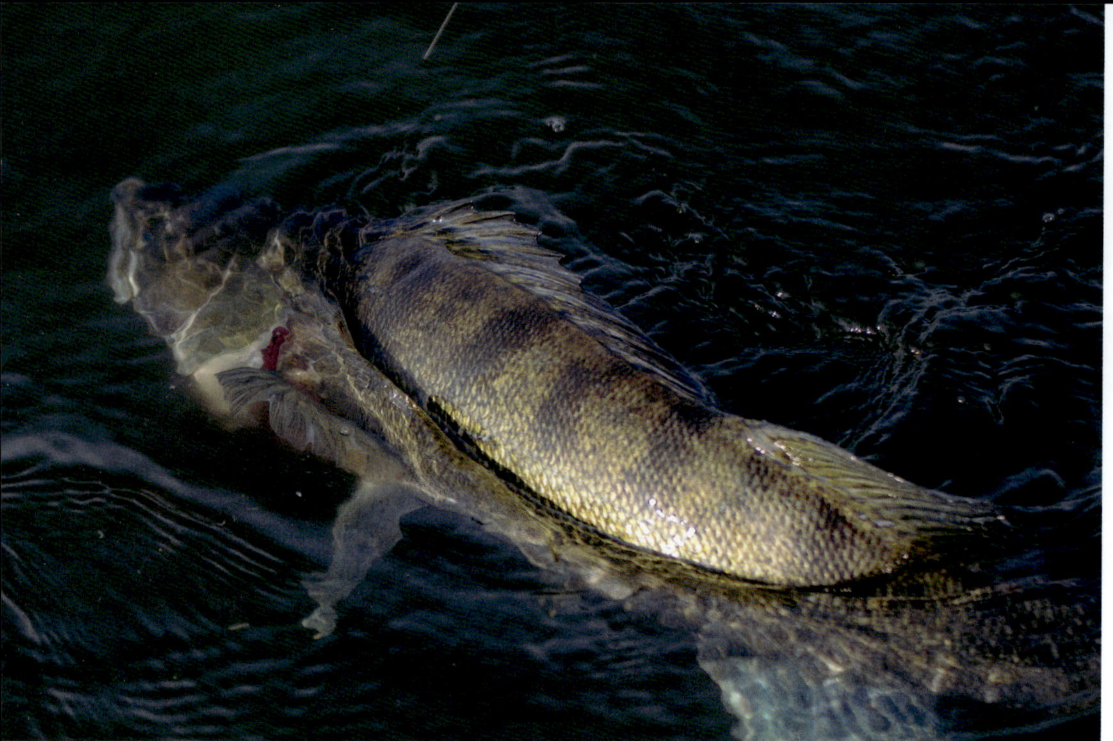

Zander liefern einen spannenden Drill. Das merkt man spätestens, wenn man beim Vertikalangeln an einen Kapitalen gerät.

Bisse auf einmal durchkamen. Natürlich fingen wir jetzt sogar noch mehr. Mit dem Schnurdurchmesser sind wir schließlich auf 0,10 Millimeter heruntergegangen, was die Bisserkennung erheblich verbessert hat. Wir fingen unglaublich viele Zander, und die Methode machte uns regelrecht süchtig.

➤ Modern vertikal

Natürlich angle ich noch immer vertikal auf Zander, und selbstverständlich ist die Methode für mich immer noch ein Genuss. Als wir mit dem Vertikalangeln am Anfang standen, hatten wir die Sorge, diese Methode könnte regelrecht zur Fischwilderei führen. Inzwischen schauen wir schon auf eine recht lange Erfahrung mit der Methode zurück, und man kann sagen, es gibt gute und schlechte Erlebnisse. Wir haben Angler erlebt, die ihre großen Fänge mit der Vertikaltechnik zu Geld machen wollten. Die meisten gingen aber immer verantwortungsvoll mit der Methode und vor allem dem Fisch um. Manchmal kommt es auch vor, dass ein Fisch, den man in größerer Tiefe gehakt hat, nicht mehr im besten Zustand an der Oberfläche ankommt. Dann ist es sicher sinnvoller, diesen Fisch mitzunehmen, statt ihn zurückzusetzen.

Die Verbesserungen durch die geflochtene Schnur habe ich schon erwähnt. Aber das Vertikalangeln hat noch von deren Entwicklungen profitiert. Die Rollen, ob Stationär- oder Multirollen, wurden immer weiter verfeinert. Und auch das Köderangebot wurde größer und immer besser. Am Anfang standen uns nur ein paar Gummifische zur Verfügung. Heute ist das Angebot an Gummiködern für viele sogar zu groß und unüberschaubar geworden.

➤ Rutenwahl beim Vertikalangeln

Werfen wir doch mal einen genaueren Blick auf die Vertikalgeräte. Fangen wir mit der Rute an. Ich habe gewöhnlich vier Ruten dabei. Genau genommen sind es nur zwei verschiedene Modelle, aber die habe ich je einmal in der Ausführung für die Stationärrolle und einmal für die Multirolle. Welchen Rollentyp ich lieber benutze? Ich kann es gar nicht genau sagen, mal ist es der eine, mal der andere. Ich kann nur jedem raten, selber für sich herauszufinden, welche Rolle ihm mehr liegt.

Beim Vertikalangeln bietet man den Köder in der Regel direkt senkrecht unter der Rutenspitze an. Dafür reicht eine recht kurze Rute vollkommen aus. Meine erste Rute ist deshalb auch nur 1,80 bis 1,90 Meter lang bzw. kurz. Diese Rute soll möglichst leicht sein. Mit dieser Rute soll es möglich sein, Gewichte von 10 bis ungefähr 30 Gramm zu werfen. Wobei wir natürlich nicht tatsächlich werfen, denn der Köder wird beim Vertikalangeln meistens einfach nur auf den Gewässerboden heruntergelassen. Aber auch dabei muss die Rute korrekt arbeiten und darf kein Zeichen von Überlastung zeigen. In den meisten Fällen angeln wir mit Jigköpfen von 15 bis maximal 25 Gramm. Die gebräuchlichsten Modelle wiegen 17 und 21 Gramm. In diesem Gewichtsbereich

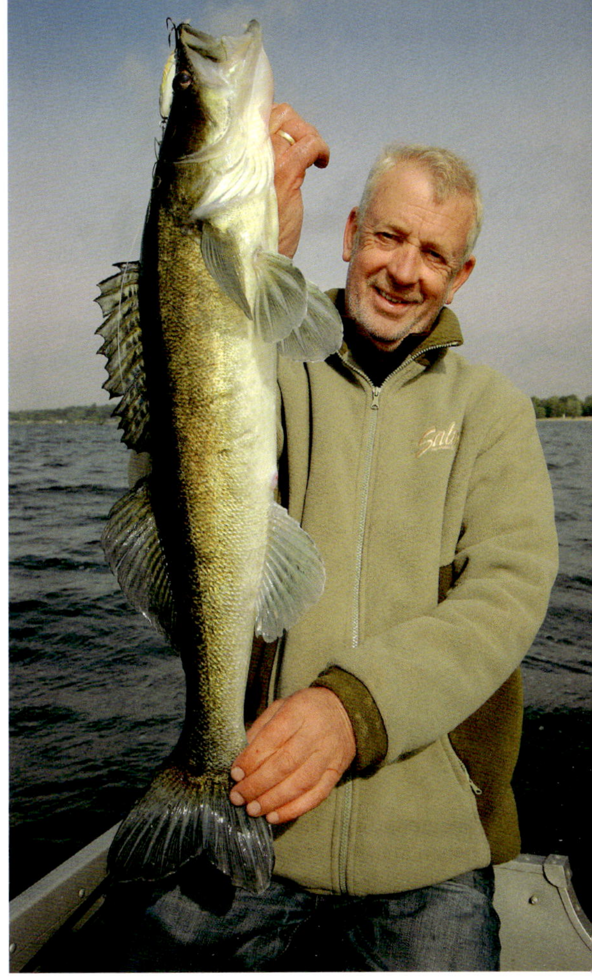

Auch nach tausenden Zandern ist der Fang mit der Vertikaltechnik für Bertus immer noch ein Genuss.

muss die Rute optimal arbeiten, das heißt, sie darf sich kein bisschen durchbiegen, wenn sie dieses Gewicht vom Boden abhebt. Es schadet gar nicht einmal, wenn die Rute eine leichte Spitzenaktion hat. Das Wichtigste ist aber, dass die Rute eine parabolische Krümmung entwickelt, wenn sie ernsthaft belastet wird. Warum das so sein soll?

Beim Vertikalangeln gibt es genug Bisse, und man wird genug fangen. Einige Fische hängen aber nur gerade eben mit einem

Stück Haut am Haken. Der Fisch hängt wie an einem seidenen Faden. Und wer die Kopfstöße des Zanders im Drill kennt, weiß, welchen Belastungen dieser Faden ausgesetzt ist. Wenn der Zander bei seinem Fluchtversuch mit dem Kopf schräg nach unten im Wasser steht und dann zu seinen Stößen ausholt, dann passiert es ganz schnell, dass der Haken aus dem Hautstück ausschlitzt oder dass diese Haut einfach an der belasteten Stelle reißt. Eine harte Rute hat sicher den Vorteil, dass sie den Angler mehr Biss deutlich fühlen lässt. Ob man mit dem Anhieb dann auch tatsächlich mehr Fische an den Haken bringt, ist allerdings die Frage. Was aber sicher ist: Mit einer harten Rute kann man keinen behutsamen Drill führen. Hängt der Haken tatsächlich nur an einem Hautfetzen im Maul, dann hat man kaum eine Chance, den Fisch zu landen. Harte Kopfstöße des Fisches und harte Rute werden zusammen unweigerlich zum Ausschlitzen führen. Bei einer Rute mit parabolischer Aktion hat es der Zander schon schwerer. Solch eine Rutenaktion fängt die Stöße des Fisches besser ab, wodurch es für ihn nicht mehr so leicht sein wird, sich vom Haken zu befreien. Natürlich verliert man auch mit einer nachgiebigen Rute immer ein paar Fische,

Die großartigen Fänge beim Vertikalangeln haben immer mehr Angler ins Boot gelockt, um diese Technik auszuüben.

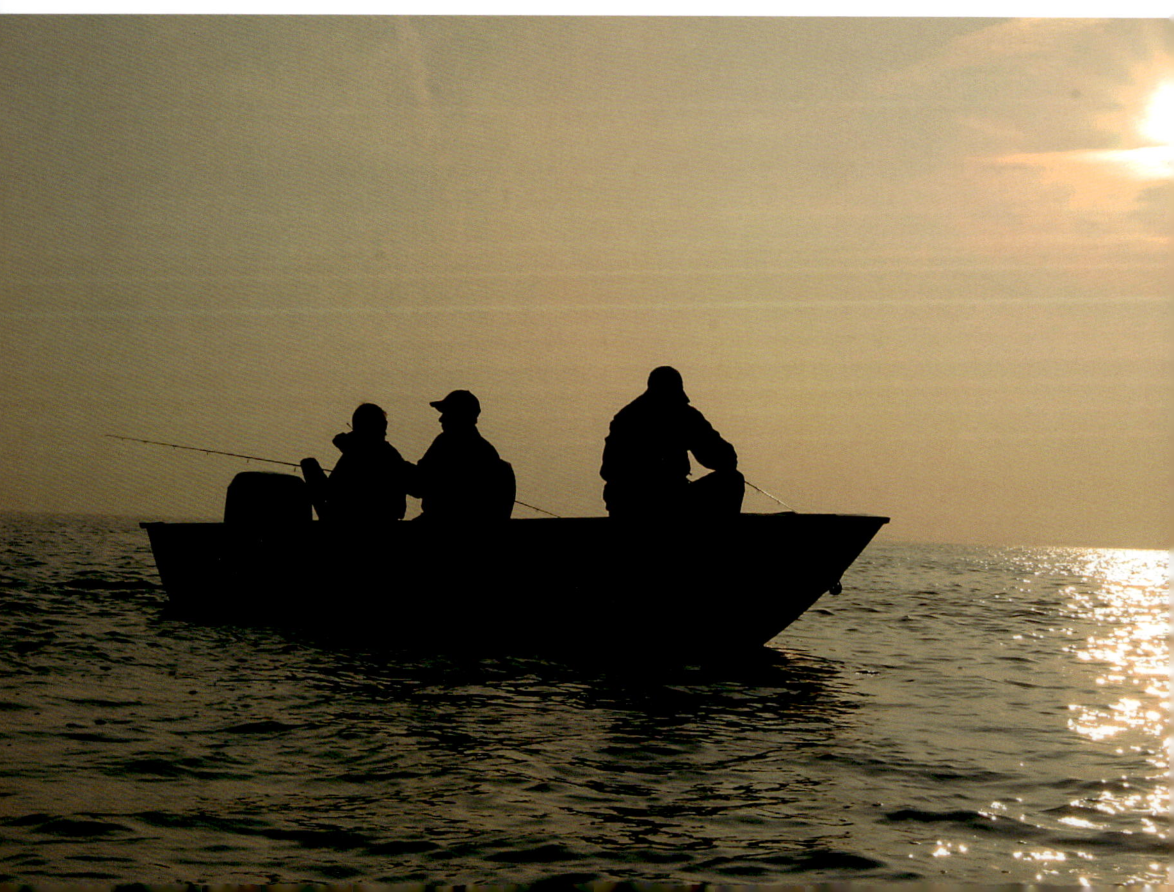

aber es sind nach meinen Erfahrungen deutlich weniger als mit einer harten Rute. Kommen wir nun zur zweiten Rute, die länger ist als die erste. Sie ist mindestens 2,10 Meter lang, gerne aber auch noch etwas länger bis zu 2,50 Meter. Der Grund dafür liegt in einer etwas anderen Technik, für die ich diese Rute benutze, nämlich das driftende Vertikalangeln. Von Anfang an war das Vertikalangeln in der Drift für mich eine der spannendsten Methoden, die ich an meinem Hausgewässer, der *Zaan*, sehr gut ausüben konnte, weil das Gewässer nirgendwo viel tiefer als vier Meter ist. Deshalb kann man dort auch immer gut den Bodenkontakt halten. Auf einem großen windanfälligen Gewässer wie dem *Gooimeer* ist das eine ganz andere Situation. Man angelt dort nicht nur in größeren Tiefen, man hat auch mit einer schnelleren Drift zu kämpfen. Man muss schnell auf veränderte Tiefen reagieren, und das macht das Angeln während der Drift nicht gerade einfacher. Wenn man es richtig angeht, kann man aber dabei sehr effektiv angeln.

➤ Die Schnurwahl

Ganz wichtig ist, dass man eine möglichst dünne Schnur verwendet, deren Tragkraft aber noch die nötige Höhe haben muss. Die Schnur muss außerdem auch gut sichtbar sein. Deshalb bevorzuge ich eine deutlich erkennbare gelbe oder rote Schnur. Zuletzt habe ich immer eine gute SpiderWire-Schnur verwendet, die alle erforderlichen Eigenschaften besitzt. Dünn muss die Schnur vor allem deshalb sein, damit das Wasser wenig Angriffsfläche hat und wenig Druck auf die Schnur ausüben kann. Bedenken wir nämlich, dass der Köder nicht immer nur direkt unter unserem Boot angeboten wird, sondern bei starker Drift auch weiter von ihm entfernt. Je nachdem, in welcher Tiefe wir angeln, und wie schnell die Drift ist, kann sich unser Köder 30 Meter oder sogar noch weiter hinter dem Boot befinden. Und bedenken wir auch, dass es umso schwieriger ist, den Köder am Grund zu halten, je tiefer das Wasser und je schneller die Drift ist. Um den Köder unter erschwerten Bedingungen am Boden zu halten, kann man das

Zander mit der Fliegenrute. Das ist an den guten Zandergewässern in Holland ohne weiteres möglich.

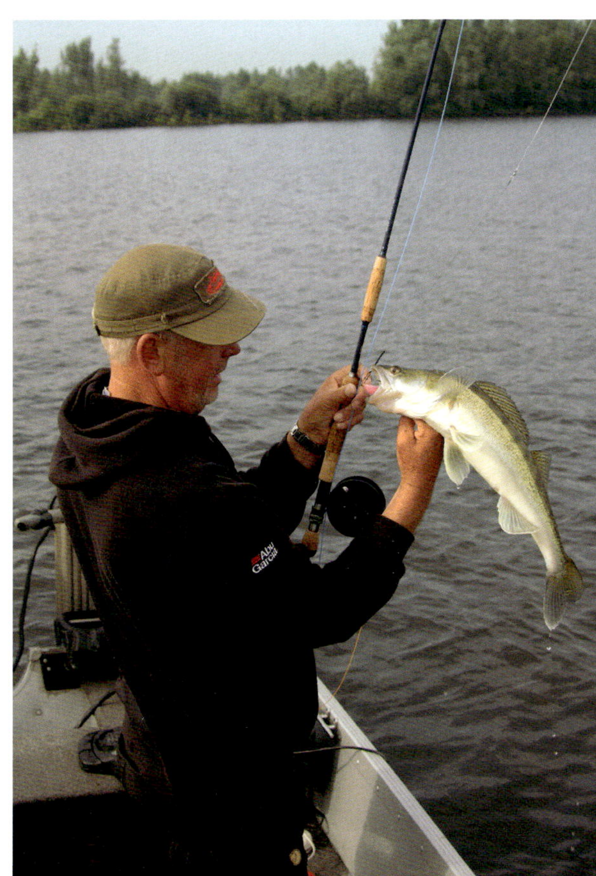

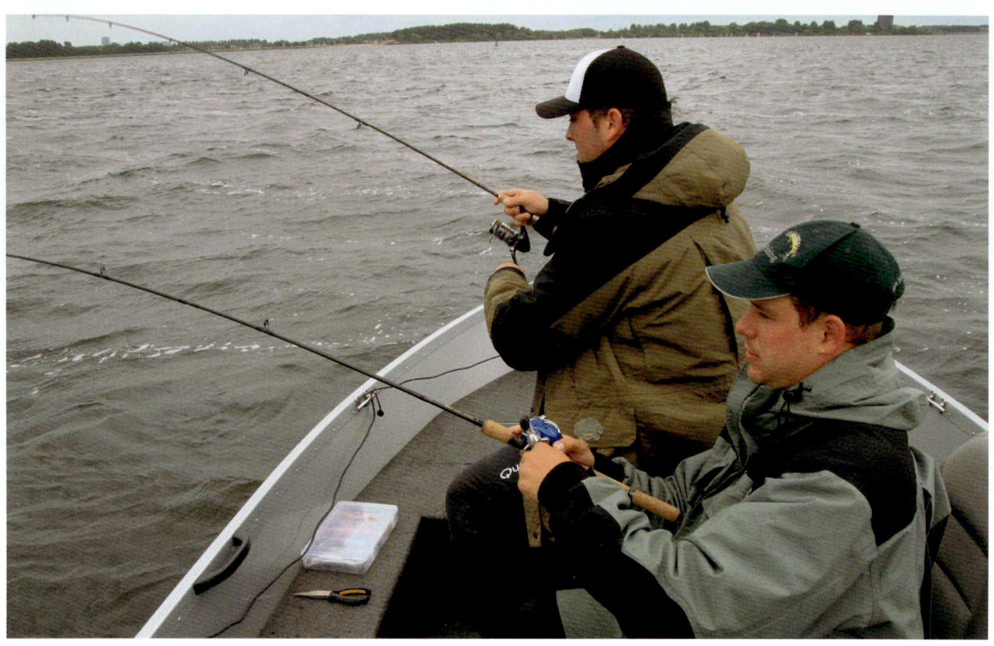

Multi- oder Stationärrolle, da gibt es unterschiedliche Vorlieben. Eins ist sicher: Beide fangen.

Gewicht des Jigkopfes erhöhen. Ich versuche immer, so leicht wie möglich zu angeln, um den Köder so natürlich wie möglich präsentieren zu können. In einer starken Drift bin ich aber manchmal gezwungen, einen Bleikopf von 20 Gramm oder sogar noch etwas mehr einzusetzen.

Die Umstände beim Driften können also sehr extrem sein, und dafür brauche ich eine längere Rute, um eine möglichst hohe Köderkontrolle zu besitzen. Denn die Länge hilft mir, bei größerer Entfernung und Tiefe zu erfühlen, ob und wann er den Boden berührt. Die längere Rute ist auch gut geeignet als sogenannte „tote Rute“, auf die ich später noch näher eingehen werde.

➤ Multi- oder Stationärrolle?

Lange Rute, starke Drift, da stellt sich wieder die Frage nach der Rolle, Multi- oder Stationärrolle? Wieder kann ich nur sagen, dass ich beide benutze, denn beide haben ihre Vorteile. Wenn ich über eine Strecke mit stark unterschiedlichen Tiefen drifte, finde ich es angenehmer, mit einer Multirolle zu angeln. Driftet man auf einen tieferen Bereich zu, muss man Schnur nachgeben, um den Köder dicht am Grund zu halten. Das ist mit einer Multirolle einfach und praktisch, indem man den Freilauf einschaltet. Mit einer Stationärrolle ist das etwas umständlicher. Man muss den Bügel öffnen, Schnur nachgeben und den Bügel wieder schließen. Wenn man dazu bei starken

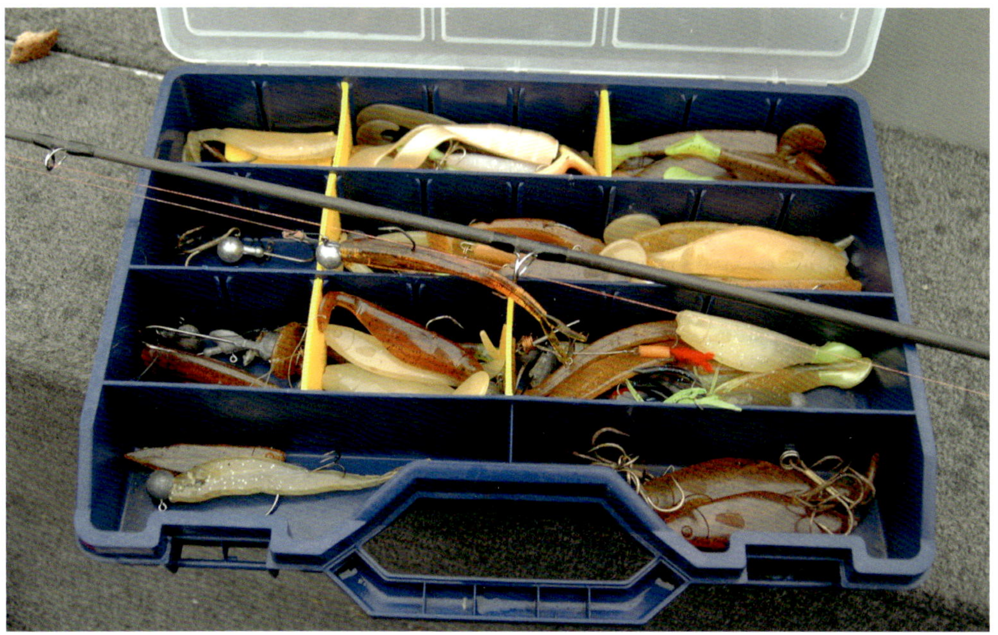

In der Köderkiste von Bertus Rozemeijer befinden sich überwiegend Gummifische in eher unauffälligen bräunlichen Farben.

Tiefenwechseln gezwungen ist, kann man leicht für zu lange Zeit die Kontrolle über den Köder verlieren. Nicht nur, dass einem dabei Bisse entgehen können, es passiert auch allzu leicht, dass dann zu viel lose Schnur von der Rolle gerät, die wir schnell wieder aufnehmen müssen. Bei einer Stationärrolle legt sich dann schon mal eine Schnurschlaufe auf die Spule, und es kann zu unentwirrbaren Verknotungen kommen. Unter Umständen muss man dann viele Meter Schnur abschneiden, um ungehindert weiterangeln zu können.

Beim Gebrauch einer Multirolle hat man diese Probleme nicht – zumindest nicht, wenn man ein bisschen geübt ist im Umgang mit diesem Rollentyp. Warum also nicht immer nur mit einer Multi angeln? Ein gewisser Nachteil der Multirolle besteht darin, dass man mit ihr eine geringere Balance hat. Mit einer Multirolle angelt man praktisch über den Unterarm. Mit einer Stationärrolle angelt man dagegen mehr aus dem Handgelenk heraus. Mit dem Gefühl über das Handgelenk lässt sich der Köder leichter und kontrollierter anbieten. Aber der größere Vorteil der Stationärrolle besteht darin, dass man mit ihr schneller reagieren kann. Beim Biss die Rute zum Anhieb anzuheben und gleichzeitig Schnur aufzunehmen, um den Kontakt zum Fisch zu halten, das geht einfach besser mit einer Stationärrolle. Für mich ist sie vor allen, wenn man direkt am Boot angelt, die bessere Wahl.

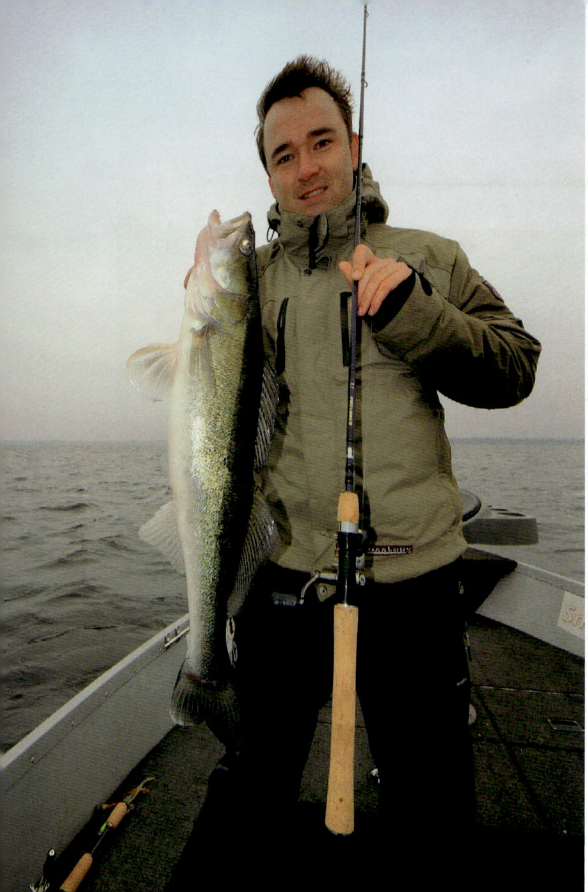

Die meisten Angler wählen eine kurze Rute für das Vertikalangeln.

➤ Technik mit zwei Ruten

Bevor wir uns aufs Wasser begeben, will ich noch einmal kurz zusammenfassen, wie unsere Ausrüstung aussieht. Wir haben zwei Ruten, von denen eine mit 1,80 bis 1,90 Meter recht kurz ist. In der Praxis eine ideale Länge für das echte, klassische Vertikalangeln. Bei der Rolle wählen Sie gerne nach Ihrer Vorliebe zwischen Multi- und Stationärrolle. Für das Angeln dicht am Boot bei schwacher Drift würde ich der Stationärrolle den Vorzug geben. Es darf gerne ein kleines Rollenmodell sein, denn warum sollte man sich mit mehr Gewicht als nötig belasten? Und auch auf eine kleine Rolle passt genug der dünnen Geflechtschnur, um im Notfall einem großen Hecht ausreichend Schnur nachgeben zu können. Mir

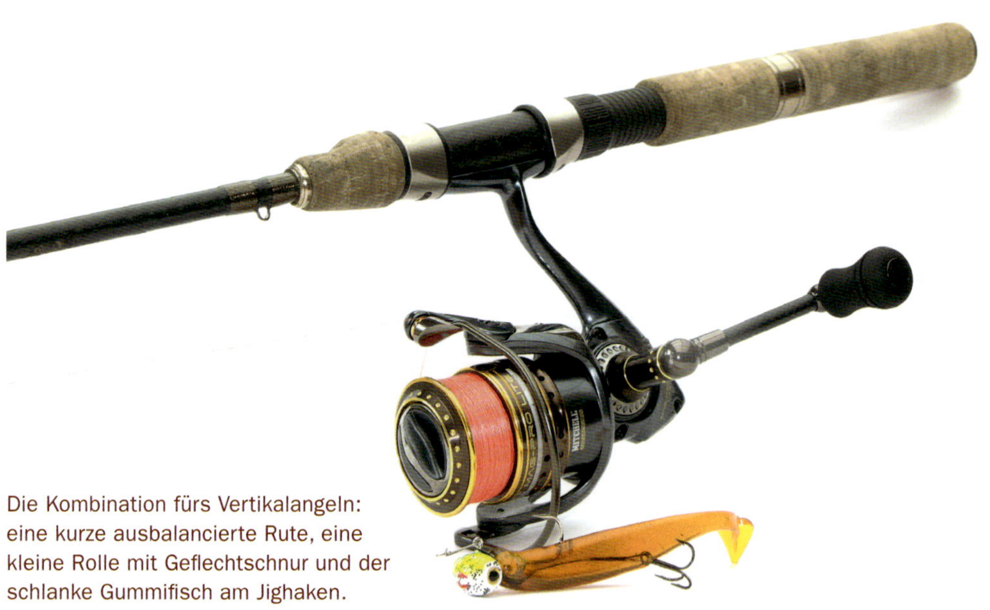

Die Kombination fürs Vertikalangeln: eine kurze ausbalancierte Rute, eine kleine Rolle mit Geflechtschnur und der schlanke Gummifisch am Jighaken.

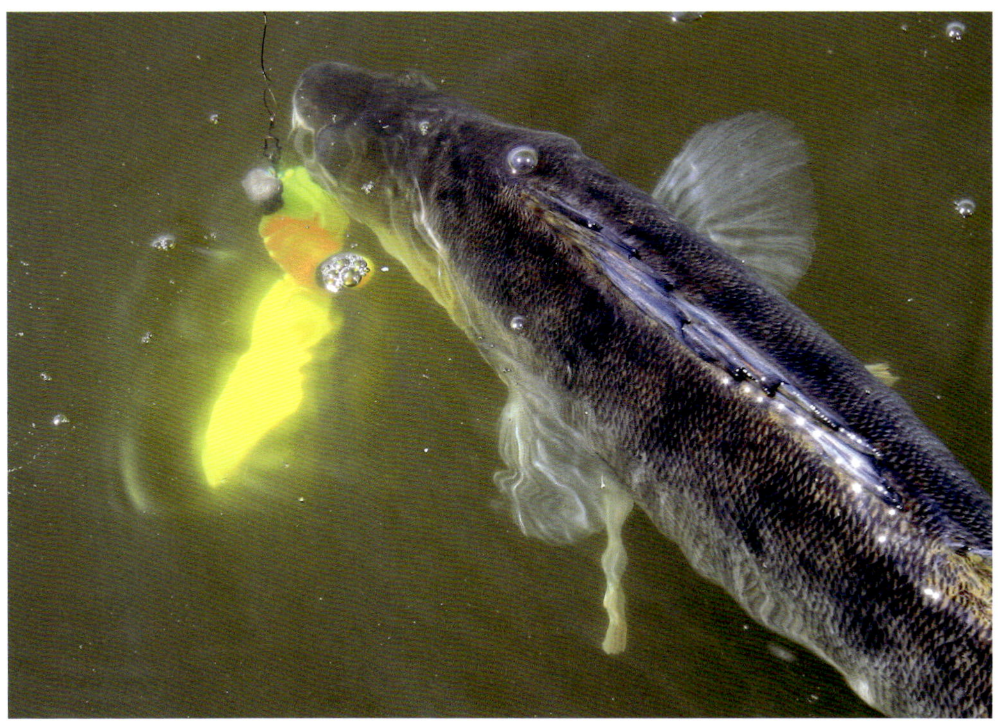

Zander haben keine Schwierigkeiten mit großen Ködern.

ist es übrigens nur ein einziges Mal passiert, dass wir einem Fisch mit dem Boot hinterherfahren mussten, weil auf der Spule schon das Ende der Schnur in Sicht war. Da hatte ein rund 30 Pfund schwerer Hecht den Zanderköder genommen.

Als zweite Rute nehmen wir ein längeres Modell. Bei mir ist das eine 2,50 Meter lange, extrem leichte Rute, denn wenig Gewicht ist leichter zu handhaben. Die lange Rute setzen wir ein, wenn wir eine stärkere Drift haben. Wenn sich dabei die Distanz zwischen Boot und Köder vergrößert, haben wir mit dem langen Stock eine bessere Kontrolle. Eine gut sichtbare Geflechtschnur von 0,12 Millimeter Durchmesser vervollständigt die Ausstattung. Ach ja, wenn Sie auf einem Gewässer mit vielen Hechten angeln, die sich auch gerne mal am Vertikalköder vergreifen, dann gehört ein Stahlvorfach an die Schnur. Nehmen Sie es aber fein und unauffällig. Eine Länge von 30 Zentimetern und eine Tragkraft dicht über der Tragkraft der geflochtenen Schnur reichen vollkommen aus. Damit können Sie den Köder für den Zander immer noch glaubwürdig präsentieren. Aber je dicker Sie den Stahldraht nehmen, desto weniger Zander werden sie fangen.

➤ Größe des Karabiners

Wenn ich sicher bin, dass die Gefahr, einen Hechtbiss zu bekommen, minimal ist, knote ich nur einen kleinen Karabiner an die Hauptschnur. An solch einem kleinen Karabiner kann ich sehr schnell den Köder wechseln. Wobei ich aber eigentlich ein sehr einfaches Sortiment von Gummiködern habe. Ich bin keiner von denen, die so viele Boxen mit verschiedenen Ködern mit ins Boot nehmen, dass sie sich darin vor lauter Ködern kaum noch bewegen können.

➤ Die Gummifisch-Frage

Am liebsten verwende ich schlanke Gummifische zum Vertikalangeln. Die Farben meiner Gummifische wähle ich in Anlehnung an die Farben der bevorzugten Beutefische der Zander. Sehr oft sind das Kaulbarsche, und deshalb habe ich viele braune Gummifische in der Box. Daneben habe ich aber auch noch ein paar Köder in Chartreuse, Blau und Violett in der Kiste.

Über die richtige Farbe des Köders wird viel gemutmaßt und geschrieben. Es ist auch sicher ein Thema, über dass man einmal nachdenken sollte. Die meisten Fische, die beim Zander auf der Speisekarte stehen, haben ein silbriges Schuppenkleid, man denke beispielsweise an Rotaugen, Brassen, Güstern oder Stinte. Wenn wir sie in der Hand halten, sind sie silbern. Dieses Schuppenkleid wirkt aber in der Umgebung des Fisches wie ein Spiegel, der die Farben der Umgebung reflektiert und den Fisch möglichst unsichtbar macht. Ein silbernes Fischchen, das in einem von Algen grün gefärbten Wasser schwimmt, erscheint selbst auch in der Farbe des Wassers, aus seinem Silber wird Grün oder Chartreuse. In Wasser mit hohem Eisenanteil, das ins Bräunliche tendiert, erscheint auch der silbrige Fisch bräunlich. Natürlich gibt es auch Beutefische mit einer eigenen charakteristischen Farbe. Dazu gehören der bereits erwähnte Kaulbarsch, der Flussbarsch und ebenso kleine Hechte, die schließlich von größeren Räubern nicht verschont werden. Wer davon überzeugt ist, darf natürlich gerne Köder mit den Farben dieser Fische anbieten.

➤ Zusatzdrilling

Der Gummifisch wird auf einen Bleikopf mit Jighaken gezogen. Mit diesem Haken allein kann man schon ohne weiteres fangen, aber man muss auch viele Fehlbisse in Kauf nehmen. Es bleiben mehr Fische hängen, wenn man den Köder mit einem Zusatzdrilling ausstattet. Der Zander packt seine Beute gerne einmal am Schwanz, und dann macht es einen Riesenunterschied bei der Ausbeute, wenn der Köder noch einen Drilling im Schwanzbereich hat. Ich verwende gewöhnlich einen kleinen Drilling der Größe 06 oder 08 an einem kurzen Stück Stahldraht. Den Draht ziehe ich durch den Körper des Gummifisches, so dass der Drilling fest an seinem Hinterteil fixiert ist. Dass der Draht zum Drilling außen am Köder entlangläuft, kommt bei mir nicht vor. Vielleicht ist das ein bisschen meine Glaubenssache, dass ein sauber durch den Körper verbundener Drilling besser fängt. Aber einen Vorteil hat meine Montage ganz sicher. Wir kriegen beim Zanderangeln immer viele Fehlbissen. Dabei kann es passieren, dass sich der Drilling an freier Aufhängung löst. Dann hängt er

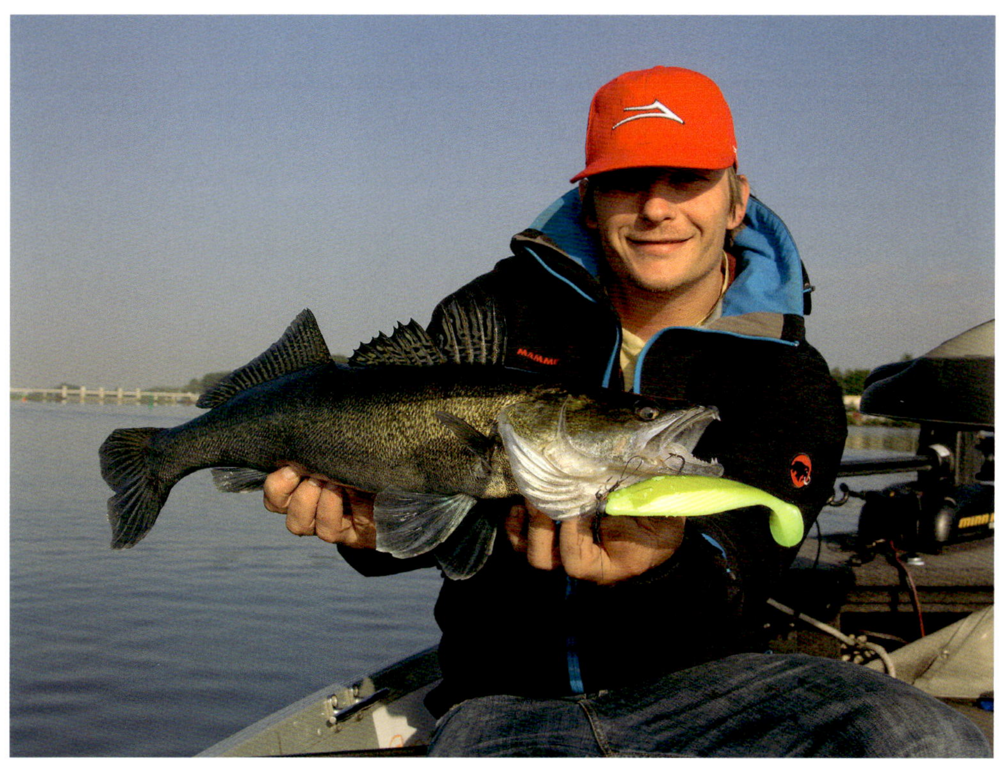

Ein Drilling am Schwanz des Gummifischs steigert die Zahl der sicher gehakten Fische.

vom Köder herunter und schleift über den Boden. Und damit laufen wir Gefahr, dass sich der Drilling am Boden festsetzt oder dass er Unrat vom Boden aufsammelt. So oder so verringern wir in dem Moment unsere Fangchancen. Probieren Sie selber einmal, den Draht durch den Köder zu führen. Vielleicht geht es Ihnen wie mir, und Sie finden das viel schöner als einen frei hängenden Draht.

➤ Die „tote“ Rute beim Bootsangeln

Kommen wir zurück zu den Ruten. Das sind schließlich unsere wichtigsten Instrumente. Beide Ruten brauchen ein Wurfgewicht, mit dem es möglich ist, problemlos Bleiköpfe und Köder von 15 bis 30 Gramm zu werfen. Die längere Rute benutze ich auch dazu, einen Köder an der Dropshot-Montage nebenher laufen zu lassen. Das ist dann das Prinzip der „toten Rute“. Diese Rute steckt einfach im Rutenhalter und wird gar nicht bewegt. Der Köder läuft in Bodennähe mit, ohne aktiv geführt zu werden. Er wird nur von der Drift bewegt. Dass ich für diese Aufgabe die längere Rute nehme, hat zum einen den Grund, dass sie in der Spitze nachgiebiger ist, zum anderen aber auch den, dass die längere Rute den Köder weiter von der Bootswand weg hält.

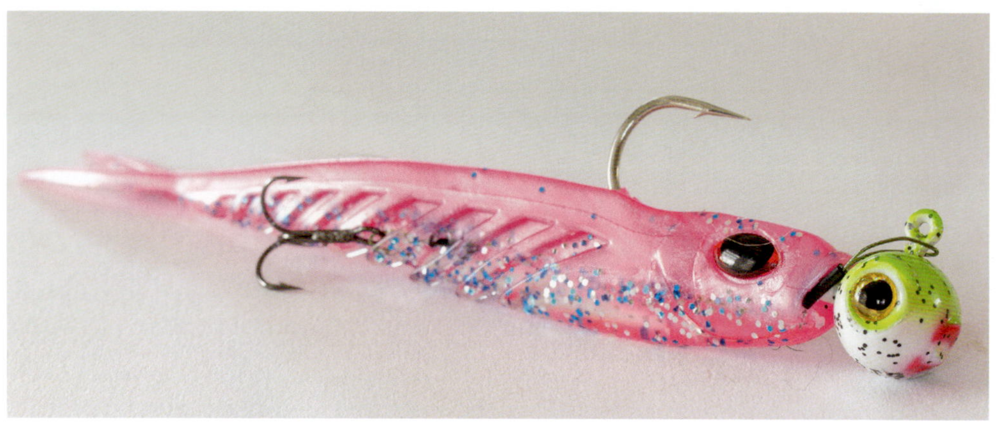

Bertus zieht den Stinger schön sauber durch den Körper des Gummifisches. So kann er sich nie lösen und irgendwo hängenbleiben.

Die kapitalen Zander gehen manchmal lieber auf die tote Rute als auf die bewegte.

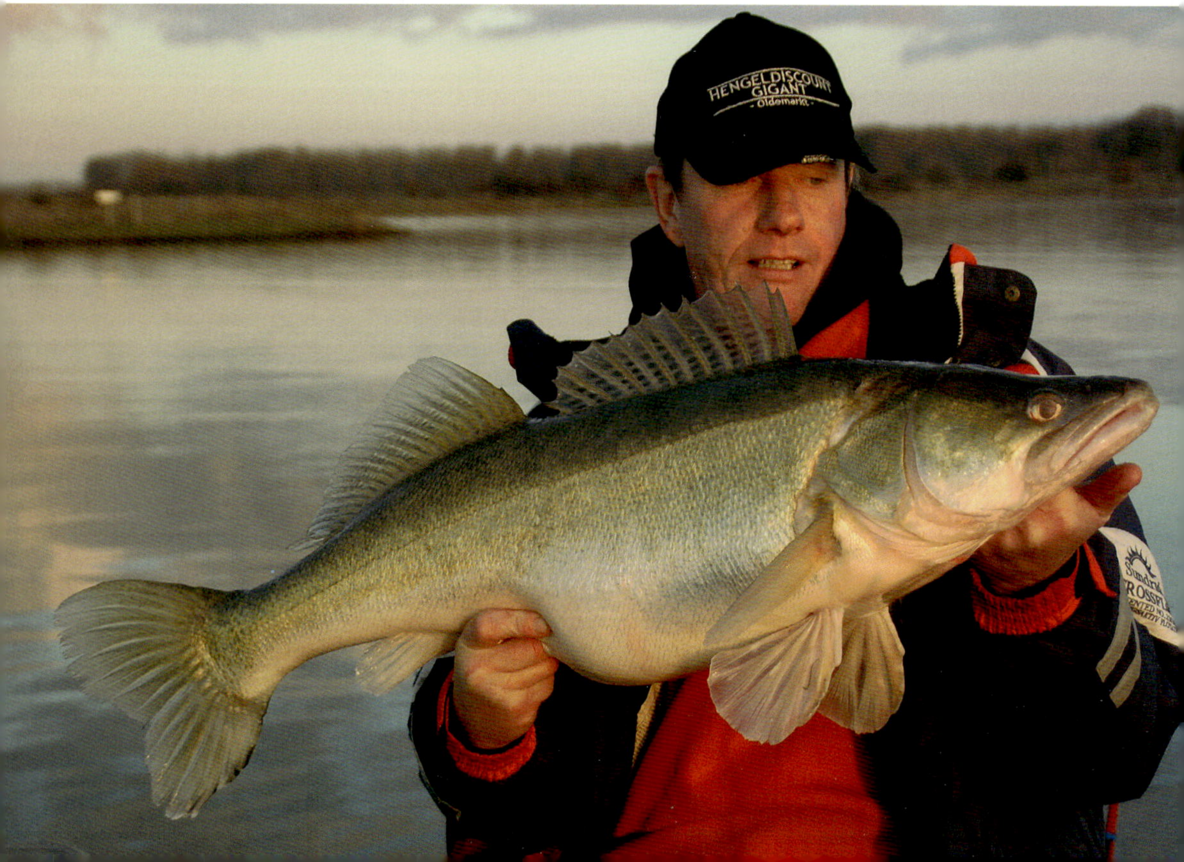

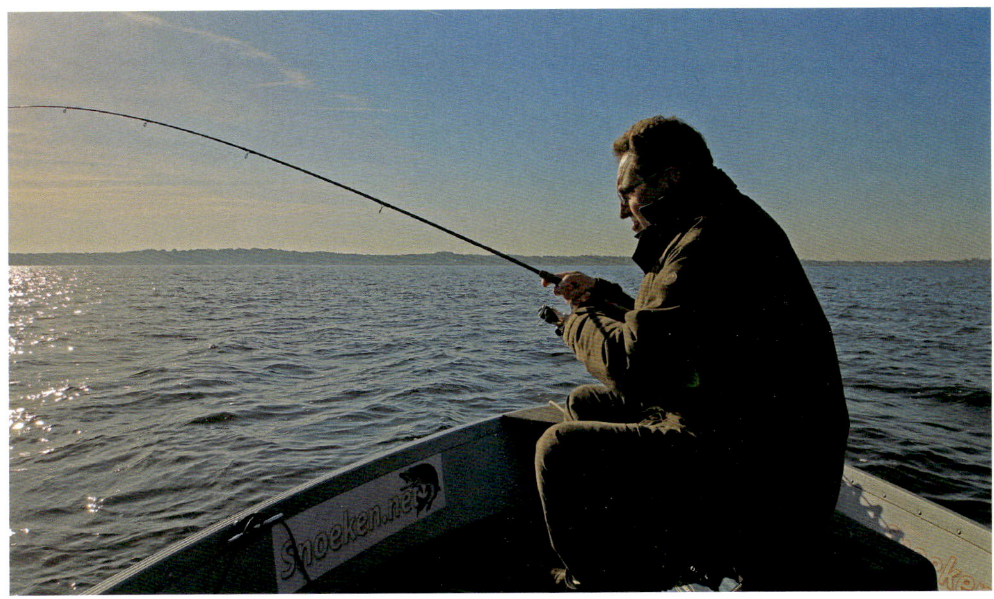

Der Biss kam auf den bewegten Köder an der Rute in der Hand des Anglers. Da fühlt er sich natürlich auch besser an.

So habe ich genug Platz für den zweiten Köder an der aktiv geführten Rute. Die Tiefeneinstellung an der toten Rute sollte so sein, dass der Köder ab und zu Bodenkontakt hat, aber nicht dauerhaft über den Boden schleift. Natürlich habe ich die tote Rute in greifbarer Nähe und werfe immer auch einen Blick auf sie. Sobald ich bemerke, dass der Köder doch über den Boden schleift, nehme ich etwas Schnur auf. Und wenn ich erkenne, dass der Köder gar keinen Bodenkontakt mehr bekommt, also zu hoch läuft, gebe ich Schnur nach, bis er wieder dicht über dem Boden schwebt. Die richtige Tiefe für den Köder liegt zwischen Boden und etwa 30 Zentimetern darüber. So weit kommt der Zander noch hoch, um sich Beute zu schnappen.

➤ Die aktive Rute beim Bootsangeln

Mit der zweiten Rute wird der Köder aktiv geführt. Dafür ist eine kürzere Rute natürlich praktischer und auf Dauer weniger ermüdend. Mit dieser Rute wird der Köder stets in Bodennähe gehalten, so dass er ab und zu auftickt, aber ansonsten meistens dicht über dem Boden schwebt.

➤ Feinfühliges Fischen ist erfolgreicher

Eigentlich ist das Vertikalangeln doch eine recht einfache Geschichte. Wenn ich Gäste in meinem Boot mitnehme, fragen sie mich oft aus über das Vertikalangeln. Ich zeige und erkläre immer gerne alles, trotzdem gibt es manchmal große Unterschiede bei den Fängen. Und meine Gäste wundern sich dann, wieso ich so viel fange und sie nicht. Was ich da nun genau anders mache als sie, kann ich dann auch oft nicht recht erklären. Manchmal denke ich dann: Hätte Michael Schumacher genau erklären können, wie er seinen Rennwagen lenkt? Und wären wir dann alle nach seinen Erklärungen genauso gute Rennfahrer geworden? So einfach ist das nun einmal nicht. Was ich oft bei meinen Gästen bemerke, ist deren Ungeduld. Ich hebe meinen Gummiköder sehr feinfühlig vom Boden ab, oft sind das nur zwei oder drei kurze Bewegungen aus dem Handgelenk, und insgesamt hebe ich den Köder keine 30 Zentimeter über den Boden. Und dann kommt der Moment, wo es viele nicht so genau nehmen und worin meines Erachtens oft der Unterschied besteht. Nach dem Anheben wollen viele Angler den Köder gleich wieder auf den Boden absinken lassen. Genau das sollte man aber eben nicht tun. Wenn ich meinen Köder herunterlasse, dann vor allem, weil ich wissen will, ob ich noch im Bodenbereich und damit dicht bei den Zandern bin. Aber wenn ich den Köder angehoben habe, lasse ich ihn eine Zeitlang schweben, ich bewege ihn gar nicht, erst nach vier oder fünf Sekunden senke ich ihn ganz langsam wieder ab bis zum Boden. Und genau in dieser Phase bekomme ich immer die Bisse. Lässt man den Köder zu schnell herab, dann gibt es deutlich weniger Bisse. Gerade das langsame Absinken des Köders zum Boden scheint den Zander besonders zu reizen.

Vertikalangeln ist eine Methode der geringen Bewegung. Kein Wunder, dass sie auch im Winter sehr gut funktioniert.

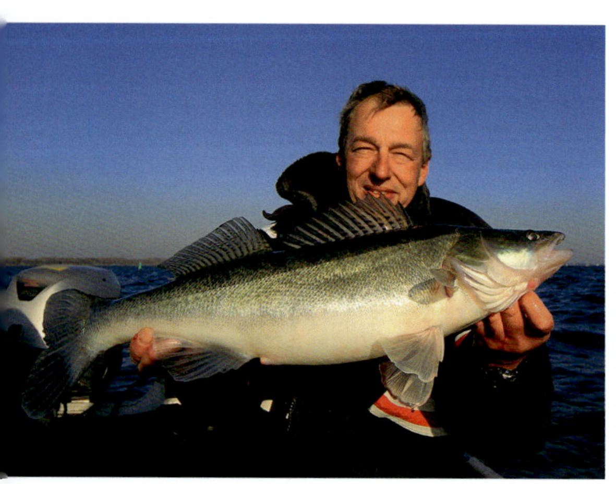

Beim Vertikalangeln spielt die Konzentration eine enorme Rolle. Wer sich ganz genau auf die Köderführung konzentriert, kann manchmal die leichtesten Berührungen des Köders fühlen. Ich kann natürlich nicht sehen, was zehn Meter oder noch tiefer unter mir passiert, aber manchmal bin ich absolut sicher, dass die Rute und die geflochtene Schnur mir signalisieren, wie ein Zander an meinem Köder entlang streift. Wer sich ganz genau auf das Geschehen konzentriert, der spürt sicher auch mehr, er fühlt Zupfer und Berührungen des Köders, er reagiert besser auf Bisse, und er wird sicher auch fangen und schnell Vertrauen in seine Fähigkeiten bekommen.

➤ Extratipps zum Bootsangeln

Vertikalangeln ist zwar eine Methode der geringen Bewegung, aber allzu lange auf einer Stelle verharren sollte man dabei auch nicht. Man bewegt sich schon mit dem Boot voran, zumal wenn man an einer Stelle keinen Erfolg hatte. Ich fahre dabei lieber rückwärts als vorwärts, weil ich so eine bessere Kontrolle über das Boot habe. Angelt man zu zweit auf dem Boot, dann sollen natürlich beide ihren Köder mit viel Gefühl führen können. Wenn man dabei einen kräftigen Seitenwind hat, kann es vorkommen, dass einer von beiden seinen Köder ständig unter dem Boot statt daneben hat. Das sollte nicht gerade der Steuermann sein, denn der hat schon genug zu tun. Der zweite Mann im Boot ist flexibler und kann sich die beste Stelle aussuchen. Die findet er meistens am Bug des Bootes, wo er in beide Richtungen fischen kann. Machen Sie sich keine Sorge, wenn dann die Köder beider Angler in eine Richtung laufen. Sie sind immer noch weit genug auseinander. Keiner wird dem anderen einen Fisch wegfangen, und die Schnüre werden sich nicht verheddern.

➤ Bugmotor und GPS

Wenn der Wind zu heftig wird, ist es oft ratsam, das Boot mit einem Motor am Bug zu lenken. Die modernen Bugmotoren sind mit einem eingebauten GPS ausgestattet, mit dem man sehr genau manövrieren kann, beispielsweise, wenn man eine Kante abangeln will. Selber habe ich zwar lieber die Kontrolle über die Fahrtrichtung und richte mich nach einem Kompass, mit dessen Hilfe ich auch sehr gut die Richtung beibehalten kann, aber die Vorteile einer automatischen Ausrichtung der Fahrt von GPS will ich nicht von der Hand weisen. Einmal richtig eingestellt, hält das Boot den Kurs und man weiß als Angler, wie man sich auf Geschwindigkeit, Wind und Strömung einzustellen hat. Selbstverständlich kann man aber auch als Steuermann eingreifen und die Richtung verändern. Davon sollte man auch Gebrauch machen, denn das Boot kann zwar nach GPS geradeaus fahren, aber die Kante, die wir abangeln wollen, verläuft sicher nicht genau geradeaus. Steuert man das Boot automatisch über GPS, dann fährt man nach vorne. Darauf muss man sich einstellen, wenn man es gewohnt ist, rückwärts zu fahren. Bei Wind auf einem großen See spricht aber einiges dafür, mit einem Bugmotor nach vorne zu manövrieren. Achten Sie unter allen Bedingungen, auch wenn es bei Wind nicht so leicht fällt, darauf, dass Sie nie zu schnell und hastig angeln. Mit einem Bugmotor fährt man oft viel schneller als man denkt und als man es eigentlich will. Und schon sieht man, wie die Schnüre wieder viel weiter hinter einem ins Wasser tauchen als sie sollen. Als Steuermann muss man dann ab und zu einmal abstoppen und versuchen,

An solcher einer Stelle steigt die Bisswahrscheinlichkeit. Und die Stelle möchten man natürlich auch nach einem Drill wiederfinden.

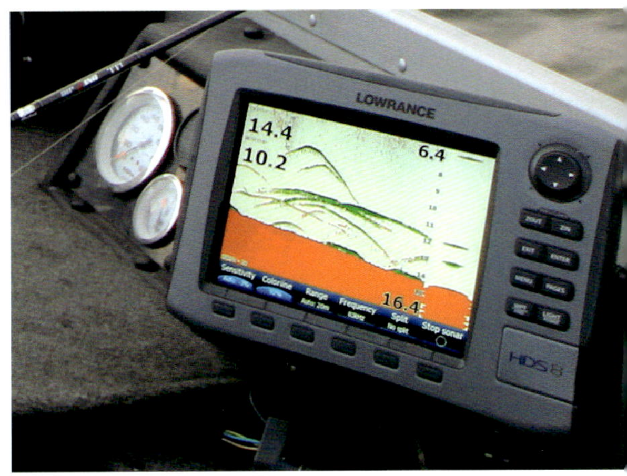

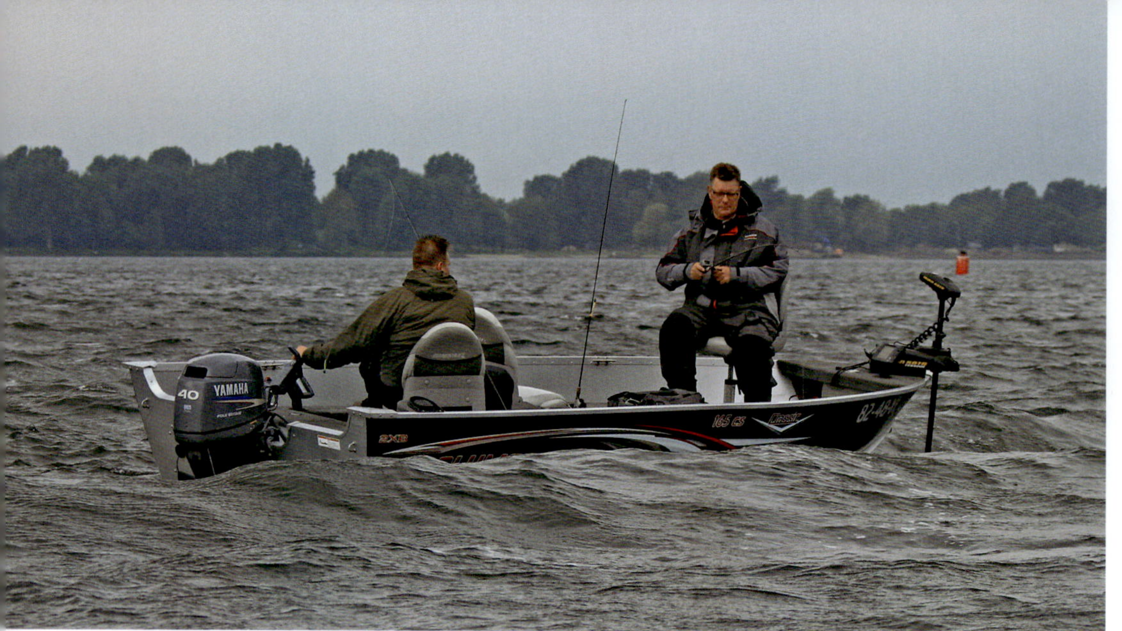

Driften ist eine effektive Methode. Das Boot sollte dabei immer schön quer zum Wind stehen.

das Boot auf der Stelle zu halten, damit man die Köder möglichst senkrecht herunterlassen kann, um Bodenkontakt aufzunehmen. Das erfordert alles ein bisschen Übung, aber die kommt mit der Zeit, und wenn es einem gelingt, bei Wind und starker Drift zu fangen, dann kann einem nicht mehr viel passieren, denn meistens angelt man unter einfacheren Bedingungen.

➤ In der Drift

Richtig in der Drift zu angeln, ist noch etwas anderes als das, was ich bislang beschrieben habe. Es geht darum, von einem Boot, das quer zur Windrichtung steht und driftet, zu angeln, und dabei verläuft die Schnur sicher nicht senkrecht neben dem Boot herunter, sondern schräg hinters Boot. Oft sehe ich, wie sich andere Angler beim Versuch, kontrolliert zu driften, abmühen und das Boot nicht unter Kontrolle kriegen, das Angeln dementsprechend natürlich noch viel weniger. Wer wirklich ernsthaft vertikal angeln will, braucht auch das richtige Boot dafür. Geht es ums Angeln bei Wind und schneller Drift, ist die Bootsfrage ganz entscheidend. Und bei weitem nicht jedes Boot ist dafür geeignet.

➤ Das richtige Boot zum Driftangeln

Jedes Boot, das für große Gewässer gebaut ist und auch etwas mehr Wind standhält, hat einen tiefen Kiel, es ist ein Boot vom Typ Deep V. Solch ein Boot mit einem tiefen V-Kiel legt sich schnell quer in den Wind. Mit dem tiefen Kiel wird das Boot dabei stark abgebremst. Das ist ein riesiger Vorteil gegenüber Booten mit einem flachen Boden, die dann nicht richtig im Wasser liegen und viel zu schnell über

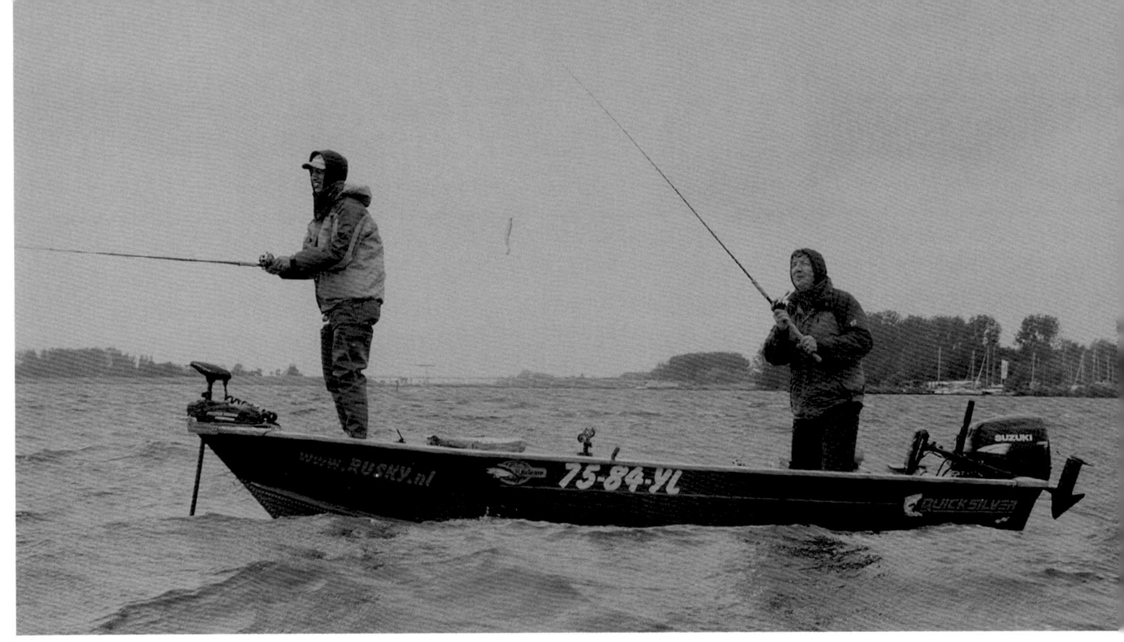

Wer vom driftenden Boot werfend angeln will, sollte das Boot unbedingt abbremsen, wenn es zu schnell driftet.

das Wasser geblasen werden. Boote mit einem flachen oder nahezu flachen Boden sind bestens geeignet für den Einsatz in flachen Gewässern, die einigermaßen vor Wind geschützt liegen. Wer schon einmal versucht hat, mit einem flachbodigen Boot bei Wind und Wellen auf einem großen See zu fahren, weiß, dass das nicht gerade ein Vergnügen ist. Weil das Boot unter Wasser nicht greift, kann man damit unter widrigen Umständen auch nicht kontrolliert driften und angeln. Natürlich kann man sich mit einem Driftsack behelfen. Da unsere Schnüre aber in dieselbe Richtung weisen wie der Driftsack, kommen wir uns dann wahrscheinlich schnell in die Quere. Der Driftsack behindert uns, und wir können wieder nicht anständig angeln. Vielleicht gelingt es, einen großen Driftsack am Bug zu befestigen und dann zu den Seiten heraus zu angeln. Das könnte klappen, aber dann hat man keine Möglichkeit mehr, das Boot zu lenken. Es bleibt einem eigentlich gar nichts anderes übrig als ein Boot mit V-Kiel, wenn man auf einem großen Gewässer ernsthaft vertikal angeln will.

➤ Wahl der Driftstrecke

Wenn man driften will, braucht man viel Platz, ansonsten lohnt es sich gar nicht, eine Drift anzusetzen. Ein paar hundert Meter sollte man schon driften können. Solch eine Driftstrecke will allerdings auch gut ausgewählt sein. Driftet man über einen sehr unregelmäßigen Boden, wird man die meiste Zeit damit beschäftigt sein, Schnur aufzunehmen und Schnur zu geben. Effektiv angeln wird man dabei kaum, weil der Köder niemals länger kontrolliert in Bodennähe zu halten ist. Ich suche immer nach Bereichen, die über mehrere hundert Meter einen einigermaßen ebenen Boden-

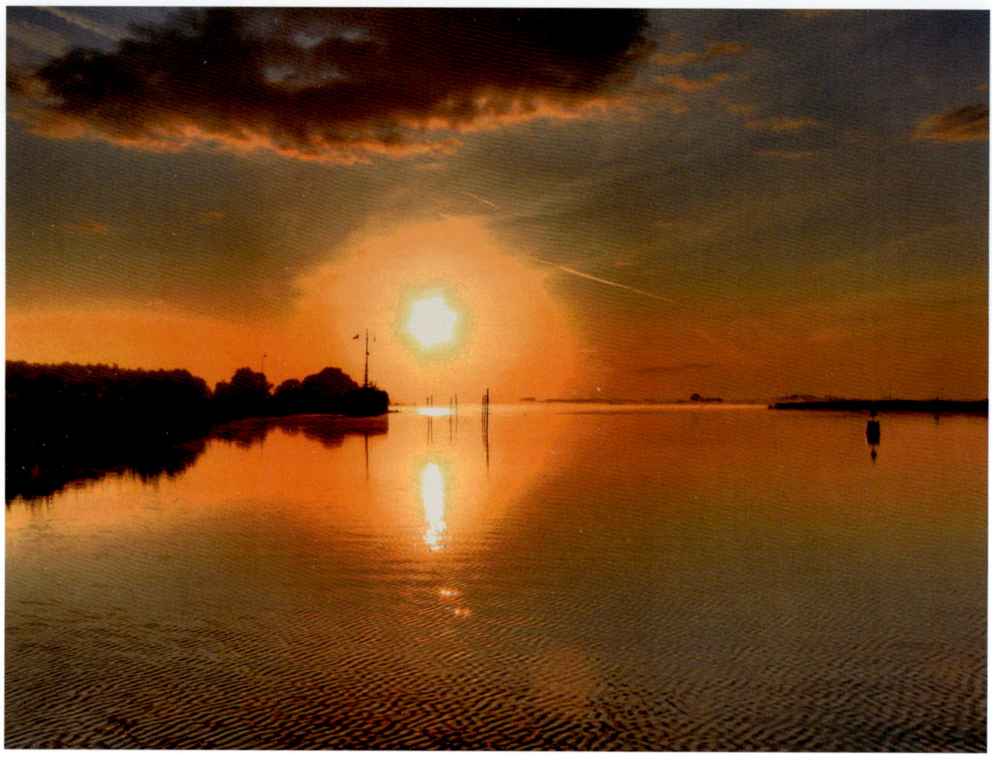

Schöne Aussichten für eine lange Drift.

verlauf aufweisen. Auf einigen der Seen, auf denen ich angle, sind sogar Driften über mehrere Kilometer möglich. Bevor man loslegt, sollte man sich natürlich einen Plan machen, wo und wie man driften möchte. Dabei kann man sich auch schon einmal darauf vorbereiten, dass man immer wieder mal eingreifen muss, damit die Drift wie gewünscht verläuft. Wenn es dabei einige Meter Tiefenunterschied gibt, sollte einen das noch nicht aus dem Konzept bringen. Wenn ich bei einer Drift einen Tiefenunterschied von 8 auf 12 Meter erlebe, der nicht allzu steil ist, setze ich meine Drift dort ungehindert fort. Das Geben und Nehmen von Schnur und das gelegentliche Korrigieren des Kurses gehören nun einmal zum Vertikalangeln. Neben den eigentlichen Angelgeräten habe ich auch ein paar Markierungsbojen dabei. Vor allem wenn ich kurze Driften von wenigen hundert Metern mache, kann ich die Marker gut gebrauchen. Aber schauen wir uns einmal an, wie eine Drift normalerweise verläuft.

➤ Erfolgreiche Taktik beim Driftangeln

Sobald wir uns eine Driftstrecke ausgeguckt haben und an ihrem Anfang stehen, kann es losgehen. Wir lassen den Köder neben dem Boot herunter und können ihn dort zunächst auch recht gut halten. Dann wird das Boot etwas schneller, der Abstand

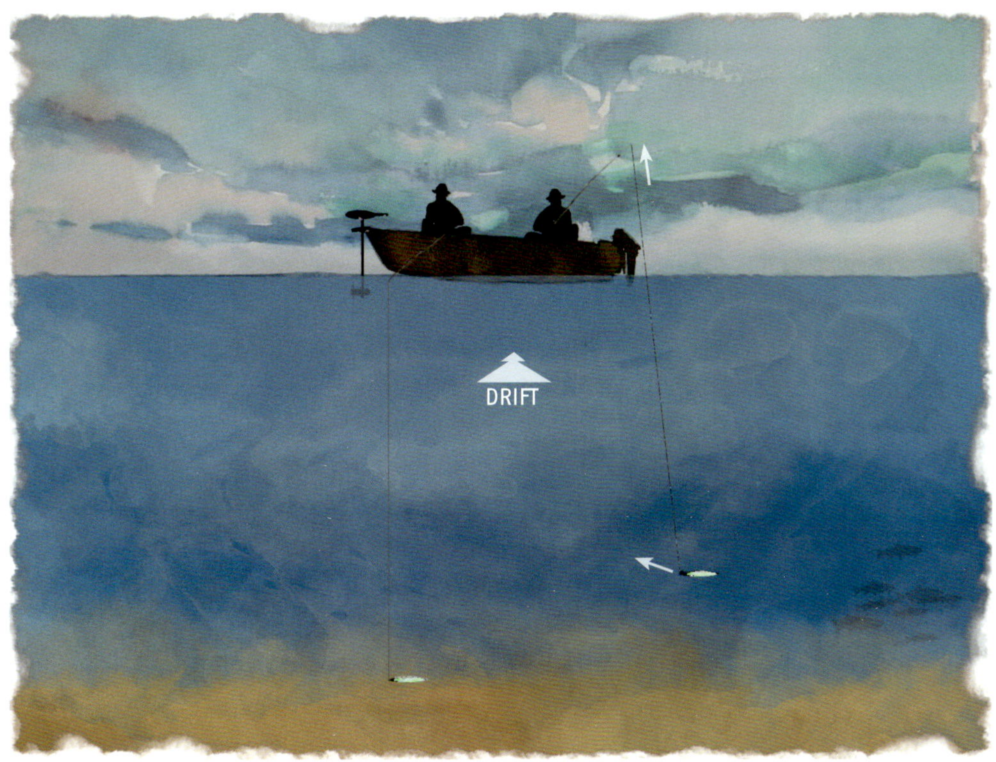

Mit Geduld den Bodenkontakt wieder erhalten: Deshalb den Köder regelmäßig langsam anheben und wieder absenken.

zum Köder vergrößert sich ein bisschen, und wir müssen Schnur nachgeben. Jetzt befällt einen bald die Sorge, dass man den Bodenkontakt komplett verlieren wird. Das ist wieder ein Zeichen von Ungeduld, an der so viele Angler leiden. Um den Bodenkontakt wiederzubekommen, heben wir die Rute an. Stellen wir uns eine Uhr vor, dann heben wir die Rute von der 10-Uhr auf die 11-Uhr-Position. Wie auch sonst beim Vertikalangeln führen wir die Rute dann wieder herab auf 10 Uhr. Wenn Sie das zu schnell machen, wird es anschließend noch schwieriger, den Bodenkontakt zurückzugewinnen. Lassen Sie ihrem Köder Zeit! Führen Sie die Rute ganz langsam zurück auf 10 Uhr. Sie werden sicher den Bodenkontakt zurückbekommen. Sie fühlen es vielleicht nicht so deutlich wie bei Windstille, aber Sie spüren doch das Aufkommen des Köders. Senken Sie dann die Rute etwas schneller weiter auf 9 Uhr ab, dann sehen Sie, wie die Schnur erschlafft. Der Gummifisch bleibt nur einen sehr kurzen Moment an der Stelle auf dem Boden, denn das Boot driftet schließlich weiter. Schauen wir uns einmal genauer an, was mit dem Gummifisch passiert:

Sie heben den Gummifisch an, dann stoppen Sie ab und halten den Köder auf der Stelle. Natürlich bleibt der Köder nicht wirklich auf der Stelle stehen bzw. schwe-

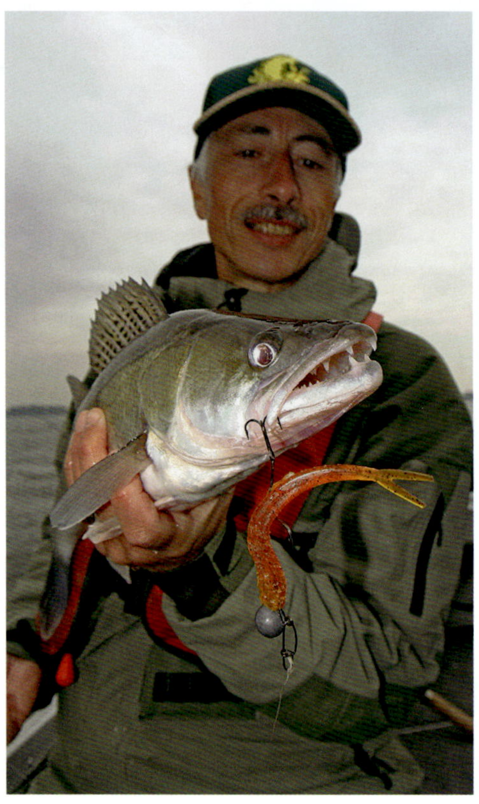

Nur wenn der Gummifisch bei der Drift dicht am Boden läuft, bestehen dauerhaft gute Chancen auf einen Zanderbiss.

ben. Denn durch sein Gewicht zieht es ihn langsam wieder herunter. Wenn Sie die Rute bei nicht zu schneller Drift einfach still halten, dann gleitet der Gummifisch gemächlich wieder zurück auf den Boden. Wie schnell das geschieht, ist natürlich auch davon abhängig, wie viel Schnur draußen ist und wie weit der Köder sich hinter dem Boot befindet. Je mehr Schnur draußen ist, desto mehr Druck wird gegen die Schnur ausgeübt und desto schwieriger ist es, den Köder kontrolliert wieder auf den Boden aufkommen zu lassen. Es ist schon eine kleine Herausforderung, das Angeln in der Drift zu beherrschen. Wer es aber einmal verstanden hat, mit dem Köder in der Drift umzugehen, der wird es gar nicht mehr so schwierig, dafür aber sehr effektiv finden.

Beim Driften fühlt man sich, wenn das Boot schneller geworden oder über tieferes Wasser geraten ist, oft gezwungen, mehr Schnur nachzugeben, damit der Köder wieder den Boden erreicht. Ich versuche dann, so schnell wie möglich wieder Bodenkontakt aufzunehmen, merke ich aber, dass mir das nicht gelingt, dann spule ich die Schnur ganz auf und lasse den Köder wieder dicht neben dem Boot herunter. Das passiert zwar nicht allzu oft, aber manchmal ist es unumgänglich.

➤ Einsatz eines Elektromotors

Beim Driften kommt gewöhnlich der Elektro-Motor zum Einsatz. Ich setze beim Vertikalangeln und beim Driften immer einen Bugmotor und einen Heckmotor ein. Den Heckmotor habe ich immer im Wasser. Beim Driften hat er auch eine willkommene Bremswirkung und macht das Boot träger und langsamer.

Auch wenn ich dann sonst nichts mit ihm mache, dafür ist er zu gebrauchen. Ein schwerer Außenborder kann sich aber auch noch anders nützlich machen. Wenn der Wind nicht ganz günstig steht, kann man mit dem ausgeschalteten Außenborder gut beisteuern. Der Motor dient dann praktisch als Ruder, mit dem das Boot in die gewünschte Richtung gedreht werden kann. Wenn ich dann immer noch ein bisschen die Richtung korrigieren muss, mache ich das mit dem Elektromotor.

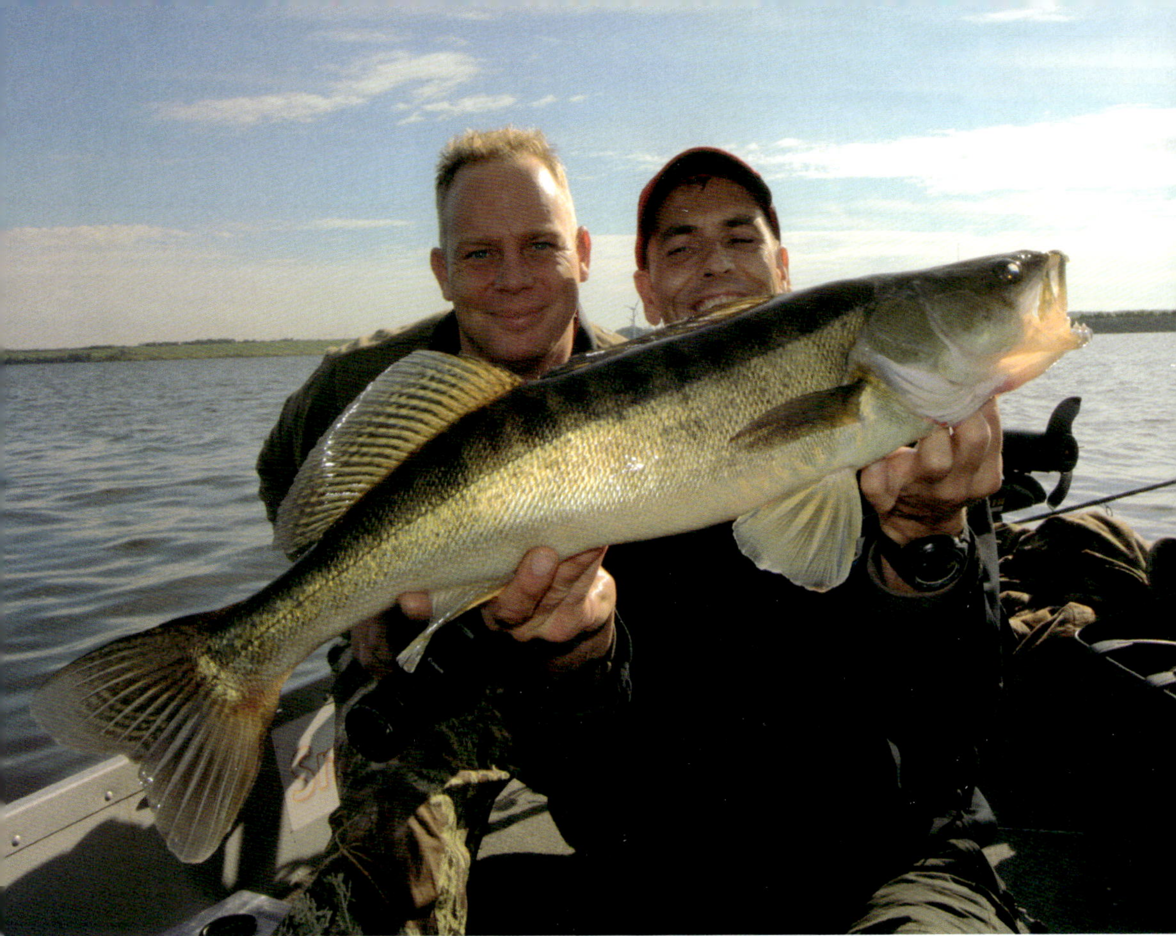

Gleich zwei zufriedene Gesichter. Kein Wunder bei solch einem Drift-Zander.

➤ Extratipp Markierungsbojen

Dann habe ich ja noch die Markierungsbojen im Boot. Die liegen griffbereit im Boot, und weil wir ja nicht auf der Stelle stehen, geht die Boje dann über Bord, wenn ich einen Zanderbiss zu verzeichnen habe. So ist die Stelle augenblicklich markiert. Bei einer zweiten Drift weiß man anhand der Bojen, wo es spannend wird. Und da man dort schon einen Biss gehabt oder einen Fisch gefangen hat, konzentriert man sich an der Stelle natürlich besonders. Nicht selten kommt dann tatsächlich an der markierten Stelle ein weiterer Fisch hinzu.

Oftmals markiere ich mit der Boje auch einfach den Anfang einer Drift. Die nächste Drift setze ich dann ein paar Meter links oder rechts davon an. Damit weiß ich, dass ich nicht wieder über dasselbe Stück drifte – was ich schließlich nicht will, wenn ich da keinen Erfolg hatte. Selbstverständlich kann man das Ganze auch mit technischen Hilfsmitteln vereinfachen. Mit einem GPS lässt man auf einer digitalen Karte aufzeichnen, wie man gedriftet ist. Und anschließend kontrolliert man auf der Karte, wie man die nächste Drift schön neben der vorherigen ausführt. Zugleich hat man die

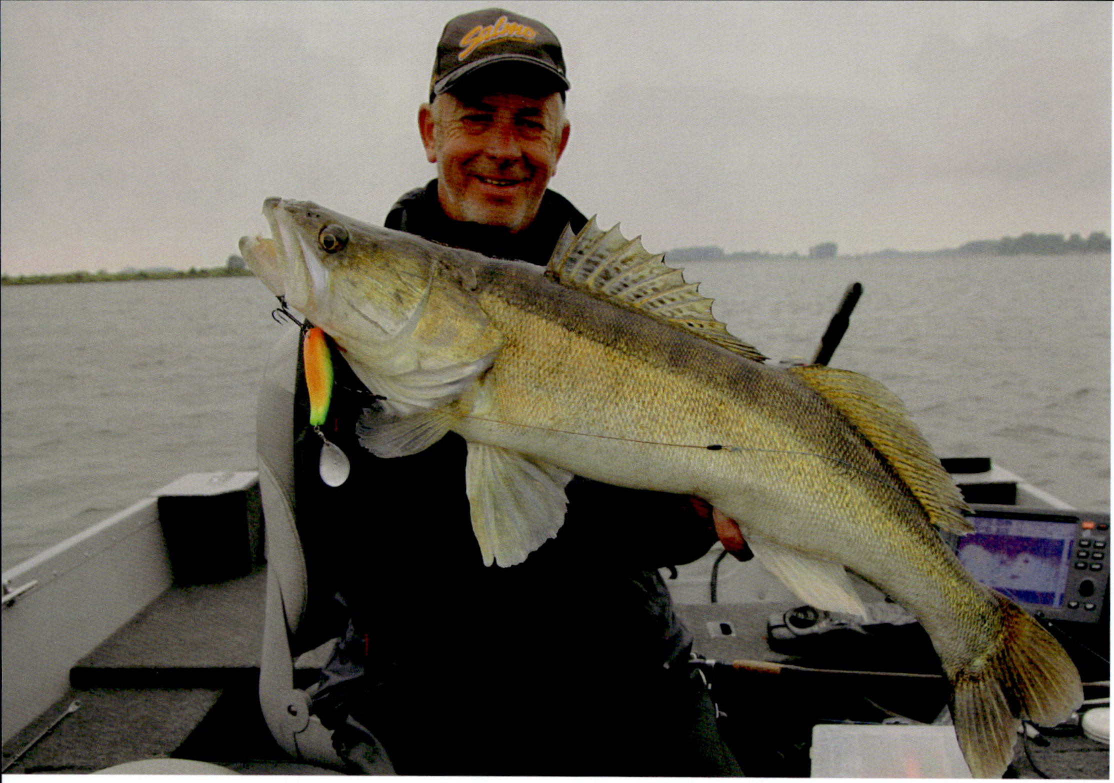

Foto oben: Über besonders gute Stellen driftet man am besten mehrfach. Das Ergebnis kann so kapital sein.

Foto unten: Die Kombination des Vertikalköders am Jighaken mit einem Dropshotköder am Einzelhaken bietet doppelte Fangchancen.

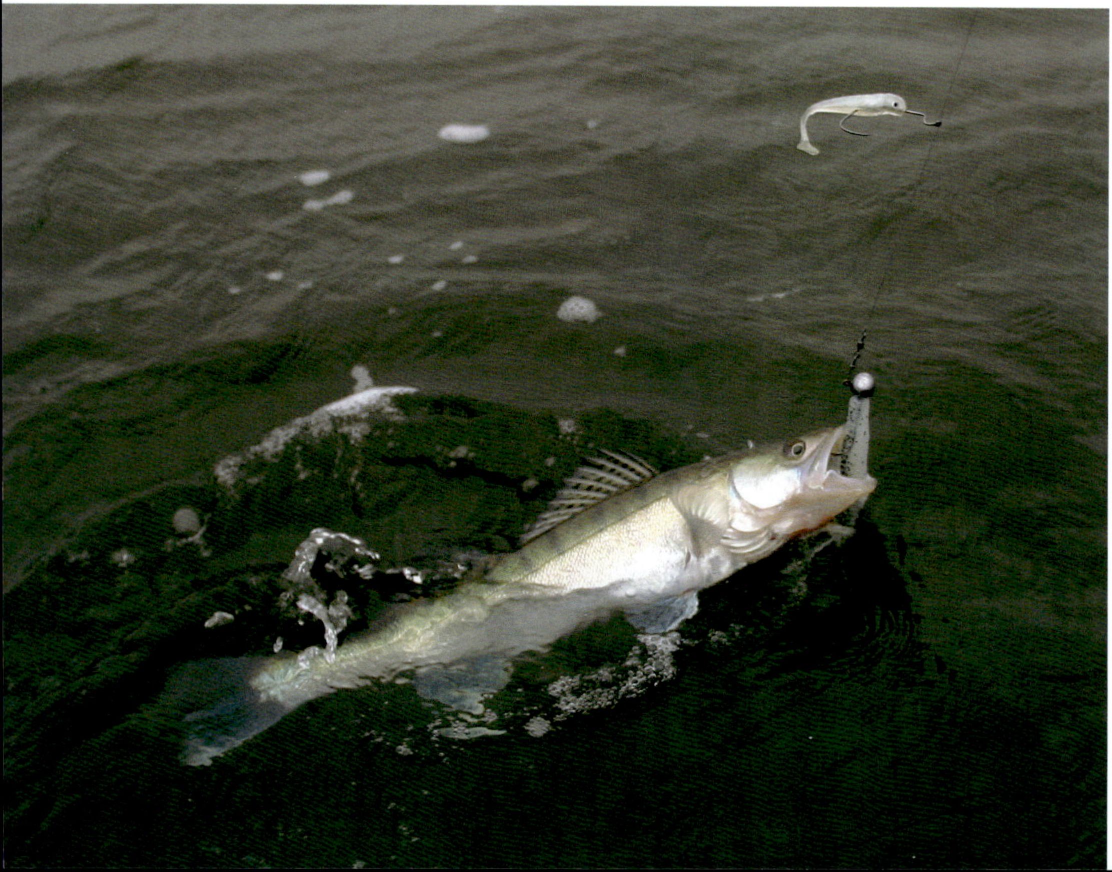

Möglichkeit, jeden Biss auf der Driftstrecke als Waypoint zu markieren. Mit den technischen Hilfsmitteln hat sich eine Menge zu Gunsten des Vertikalanglers entwickelt, und das Ende der Entwicklung ist noch gar nicht abzusehen.

➤ Die „tote" Rute beim Driftfischen

Natürlich können wir auch beim Driften noch eine zweite Rute als tote Rute einsetzen. Das wäre dann wiederum eine etwas längere Rute mit einer weicheren Spitze. An dieser Rute setzen wir eine Dropshot-Montage ein. Wir führen den Gummifisch zwar nicht in der Technik des Dropshottings, aber die Montage ist sehr gut geeignet für eine effektive Köderpräsentation auf Zander. Vielleicht überrascht es Sie ein bisschen, dass ich in diesem Fall die Dropshot-Montage einsetze, während ich sie sonst kaum zum Einsatz bringe. Aber ich bin generell kein Freund komplizierter Montagen bei der Köderpräsentation. Ich verwende auch niemals ein langes Vorfach aus Monoschnur insbesondere Fluorocarbon, wie man das heute oft sieht. Und wenn ich meine Fänge mit denen der Zanderangler in meinem Boot vergleiche, die solch ein Vorfach benutzen, dann erkenne ich nicht, dass sie damit einen Vorteil haben.

Um den Köder in der Drift am Boden zu halten, braucht man allerdings eine ordentli-

Option fur einen Bonusfisch an der „toten" Rute – Der Köder wird an einer Dropshot-Montage angeboten.

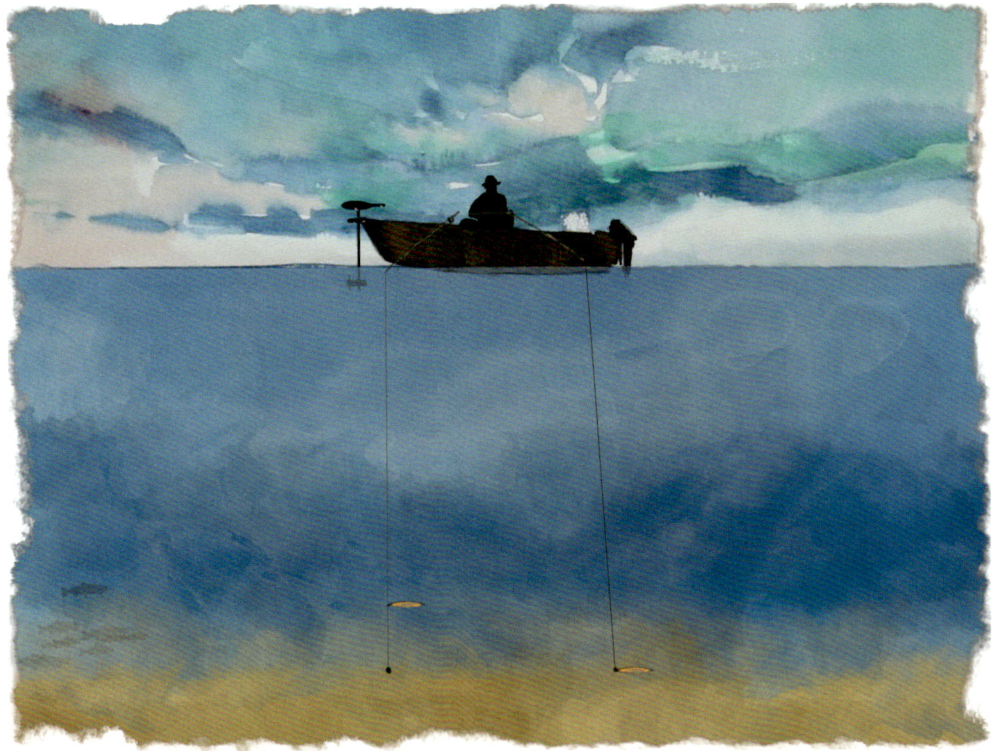

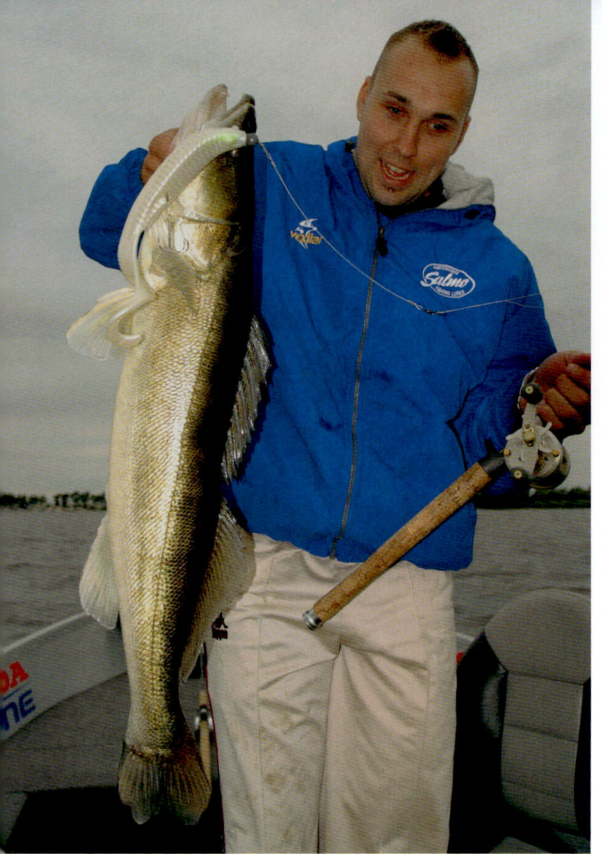

Auch solch ein Riesengummi ist nicht zu groß für einen kapitalen Zander.

che Beschwerung. Ein Blei von 20 Gramm ist da mindestens erforderlich, meistens kommt man damit aber nicht einmal aus. Bedenken Sie die Wassertiefe und den Winkel, in dem die Schnur von der Rute zum Boden verläuft. Der Gummifisch soll dabei möglichst dicht am Boden angeboten werden. Ich gehe dabei grob von einer Schnurlänge von 30 Metern aus, wenn ich über 10 bis 12 Meter tiefem Wasser angle. Dann bringe ich den Köder an der Dropshot-Montage etwa 30 Zentimeter über dem Blei an.

Damit bewegt er sich frei über dem Grund und gut erreichbar für die Zander. Sicher sollte diese tote Rute in greifbarer Nähe des Anglers stehen. Aber machen wir uns auch nichts vor: Dieses ist die Rute für den Bonusfisch, der sich immer selbst haken muss. Denn wir haben genug mit der anderen Rute in unserer Hand zu tun. Und wir werden nie schnell genug reagieren können, um mit der toten Rute in der Halterung einen Anhieb setzen zu können. Die tote Rute läuft praktisch nebenher. An ihr gibt es Fehlbisse, die wir manchmal nicht einmal bemerken, aber sie wird uns nebenbei auch noch manch einen schönen Fisch ins Boot befördern. Und es gibt wohlgemerkt auch Tage, an denen man mit der passiven toten Rute mehr Fische fängt als mit der aktiven Rute in der eigenen Hand. Fragen Sie mich nicht, warum das so ist. Das ist eines der Geheimnisse der Zander, die wir nicht richtig klären können.

➤ Die besten Zandergewässer

Eigentlich kann ich kaum ein Gewässer in meiner Heimat nennen, in dem es keine Zander gibt. Was den Unterschied allerdings ausmacht, sind die Qualität und die Quantität der Fänge in den verschiedenen Gewässern. Zander nur in großen Mengen zu fangen, steht für viele nicht an erster Stelle. Wenn man dazu die Gelegenheit hat, wird man aber mit vielen Fängen in kurzer Zeit auch viel lernen.

Es geht dann vielleicht nicht um kapitale Fische, aber um beträchtliche Stückzahlen. In Holland gibt es Gewässer, da kann man regelmäßig Tage erleben, an denen man vertikal um die 100 Zander fängt. Man

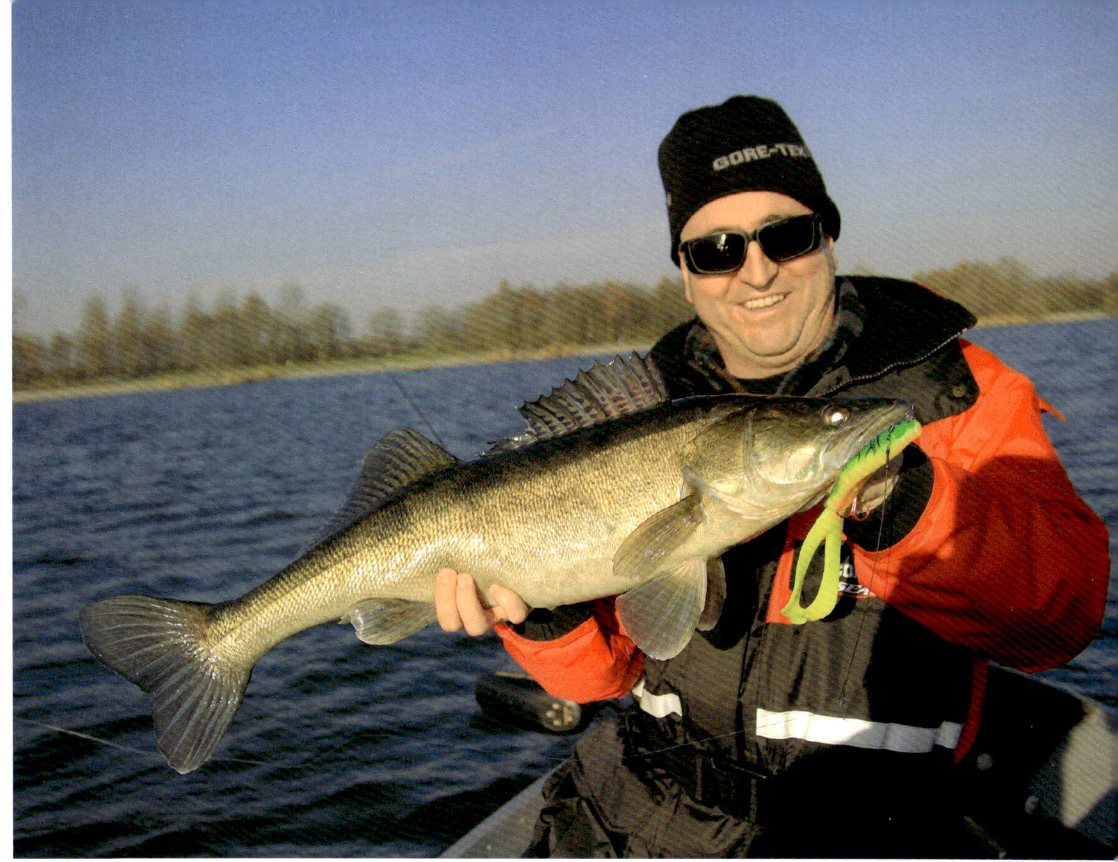

Mit aktiver Köderführung kann dem Köder während der Drift mehr Bewegung verliehen werden. Oft bringt das gewisse Extra den Biss.

bekommt dann den Eindruck, der Gewässerboden sei mit Zandern gepflastert. Es gibt auch Gewässer, in denen man nicht die großen Mengen fangen wird, dafür aber die großen Exemplare. Man fängt nicht viele Fische, aber wenn man einen bekommt, dann auch einen richtig guten.

Oft erlebt man diese Situation in den klareren Gewässern. Zwischen den Extremen findet sich aber auch das Mittelding, also Gewässer, in denen man gute Stückzahlen fängt, überwiegend kleinere, aber an nahezu jedem Tag auch den einen oder anderen großen Ausreißer. Schauen wir uns also ein paar der besten Zandergewässer in Holland an.

➤ *Nordseekanal*

Nahezu mein ganzes Leben lang gehörte der *Nordseekanal* zu meinen Hausgewässern. Ich habe nur einige Kilometer entfernt gewohnt und konnte als Junge mit dem Fahrrad dorthin fahren und den Kanal vom Ufer aus beangeln.

Ich fing natürlich auch Zander, aber meine Fänge bestanden überwiegend aus Barschen. Meistens habe ich sie mit beschwerten Spinnern gefangen. Ich hatte keine Ahnung, wie tief das Wasser war und ich habe auch nicht darauf geachtet, ob ich irgendwo den Boden erreichte. In den 1980er Jahren fing ich an, auf dem *Nordseekanal* mit Wobblern auf Zander zu

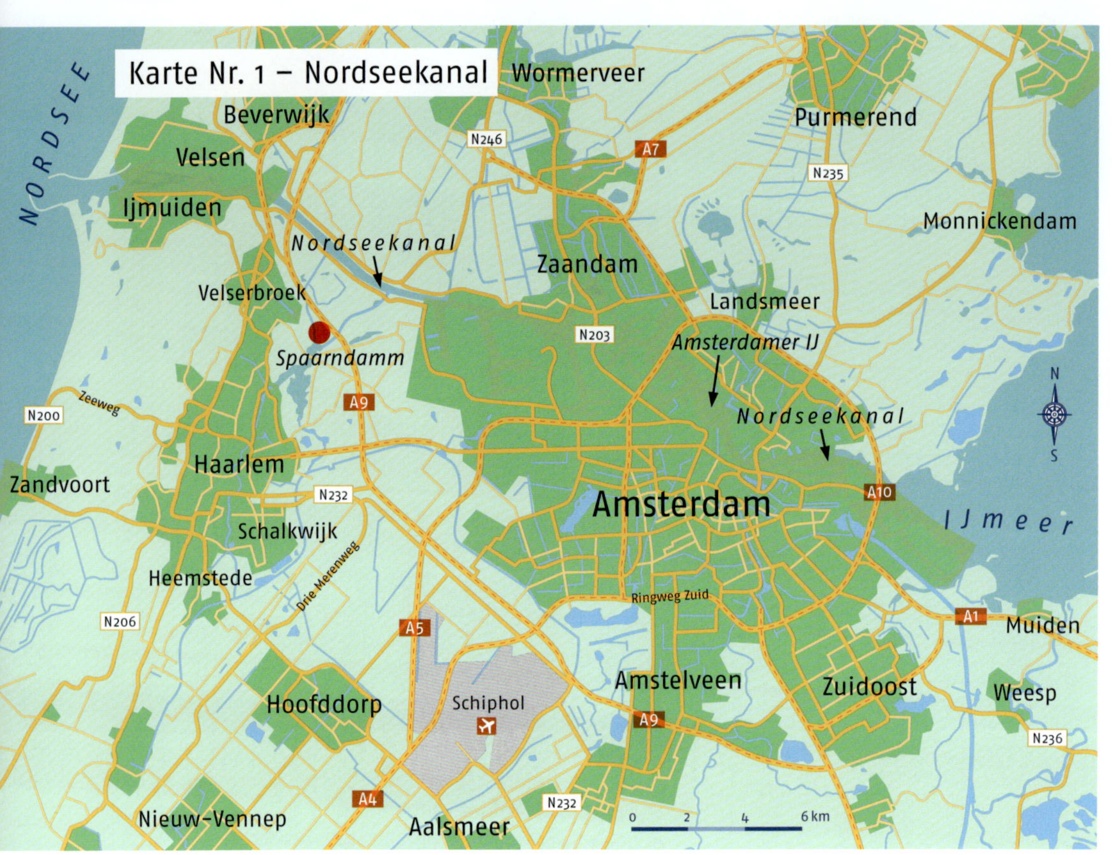

angeln. Aber nachdem mich das Vertikal-Virus infiziert hatte, angelte und fing ich wie verrückt mit der Vertikal-Technik. Weil noch nicht viele das Gewässer beangelten, waren die Fänge enorm, und auch kapitale Zander waren keine Seltenheit. Das war damals, und wie ist es heute?

Ja, man kann auch heute noch verdammt viele Zander auf dem *Nordseekanal* fangen. Man braucht ein bisschen Erfahrung, aber keine besonderen Gewässerkenntnisse, um Tage mit 20 Zanderfängen zu erleben. Ich muss dazu aber ehrlich sagen, dass es sich dabei überwiegend um kleinere Exemplare handelt.

Am *Nordseekanal* kann man keine Boote ausleihen. Sie müssen also ein Boot mitbringen und auch Erfahrung im Umgang damit. Der *Nordseekanal* ist eine Art Schnellweg für Frachter, Öltanker, Kreuzer und große Yachten, die in die Nordsee wollen oder aus der Nordsee kommen. Der *Nordseekanal* ist ungefähr 20 Kilometer lang und verbindet die Nordsee mit dem *Amsterdamer IJ*. Auf der gesamten Länge bestehen *Nordseekanal* und *Amsterdamer IJ* aus Brackwasser. Zur Küste hin, also am Anfang des Kanals ist das Wasser aber so salzig, dass Zander ihre Probleme damit haben. Von Velzen bis nach

Amsterdam wird das Wasser dann aber immer angenehmer für die Zander. In diese Richtung wird das Zanderangeln deshalb auch kontinuierlich besser, und auch die durchschnittliche Größe der Fische nimmt zu.

Ehrlich gesagt hat es nicht viel Sinn, bestimmte Stellen des Kanals zu nennen. Sicher gibt es immer Stellen, die besser sind als andere, aber das kann sich auch von einem Tag zum anderen wandeln, und letztlich ist es egal, wo Sie anfangen, Sie können praktisch überall Zander fangen.

Wichtiger ist es, sich damit zu befassen, wie man sich auf dem *Nordseekanal* verhalten sollte. Ich habe schon gesagt, dass dieser Kanal und das *Amsterdamer IJ* einem Schnellweg für die Schifffahrt gleichen. In dem IJ verkehren Fähren, die mit großer Geschwindigkeit von einem Ufer zum anderen fahren.

Zwischendurch kommen Tragflächenboote mit einer Geschwindigkeit von 70 Stundenkilometern angerast, die nicht darauf achten, ob sich da irgendwo ein Angelboot befindet. Angler werden auf dem Kanal und dem IJ toleriert, aber mehr auch nicht. Es ist also Aufgabe des Anglers, sich an die Verhältnisse anzupassen. Eine Schwierigkeit besteht auch darin, dass außerhalb vom IJ keine deutliche Fahrrinnenmarkierung zu erkennen ist, an der man sich orientieren und von der man sich fernhalten kann. *Deshalb müssen wir uns kurz damit befassen, was man auf dem Gewässer tun und lassen sollte:*

1. Regel: Fahren Sie nicht gegen, sondern mit dem Schiffsverkehr, bei starkem Verkehr halten Sie sich besser rechts außen. Fahren Sie niemals schräg durch den Schiffsverkehr. Am *Nordseekanal* befinden sich einige Binnenhäfen. Darin dürfen Sie nicht fahren und nicht angeln.

2. Regel: In den Hafeneinfahrten am Kanal ist das Angeln verboten. Natürlich sind das interessante Stellen, und manchmal sieht man dort auch Angelboote liegen. Machen Sie das nicht nach! Große Schiffe des Berufsverkehrs fahren dort ein und aus, und die haben keine Augen für Angelboote. Halten Sie rund 100 Meter Abstand von den Hafeneinfahrten.

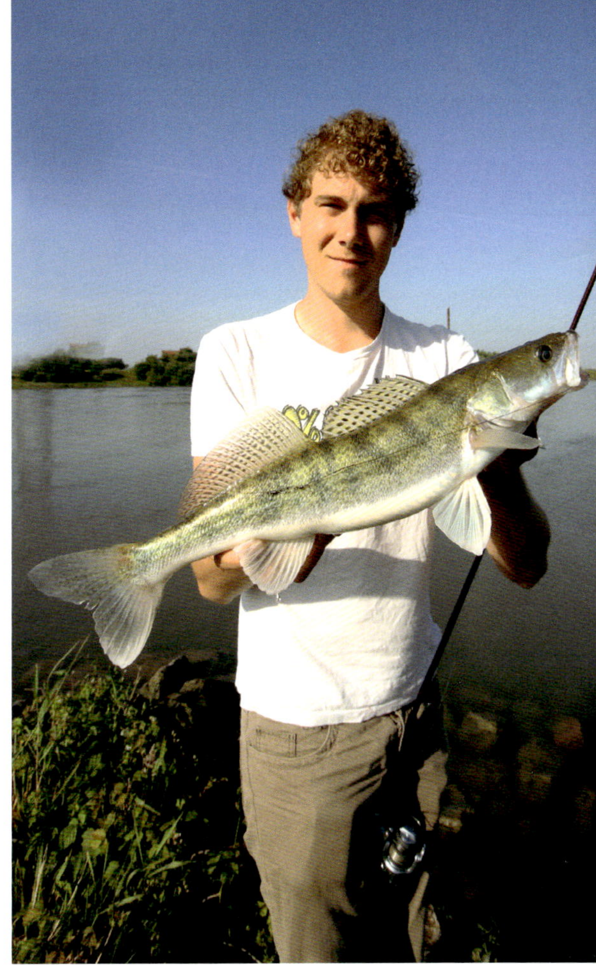

Es gibt auch Stellen, an denen man vom Ufer aus überraschend gut fangen kann.

3. Regel: Befahren Sie den *Nordseekanal* niemals bei Nebel. Das muss ich wohl nicht weiter erklären. Eine Sichtweite von 150 Metern ist das Minimum, damit kann man gerade so von einem Ufer zum anderen sehen.

4. Regel: Legen Sie das Boot beim Vertikalangeln immer so, dass Sie den Schiffsverkehr im Blick haben. Im Kanal und IJ kann es zu kräftiger Strömung kommen. Driften Sie dann immer so, dass Sie die Schiffe kommen sehen.

5. Regel: Angeln Sie niemals vor oder dicht bei den Fähren, auch nicht wenn sie angelegt haben. Sie können jederzeit losfahren, und dann sind Sie ihnen im Weg.

6. Regel: Auf dem IJ gilt eine Höchstgeschwindigkeit von 9 Stundenkilometer, auf dem Kanal eine von 19 Stundenkilometer. Einige Boote fahren schneller, Sie aber bitte nicht. Die Wasserschutzpolizei ist immer im Einsatz und allgegenwärtig. Legen Sie es nicht auf eine Begegnung an.

Zu viele Regeln? Sie dienen alle nur Ihrer Sicherheit. Und eigentlich können wir doch froh sein, dass wir überhaupt auf diesen tollen Zandergewässern, *Nordseekanal* und *Amsterdamer IJ*, angeln dürfen.

Das Vertikalangeln ist auch auf dem *Nordseekanal* eine Top-Methode.

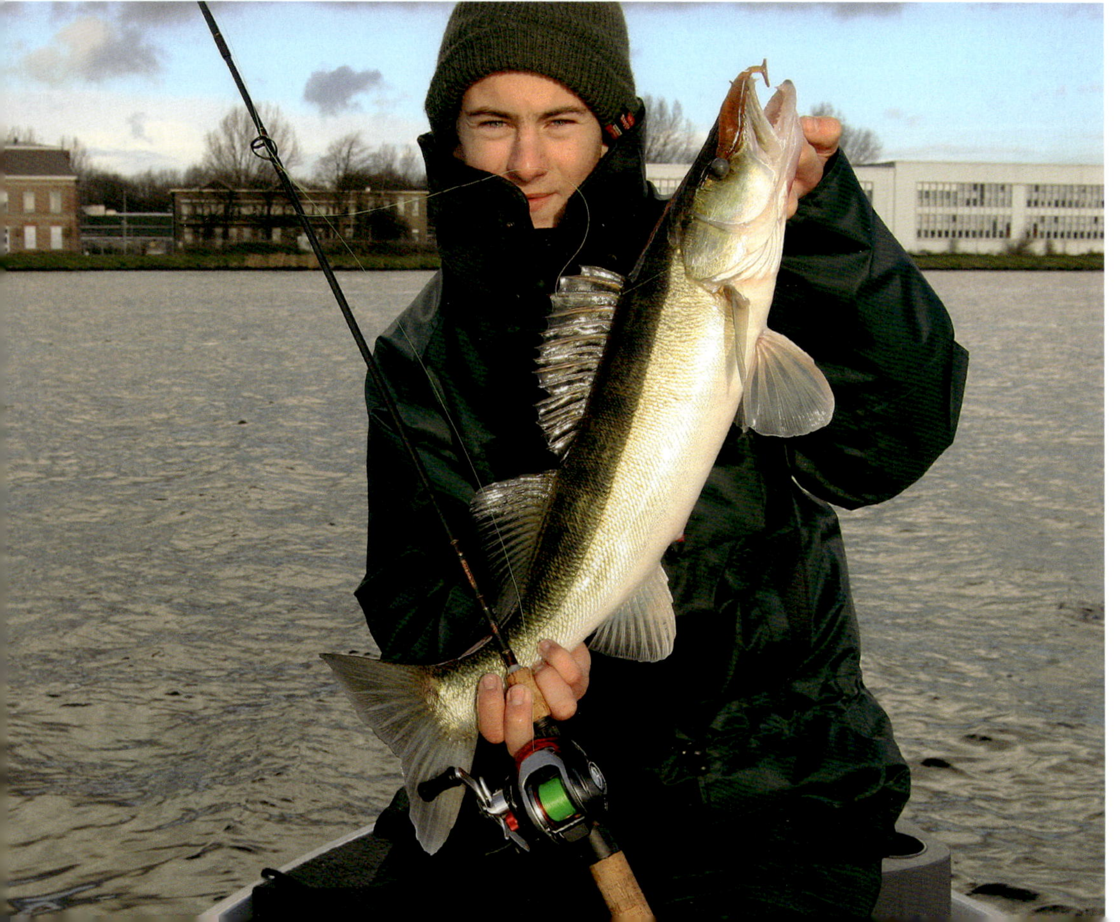

➤ Slipanlagen

Wie schon erwähnt, kann man keine Boote mieten, aber es gibt einige Slipanlage, um das eigene Boot ins Wasser zu lassen. Eine befindet sich in Amsterdam am Tt. Vasumweg (1033 Amsterdam – GPS N52° 24.139‘ E04° 53.831‘). Von dort gelangt man gleich an den Übergang von IJ zum *Nordseekanal*, und Sie können gleich zu beiden Seiten anfangen zu angeln. Die zweite Slipanlage finden Sie in Spaarndam am Seitenkanal C am Buitenhuizenweg (Velsen-Zuid – GPS N52° 25.802‘ E04° 42.750‘). Die Anlage liegt gut geschützt, aber Sie sind etwas weiter weg von dem IJ. Wenn Sie auf den Kanal kommen und gleich links Richtung Velzen fahren, gelangen Sie aber in einen sehr guten Bereich, in dem es viele Zander und auch sehr große Barsche gibt.

Der *Nordseekanal* ist mit Sicherheit einen Angelausflug wert. Vielleicht werden Sie nicht gleich beim ersten Besuch den größten Fangtag erleben, aber Sie werden sicher fangen und viel übers Zanderangeln dazulernen.

Die beste Zeit für den *Nordseekanal* kann man kaum benennen. Man fängt dort im

Das *Amsterdamer IJ* ist direkt mit dem *Nordseekanal* verbunden. Zander sind in beiden Gewässern reichlich zu fangen.

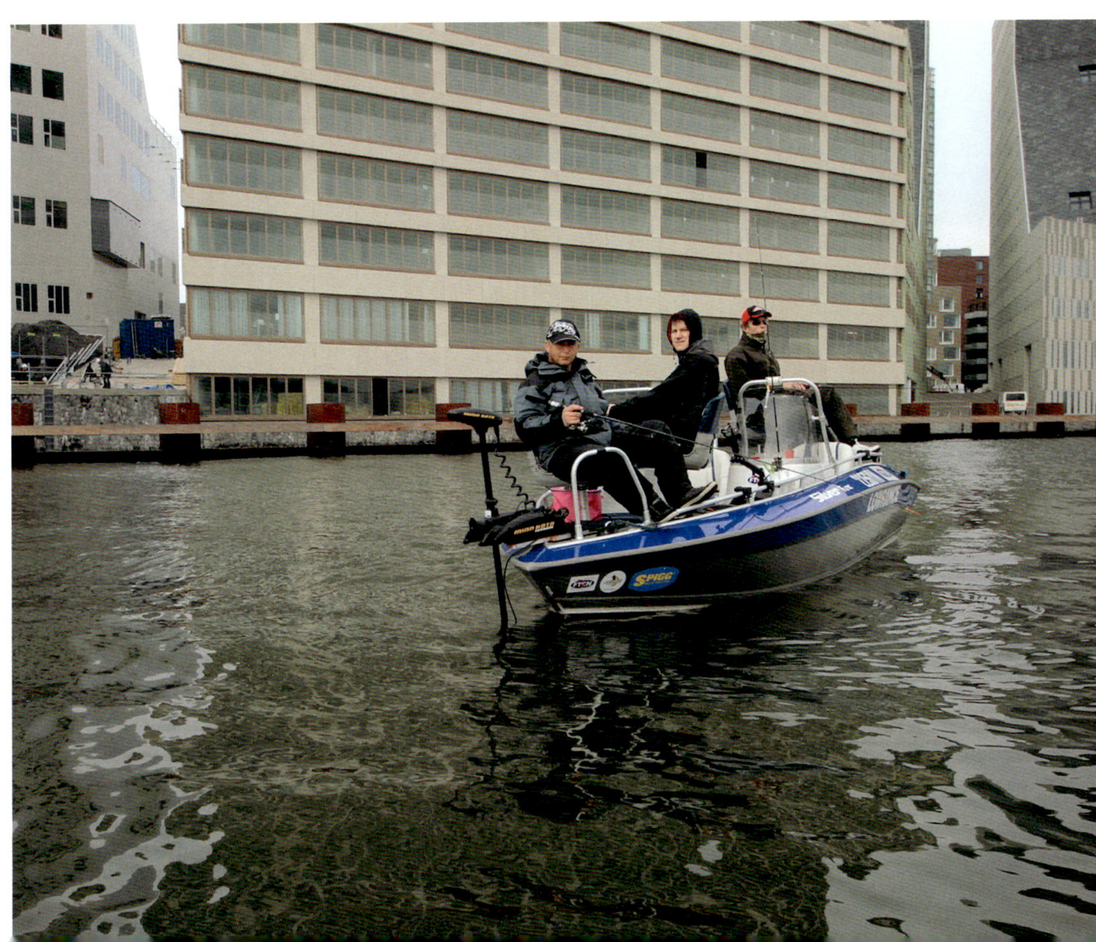

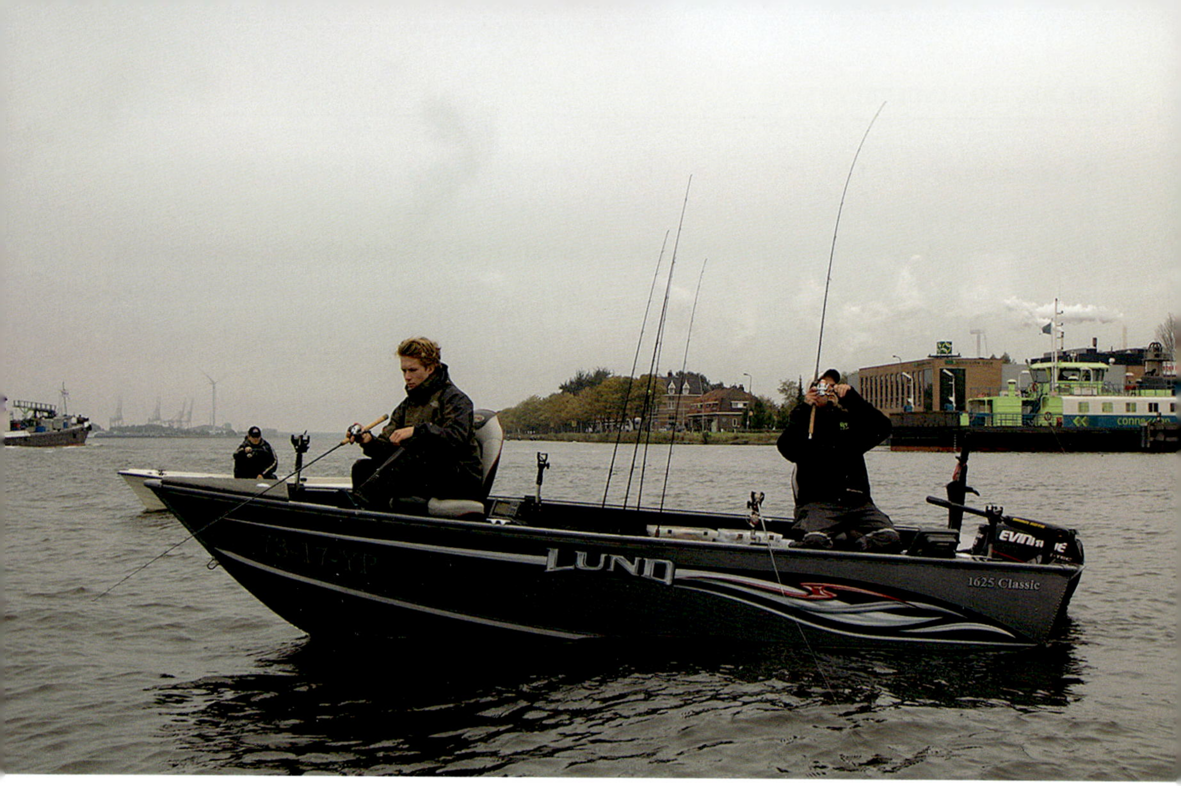

Achtung bei den Fähranlegern und in der Fahrrinne. Die Schiffe bremsen nicht für kleine Boote.

Ein seltener Beifang auf den *Nordseekanal*. Der dicke Aal hat tatsächlich auf einen Gummifisch gebissen.

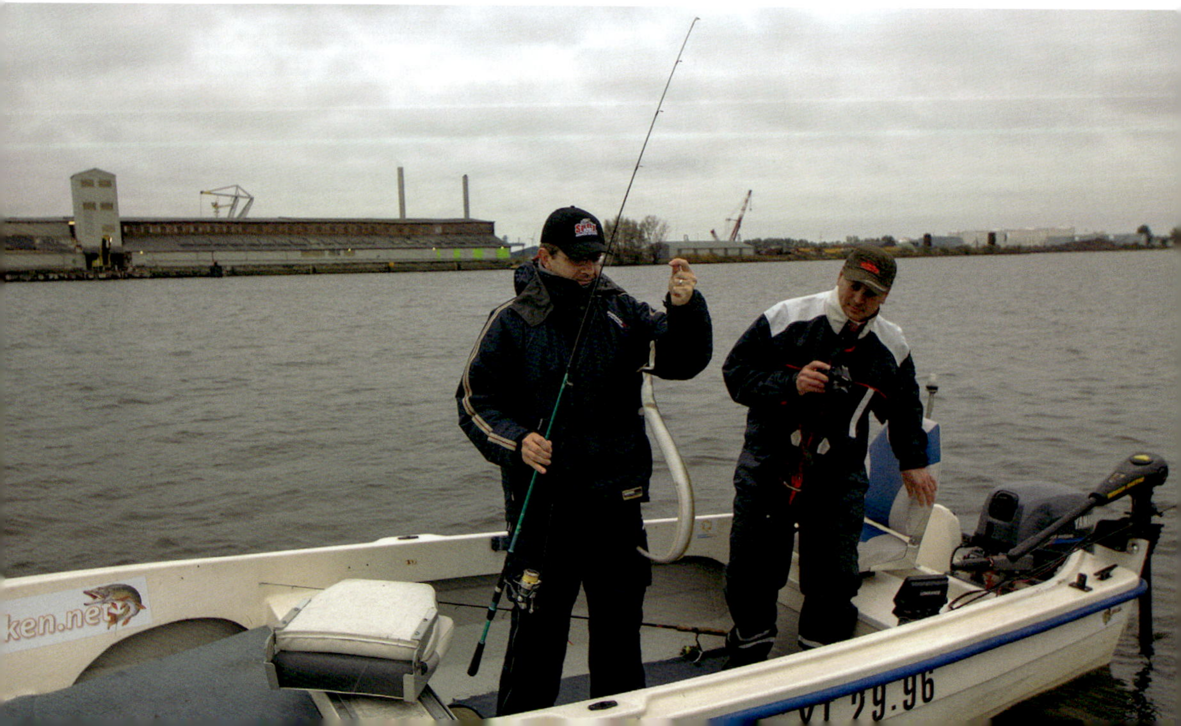

Sommer genauso gut wie im Winter. Nach meinen Erfahrungen ist der frühe Herbst aber die beste Zeit. September, Oktober und November sind wahrscheinlich die besten Monate. Wenn Sie zum ersten Mal an den *Nordseekanal* fahren, dann empfehle ich Ihnen genau diese Monate.

➤ *Volkerak*

Das *Volkerak* ist für mich etwas weiter entfernt. Die Niederlande sind doch so groß, dass auch ich drei Stunden unterwegs bin, um dieses Gewässer zu erreichen. Mit einer Länge von 19 Kilometern und einer durchschnittlichen Breite von 2 Kilometern darf man das *Volkerak* wohl getrost zu den großen Gewässern zählen. Und man kann sich vorstellen, was Wind auf solch einem Gewässer bedeutet. Trotz der langen Anfahrt, bin ich jedes Jahr mehrmals auf dem *Volkerak*, nicht selten gleich eine ganze Woche am Stück. Und ich genieße die Zeit jedes Mal sehr. Dabei habe ich in den letzten Jahren viele gute Bereiche des Gewässers ausfindig gemacht. Auch das *Volkerak* ist ein Gewässer für den Durchgangsverkehr von Frachtschiffen, auf dem wir sehr achtsam sein müssen. Glücklicherweise gibt es auf dem Gewässer aber auch viele größere Bereiche, in denen man keine Begegnungen mit dem Frachtverkehr befürchten muss. Rund um das *Volkerak* ist ein großes Naturschutzgebiet entstanden. Wer Freude an der Natur hat, sollte sich ein Fernglas mitnehmen. Denn es gibt neben guten Angelmöglichkeiten noch viel mehr am *Volkerak* zu entdecken.

Zander-Doppelfang. So etwas ist jederzeit möglich, wenn man einen Zanderstandort gefunden hat.

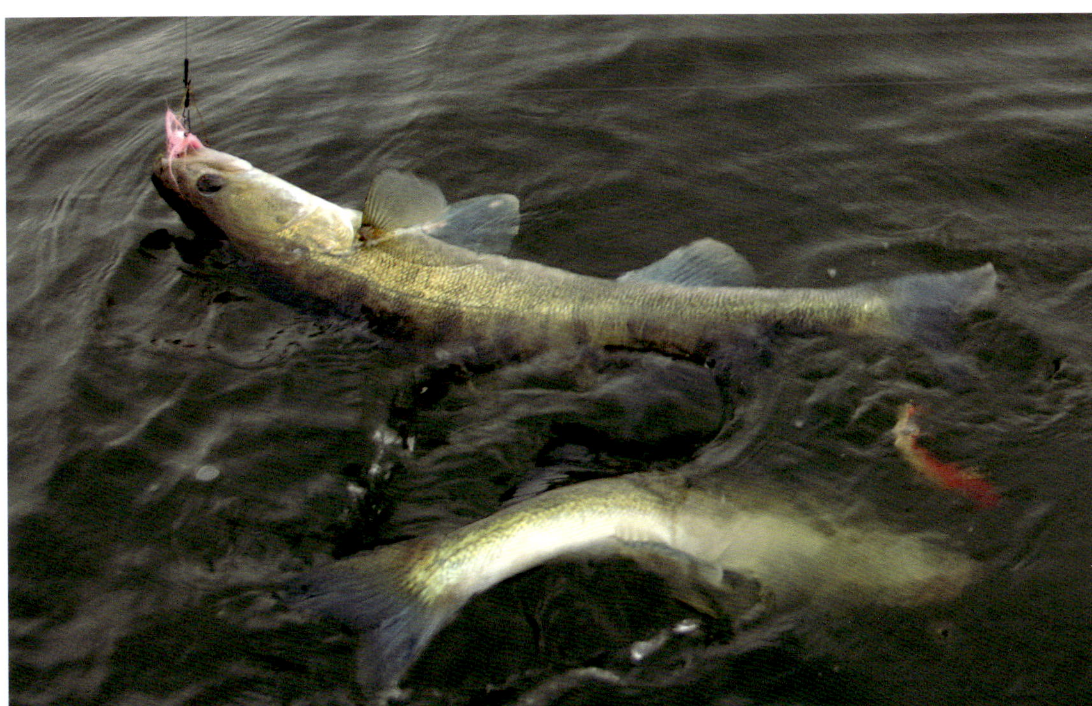

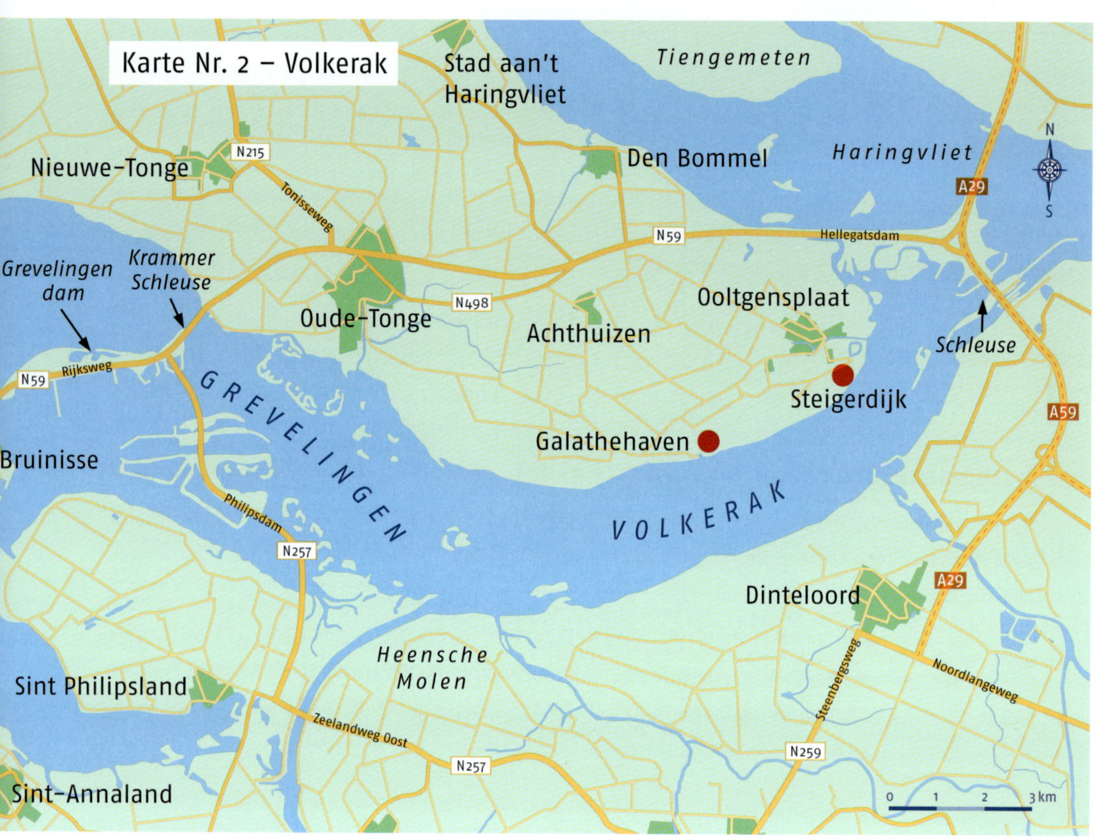

➤ Slipanlagen

Auch am *Volkerak* können Sie keine Boote mieten. Aber es gibt einige Slipanlagen für das mitgeführte Boot. Die am häufigsten genutzte liegt in Heenschen Molen am Beneden Sasweg. Dort lässt man das Boot in einen Kanal, der direkt ins *Volkerak* führt. Eine weitere Slipanlage befindet sich bei Oude Tonge am Suisendijk. Eine einfache Anlage, an der man aber auch sehr gut das Boot zu Wasser lassen kann, finden Sie am Steigerdijk in Ooltgensplaat. Diese Anlage befindet sich dicht bei den Schleusen zum Haringvliet.

Aufgrund seiner Größe braucht man natürlich etwas Zeit, um das *Volkerak* kennenzulernen. Aber es gibt einige Stellen, an denen man eigentlich jederzeit einige Fische fangen kann. Eine ausgezeichnete Strecke findet man gleich, nachdem man das Gewässer von Heenschen Molen aus erreicht hat. Wenn man den Kanal durchfahren hat, wird es schnell tief und man kommt in einen sehr guten Bereich, in dem man meistens auch geschützt liegt. Neben den Zandern habe ich hier auch schon sehr große Barsche gefangen. Auf dem *Volkerak* gibt es erstaunlich große Barsche und höchst selten fängt man einen Barsch unter 40 Zentimeter.

Vor einigen Jahren habe ich mit dem Engländer Mat Hayes für Discovery eine Repor-

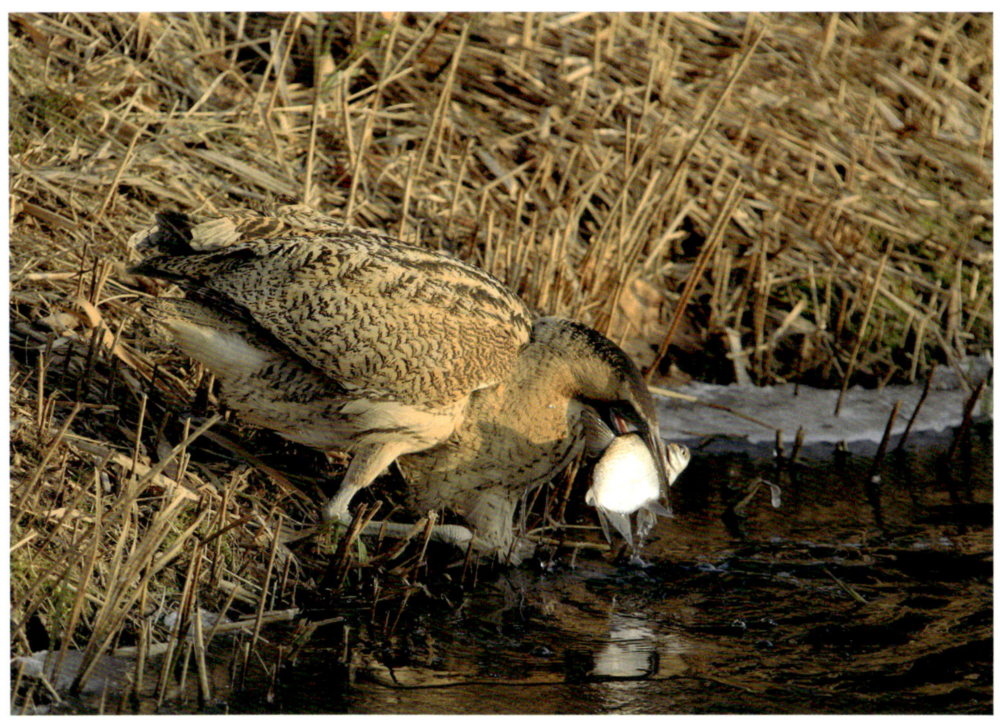

Der aufmerksame Beobachter kann am *Volkerak* sehr verschiedene Fangtechniken kennenlernen.

tage über Zander im *Volkerak* gemacht. Die Regie hatte sich auf einen dreitägigen Dreh eingestellt, um ein paar Zander vor die Kamera zu bekommen. Wir haben an einem Montag um 9 Uhr angefangen, gegen 13 Uhr hatten Mat und ich 30 Zander gefangen, und die Dreharbeiten waren beendet. Wo wir die Zander gefangen haben? Bei der Krammer Schleuse, einer absoluten Topstelle, die man aber meistens mit anderen Anglern teilen muss. Dort angelt man am besten in den Bereichen zwischen 8 und 12 Metern Tiefe. Folgen Sie dort dem Kantenverlauf in Richtung Grevelingendam, dann werden Sie automatisch weitergeführt in Richtung Oude Tonge. Wundern Sie sich nicht, wenn die Gegend dann etwas verlassen ausschaut, aber genau dort werden die besten Fische gefangen. All diese Stellen sind hervorragend geeignet zum Vertikalangeln.

Auf dem *Volkerak* gibt es auch ausgezeichnete Driftstrecken. Mir gefällt am besten der Bereich gegenüber Heenschen Molen. Einen guten Ausgangspunkt bildet dort Galathehaven. Wenn man aus dem Hafen kommt, befindet sich links ein großer, gleichmäßiger Bodenbereich, über dem man eigentlich immer etwas fängt. Eine Drift dauert dort etwa eine halbe Stunde, und bei nahezu jeder Drift gibt es Bisse und Fische. Dieser ebene Bereich ist recht

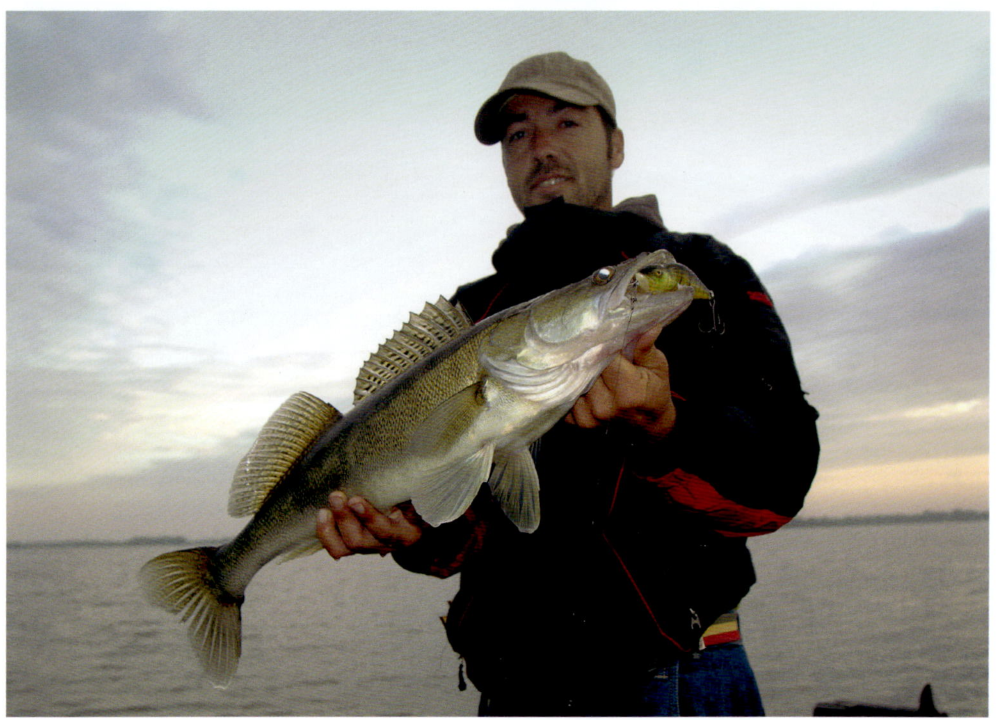

Mit Wobbler fängt man ausgezeichnet in den flachen Bereichen des *Volkerak*s.

breit, so dass man dort viele Driften nebeneinander ansetzen und sehr lange angeln kann. Zum Vertikalangeln bietet sich die anschließende Strecke entlang einer Reihe von Windrädern in Richtung Ooltgensplaat an. Auf dieser Strecke muss man ein bisschen nach den guten Stellen suchen, und sie wechseln auch immer wieder einmal. Wenn Sie Fisch gefunden haben, bleibt es meistens an der Stelle nicht bei einem und auch nicht bei kleinen.

Auch die Schleusen vor dem *Haringvliet* sollten Sie nicht vernachlässigen. Nicht dass Sie direkt in den Schleusen angeln sollen, aber in dem gesamten Bereich davor finden Sie interessante Strukturen, über denen man sehr gut Vertikalangeln betreiben kann. Für diesen Platz spricht auch, dass es in der Nähe eine Slipanlage gibt und dass Sie dort die meiste Zeit schön geschützt angeln können.

Das *Volkerak* ist einfach ein riesiges Gewässer, auf dem man viele tolle Strecken zum Driften findet und wo man lange Kantenverläufe abfischen kann. Es ist ein Gewässer mit vielen Möglichkeiten und Herausforderungen, ein Gewässer, in dem man Bekanntschaft mit gewaltigen Zandern schließen kann. Eins vielleicht noch: Ich habe schon erwähnt, dass das *Volkerak* von einem Naturschutzgebiet umgeben ist. Auf dem Wasser sind die geschützten

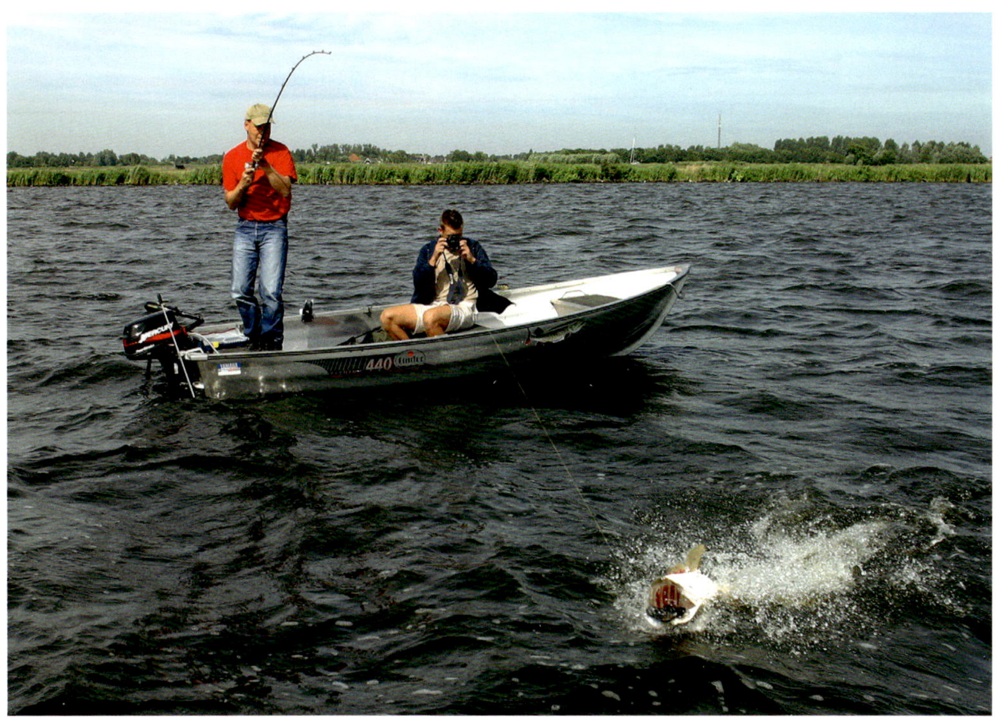

Hechtdrill auf dem *Alkmaardermeer*. Dieser See ist sowohl für große Zander als auch kapitale Hechte gut.

Bereiche mit rotweißen Bojen markiert. Achten Sie darauf, dass sie diese Bereiche nicht befahren.

➤ *Alkmaardermeer*

Mit einer Fläche von rund tausend Hektar gehört das *Alkmaardermeer* nicht gerade zu den kleinen Gewässern. Der See ist enorm fischreich, und das liegt nicht zuletzt an der Wasserzufuhr durch verschiedene Gräben und Kanäle. So verläuft dort auch der 74 Kilometer lange *Nordholland-Kanal*, der an zwei Stellen mit *„De Meer"*, wie der See von den Einheimischen auch genannt wird, verbunden ist. Auch die *Zaan* hat eine Verbindung zu dem See. Außerdem verlaufen noch viele zum Teil lange Kanäle in der Nähe von *De Meer*, und die Fische haben viele Möglichkeiten, in diese Nebengewässer zu ziehen.

Das *Alkmaardermeer* umfasst drei tiefe Bereiche, die durch Sandgewinnung entstanden sind. Diese Bereiche sind gekennzeichnet durch komplexe und zum Teil verwirrende Verläufe von tiefen Rinnen und flacheren Zonen. Die Entstehung dieser Strukturen ist eine amüsante Geschichte. Der Baggerfahrer, der hier den Sand abgegraben hat, war nämlich ein fanatischer Zanderangler. Und er hat auch viel auf *De Meer* geangelt. Frits, so war sein Name, wollte einfach, egal von wo der Wind kommt,

immer im Flachen ankern und im Tiefen angeln können. Es war noch die Zeit, in der in den Niederlanden vorwiegend mit der Pose und lebendem Köderfisch geangelt wurde. Und so hat Frits sich den Gewässergrund nach seinen Wünschen angelegt. Wenn man heute in diesem unebenen Bereich angelt, kann man es erleben, dass der Boden innerhalb einer Bootslänge von einer Tiefe von 5 Metern auf 12 Meter abfällt. Noch eine Bootslänge weiter, und man befindet sich über 20 Meter Tiefe. Fährt man ein Stück in eine andere Richtung, bewegt man sich vielleicht schon wieder im Flachwasser. Man muss also ein bisschen suchen, wenn man eine Stelle finden will, die eben ist und an der sich auch Fische aufhalten.
Als das Vertikalangeln sich durchgesetzt hatte, traf ich Frits noch einmal auf dem See, auch er wollte vertikal angeln, war aber wegen der von ihm selbst verursachten Unebenheiten vollkommen verzweifelt und rief mir zu: „Bertje, Bertje, es tut mir so leid, es tut mir so leid!“ Glücklicherweise ist der See aber nicht überall so schwierig zu beangeln. Es gibt einige schöne Kantenverläufe, an denen man sehr gut vertikal angeln und an denen man sehr schön entlang driften kann.
Das *Alkmaardermeer* und der *Nordholland-Kanal* sind durch einen langen Deich voneinander getrennt. Das gesamte Nordufer verläuft praktisch parallel zum Kanal. Ganz im Nordosten befindet sich der Seeteil namens Deilings, in dem man ausgezeichnet driften kann. Auch an der Landzunge, die von Nord nach Süd in den See ragt, kann man sehr gut driften. Sicherlich muss man dann und wann den Kurs ein bisschen korrigieren, aber Driften von 20 Minuten sind ohne weiteres möglich. Natürlich ist man dabei immer auch vom Wind abhängig.
Den schwierigsten Bereich stellt die Strecke vor der Halbinsel Lange Rijs dar. Hier hat Frits seine Baggerarbeiten verrichtet. Wer sich darauf einlässt und sich mit den Widrigkeiten des Bodens auseinandersetzt, kann hier jedoch die größten Fische fangen. Ich habe selbst in dem Bereich zahlreiche Zander über 90 Zentimeter gefangen. Der gesamte Bereich bis zum *Uitgeestermeer* biete gute Chancen auf Zander. Das *Uitgeestermeer* selbst ist dann nicht so spannend, weil es sehr flach ist. Im Osten stößt man auf eine Halbinsel, vor der man wieder sehr gute Aussichten auf Zander hat. Und dieser Bereich lässt sich auch problemlos beangeln.
Fahren Sie weiter nach Osten, dann kommen Sie zum *Stierop*, das ist der Bereich, in dem die *Zaan* in den See mündet. Vor der Einmündung steht eine große Markierungskonstruktion aus Holz auf drei Pfählen, um die herum man eigentlich immer richtig liegt. Richtung Norden schließt die große Halbinsel De Woude an. In dem Gebiet davor hat der Boden wechselhafte Struktur und das Angeln kann sehr gut und angenehm sein, weil man meistens geschützt liegt. An die Halbinsel schließt ein flacherer Bereich an, der wiederum nicht so interessant ist. Richtung Norden kommt man dann wieder in das Gebiet gegenüber Lange Rijs, und anschließend erreicht man wieder das nordöstliche Deilings. Von dort aus gelangen wir dann wieder zu unserer Ausgangs-

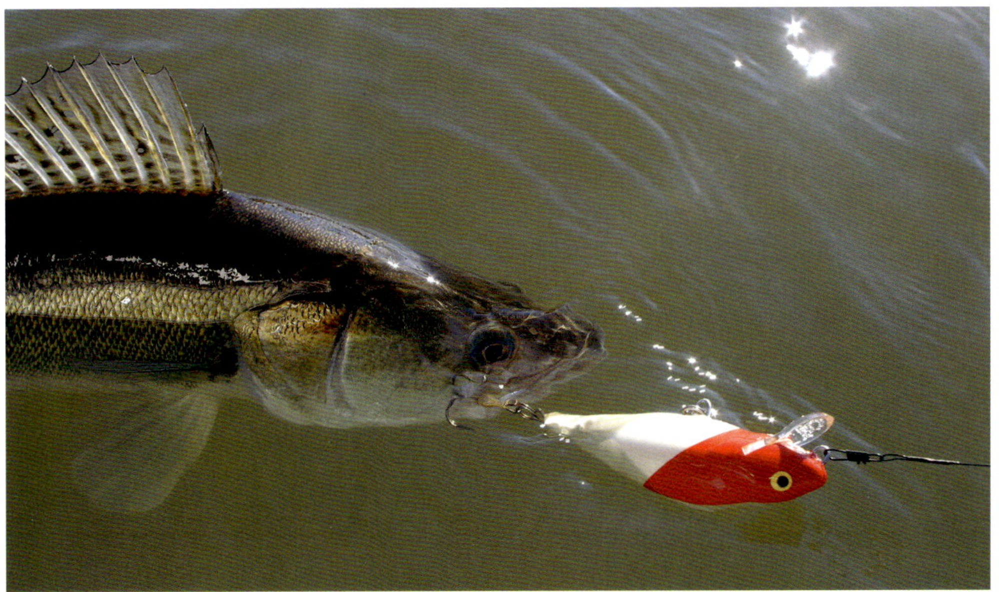

Beim Schleppen gibt es vehemente Bisse von Zandern und Hechten.

position, der Landzunge im Norden. In der Fahrrinne im Norden verkehren übrigens auch große Frachtschiffe, die Sie natürlich beachten sollten.

Wer auf dem *Alkmaardermeer* angeln will, braucht einen speziellen Erlaubnisschein. Der Vispas berechtigt hier nicht zum Angeln. Das Gewässer ist Eigentum des Berufsfischers Hein Dil, den Sie in Akersloot in der Kerklaan 40 antreffen. Informationen bekommen Sie auch unter heindil@dilvis.com. Der Erlaubnisschein ist nicht ganz billig, aber er lohnt sich. Die beste Zeit auf *De Meer* ist von Juni bis Ende Oktober. Danach legt Hein Dil auf dem See Netze aus. Dass der Berufsfischer hier mit Netzen fischt, mag abschreckend klingen, aber es bleiben reichlich Zander und auch Hechte für die Angler. Eine Slipanlage finden Sie in De Woude an der N 246 wenn Sie über die Brücke über den *Nordholland-Kanal* kommen nach etwa 200 Metern auf der rechten Seite.

➤ Weitere Gewässer

Ich könnte das ganze Buch füllen mit Gewässern und Strecken, an denen ich schon gutes bis sehr gutes Zanderangeln erlebt habe. Es gibt in den Niederlanden so viele empfehlenswerte Zandergewässer, dass ich sie hier gar nicht alle nennen kann. Ein paar will ich aber doch noch erwähnen: Da wäre zum Beispiel das *Haringvliet*, das an das *Volkerak* grenzt. Dort habe ich schon häufig geangelt und manche gute Stelle entdeckt. Eine dieser Stellen ist der Bereich um die Brücke über das *Haringvliet*. Auch dort, wo der Kanal Spui einmündet,

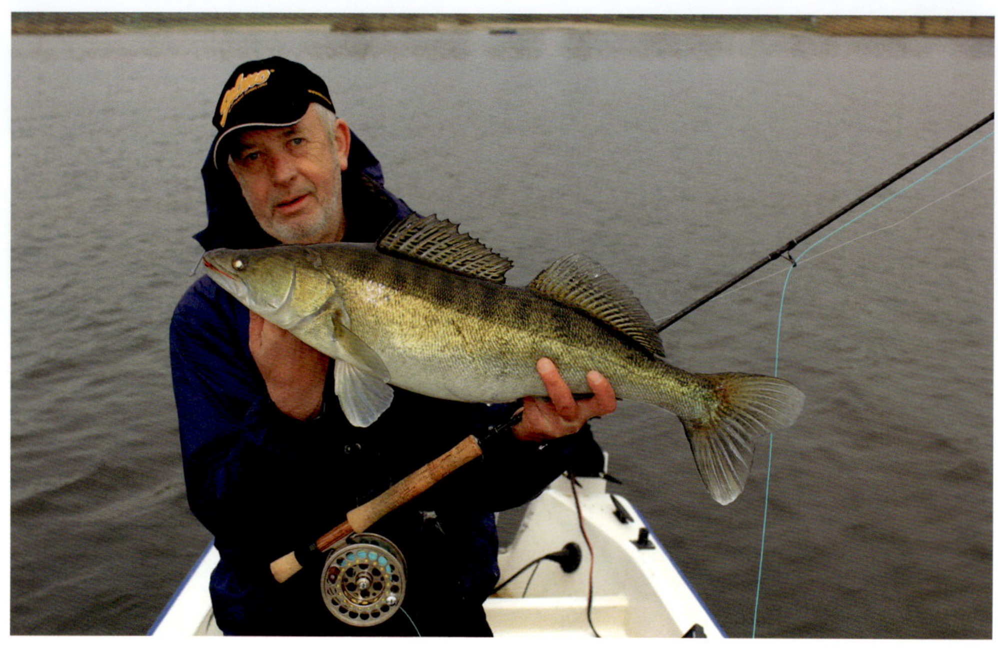

Ob mit der Fliegen- oder Spinnrute, es gibt noch eine Menge guter Zandergewässer zu entdecken.

In vielen Gewässern lassen sich die Zander mit Jerkbaits selbst in flachem Wasser fangen.

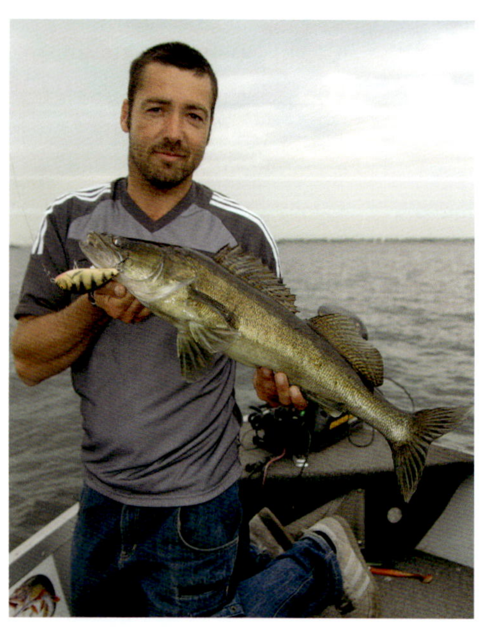

findet man eine ausgezeichnete Stelle. Bei und um Stellendam befinden sich große Plateaus, über denen man fantastisch driften kann. Das *Haringvliet* ist auch immer gut für ein paar richtig dicke Barsche. An einigen Stellen bekommt man die Dickbarsche regelmäßig als Beifang beim Zanderangeln.

Ganz sicher lohnt sich ein Angelausflug zum *Lauwersmeer*. Auch das ist ein riesiges Gewässer mit einer Fläche von rund 4000 Hektar. Wie das *Volkerak* und *Haringvliet* war auch das *Lauwersmeer* einmal ein reines Süßwasser, das durch die Verbindung zur Nordsee brackig geworden ist. Der

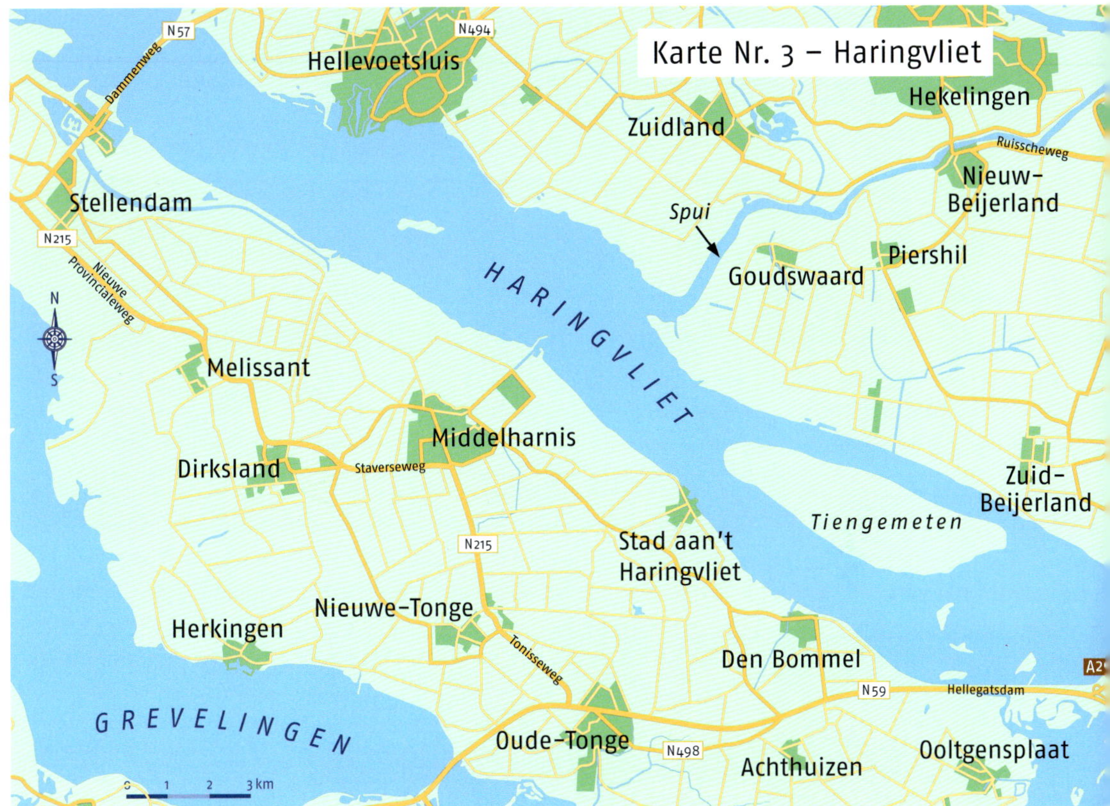

See wird von einem großen Nationalpark umgeben. Das gesamte Naturgebiet des Sees ist überwältigend, und das gilt auch für den Fischbestand, und dazu gehören sehr viele Zander. Das *Lauwersmeer* ist recht flach, die meisten Bereiche haben eine Wassertiefe von 1 bis 4 Meter. Es gibt ein paar tiefere Bereiche und auch einige Löcher bis 12 Meter Tiefe, aber das sind begrenzte Gebiete, die man recht schnell abgeangelt hat. Weil das Wasser sehr trüb ist, darf man die Zander überall, auch in recht flachem Wasser erwarten. Ich habe dort einmal ohne Echolot geangelt und hatte keine Vorstellung von der Tiefe, als ich einen Biss beim Vertikalangeln bekam und auf einmal ein Zander aus weniger als einem Meter Wassertiefe auftauchte.

Vor allem im östlichen Teil des Sees gibt es einige alte Fahrrinnen, die nicht sonderlich tief sind, in denen aber fast immer etwas beißt. Vor allem findet man dort auch bei Wind einige geschützte Stellen. Auch das offene Wasser verspricht gute Fänge. Zu empfehlen sind die Bereiche um Oostmahorn und Lauwersoog.

An dem See gibt es mehrere Slipanlagen. Eine gute Anlage finden Sie an der Skanserwei in Oostmahorn, eine weitere am Lauwersoog Strandweg nahe Zouzkamp.

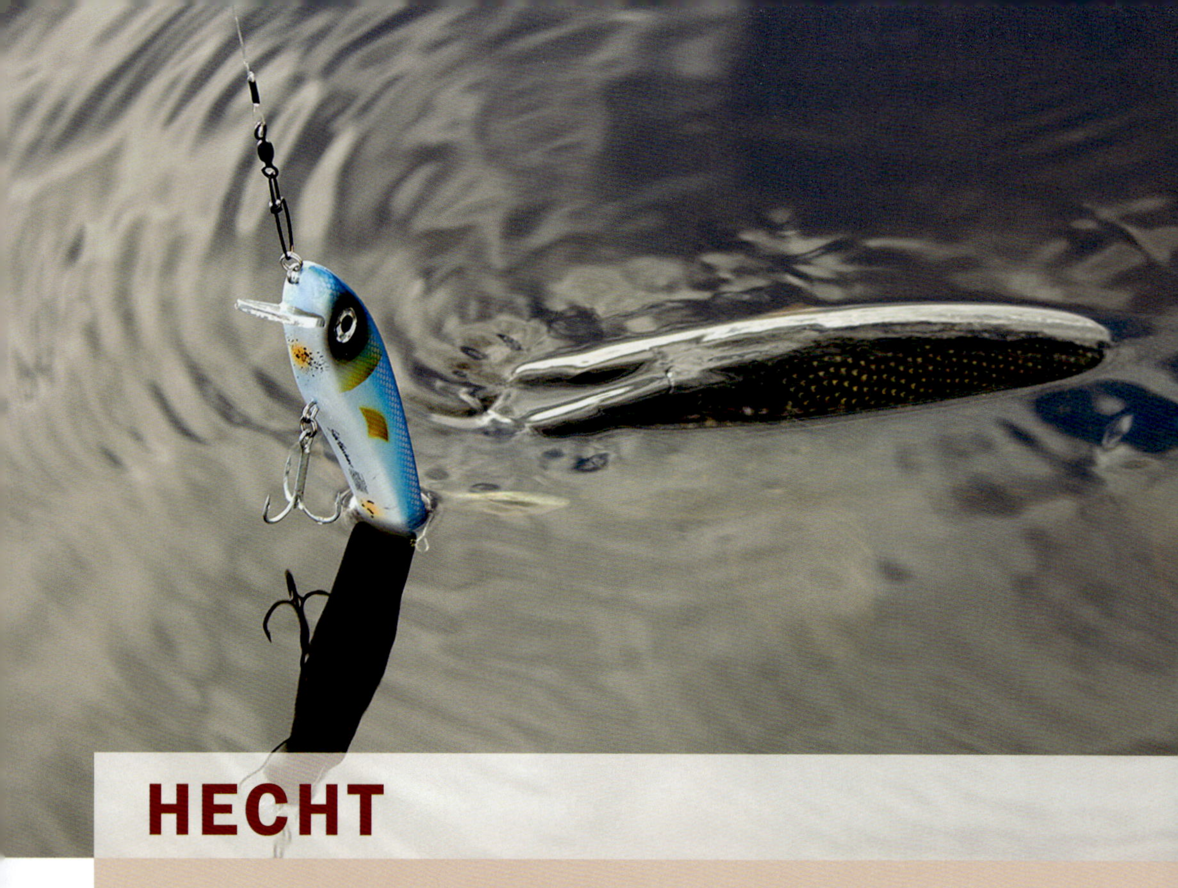

HECHT

IN ALLEN GEWÄSSERN ZUHAUSE

In den Niederlanden auf Hecht zu angeln, das war für viele Angler schon ein großes Erlebnis, und viele andere sollten das unbedingt noch erleben. Für Hechte gelten aber in den Niederlanden besondere und weitreichende Schutzbestimmungen, die man kennen und selbstverständlich respektieren sollte. Grundsätzlich haben alle Raubfische vom 1. April bis zum letzten Wochenende im Mai Schonzeit. Der Hecht ist aber in Holland fast gänzlich geschützt. Es gibt nur sehr wenige Gewässer, aus denen man einen Hecht überhaupt entnehmen darf. Wenn das erlaubt ist, dann beschränkt sich die Mitnahme auf einen oder zwei Hechte von mindestens 45 Zentimeter Länge. Aber selbst wenn es an einem Gewässer gestattet ist, einen Hecht mitzunehmen, macht es doch nahezu niemand. Außerdem muss man erst einmal ein solches Gewässer finden, und das ist schwieriger, als einen Meter-Hecht zu fangen.

Wo der Hecht geschützt ist, also nahezu überall, darf man einen Hecht auch nicht in Besitz haben. Er darf also auch nicht in einem Netz oder in einem Bootskasten gehalten werden. Vor einiger Zeit haben einige Angler noch Hechte mitgenommen und argumentiert, dass der Fisch den Köder geschluckt hätte. Auch diese Erklärung wird nicht mehr akzeptiert. Denn einen Kunstköder kann man jederzeit wieder aus dem Hechtrachen holen – auch wenn's manchmal schwierig ist. Kurzum, man darf also auch keinen toten Hecht in Besitz haben. Dass die scharfen Regelungen dem Hecht gut tun, kann man an dem Bestand der Hechte gut ablesen.

Der Hechtbestand in den Niederlanden ist sehr gut, und auch wenn viele Angler auf Hecht gehen, hat jeder seine Chancen auf einen Fang. In den Niederlanden gibt es ungefähr 63.000 Zanderangler und rund 74.000 Hechtangler. Das klingt zunächst nach sehr vielen Anglern, aber sie verteilen sich auch auf sehr viele Gewässer. Sie verlieren sich regelrecht an den zahlreichen Gewässern, und oft genug trifft man gar keinen anderen Angler an.

Nicht zuletzt wegen der klaren Regelung und der Akzeptanz von Catch & Release ist der Bestand an Hechten so gut und ist es oftmals gar nicht so schwer, einen Meterhecht an den Haken zu bekommen. Trotzdem bleibt solch ein Fisch auch in den Niederlanden etwas Besonderes.

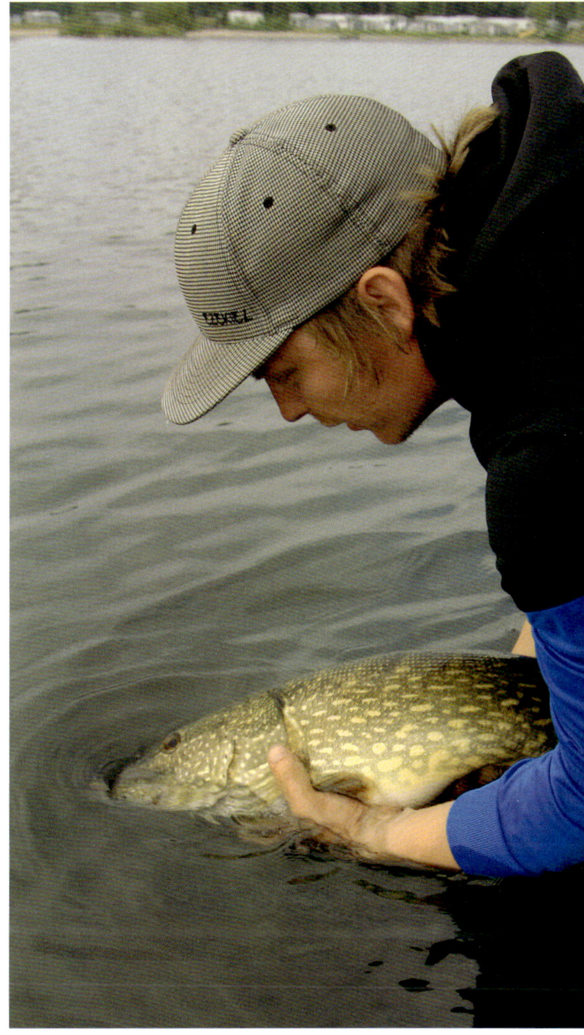

Ehrensache in den Niederlanden, dass man einen schönen Hecht wieder in sein Element entlässt.

Durch die Vielzahl sehr unterschiedlicher Gewässer kann man praktisch mit allen möglichen Techniken auf Hecht angeln. Ich finde es selber besonders reizvoll, mit den unterschiedlichen Methoden an verschiedensten Gewässern auf Hecht angeln zu gehen. Das macht doch erst den besonderen Reiz des Hechtangelns aus. Ich angle genauso mit der Fliegenrute und Streamern auf Hecht, wie mit Grundruten und toten Köderfischen. Das sind die beiden Extreme, zwischen denen noch viele andere Techniken liegen, die das Hechtangeln so faszinierend machen. Ich will Ihnen hier die verschiedenen, zum Teil typisch holländischen Techniken des Hechtangelns vorstellen. Eins kann ich Ihnen dabei versprechen: Es sind alles spannende Techniken, die alle zum Fisch führen.

➤ Überall Hechte

In nahezu allen Gewässern in den Niederlanden leben reichlich Hechte, ob in kleinen Gräben oder in großen Kanälen, ob in Tümpeln oder in tiefen Seen. Die Gewässer in den Niederlanden sind allerdings fast alle künstlich, es gibt kaum Naturgewässer. Viele Gewässer wurden angelegt, um die Bewohner vor dem Wasser zu schützen. Viele der Polder sind ganz und gar von Menschenhand geformt. Durch die Jahre haben sie sich aber so verändert, dass sie manchmal wie natürliche Gewässer wirken. Die gradlinige Anlage der Gewässer ist kaum noch zu erkennen.

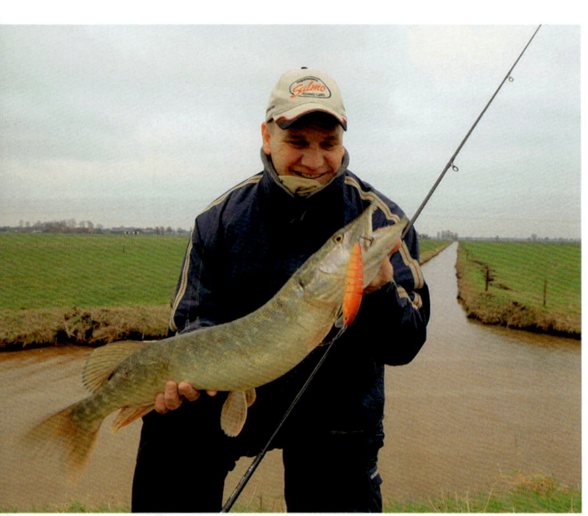

Wo ein Graben in den anderen mündet, steht wahrscheinlich auch ein Hecht, nicht selten sogar mehrere.

Sehr deutlich sieht man den Entwässerungskanäle ihren künstlichen Charakter an, die oft zu einem weitreichenden System rechtwinkliger Wasserläufe miteinander verbunden sind. Auffällig an diesen Gewässern ist außerdem, dass sie sehr flach sind. Oft sind die Gewässer nicht einmal einen Meter tief. Trotzdem lauern in diesen Gewässern oft zahlreiche Hechte, und man kann sie mit vielen spannenden Methoden verführen.

➤ Ultraleichtes Fischen

An den flachen Kanälen wurde eine Technik entwickelt, die man gut und gerne als eine niederländische Methode des Hechtangelns bezeichnen kann. Die Rede ist vom ultraleichten Spinnfischen. Die Methode, bei der mit sehr leichtem Gerät an flachen Gewässern geangelt wird, kann einen Angler regelrecht süchtig machen. Die Ruten, die dabei gebraucht werden, unterscheiden sich gar nicht so sehr von anderen. Es sind Spinnruten mit einem Wurfgewicht um 20 Gramm. Es dürfen auch ein paar Gramm mehr oder weniger sein. Und man kann auch gerne eine Baitcasterrute verwenden. Zum Einsatz kommen recht kurze Ruten von 2,10 Meter Länge. Aber auch dabei darf variiert werden, und ein paar Zentimeter mehr oder weniger schaden nicht. An den kleinen Kanälen wird auch viel mit der Fliegenrute auf Hecht gefischt. Dann werden etwa 2,40 Meter lange Ruten eingesetzt, die zur AFTMA-Klasse 7 oder 8 gehören. Einen toten Köderfisch bietet man an einer leichten Karpfenrute mit einer Testkurve von 2 lbs an. Kurzum, man angelt leicht. Die Gewässer für das leichte Hechtangeln findet man nahezu überall. In allen niederländischen Provinzen gibt es reichlich dieser Gewässer. In einigen Fällen muss man aber Mitglied in einem örtlichen Angelverein sein, um an den Gewässern angeln zu dürfen. Man unterschätzt die kleinen grabenartigen Gewässer leicht, aber man kann dort immer mehrere Hechte fangen, und oft ist auch ein richtig guter dabei. Meter-Hechte sind in den kleinen Gewässern keine Seltenheit, aber wie überall fängt man sie auch nicht jeden Tag.

➤ Große Hechte auch in kleinen Poldern

Ein erfahrener Polder-Angler fängt im Laufe des Jahres bis zu zehn Meter-Hechte. Für die meisten Raubfischangler ist das schon viel. Wenn irgendwer es doch als wenig betrachtet, dann darf er sich aber über sehr intensive Angeltage freuen, mit starken Hechten und tollen Drills an leichtem Gerät.

Wer in Holland in den Poldergewässern und sonstigen kleinen Kanälen angelt, wird meistens vom Ufer aus unterwegs sein. Das ist auch das Einfachste, denn man kann nahezu überall direkt und problemlos ans Ufer gelangen. Einige der Polder verlaufen mitten durch Ortschaften, andere sind weiter abgelegen. Wenn man einen kleinen Fußmarsch auf sich nimmt, kann man an den Poldern sogar in herrliche Natur gelangen und ganz ungestört seine Hechte fangen. Allerdings muss man nicht unbedingt weit wandern, um Hechte zu fangen. Denn auch in den Gewässern direkt an den Straßen und Wegen sind Hechte zuhause. Die Polder angelt man am besten systematisch ab, denn die Hechte können, wie gesagt, überall auf der Lauer liegen. Wenn man das Gewässer abgeht, wirft man einfach mit jedem Mal ein oder zwei Meter weiter parallel zum vorherigen Wurf. Ich mache es selber auch so, dass ich immer ein bisschen versetzt zum vorherigen Wurf dicht vor das gegenüber liegende Ufer werfe.

Weil die Poldergewässer in aller Regel flach sind, wird der Köder von vornherein recht hoch geführt. Ich reguliere die Lauftiefe des Köders ganz einfach durch die Rutenstellung. Nach dem Auswerfen halte ich die Rute hoch in 10-Uhr-Stellung, je näher der Köder beim Einholen kommt, desto tiefer senke ich die Rute dann ab. So führe ich

An den kleinen Gewässern wird natürlich vom Ufer aus geangelt. Die Hechte sind ja zum Greifen nahe.

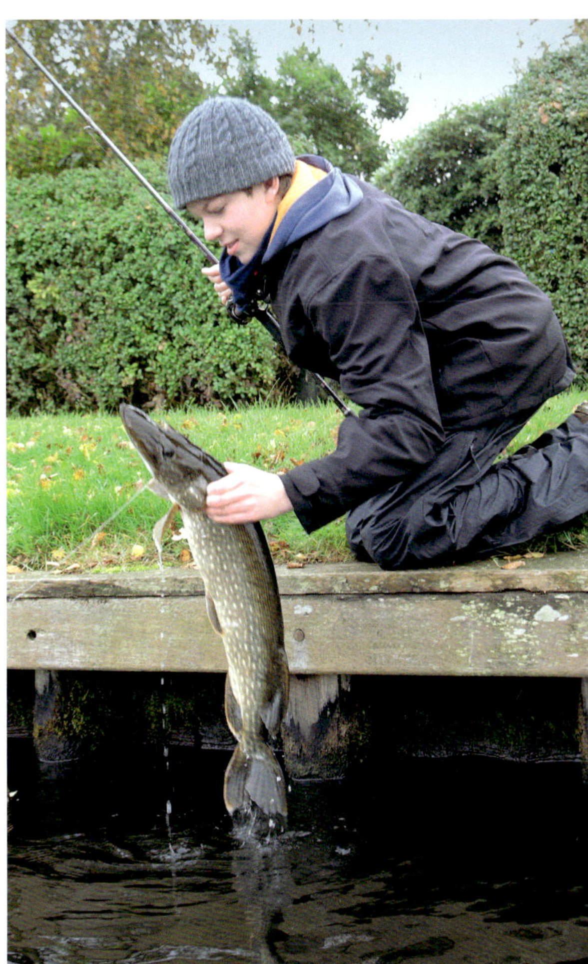

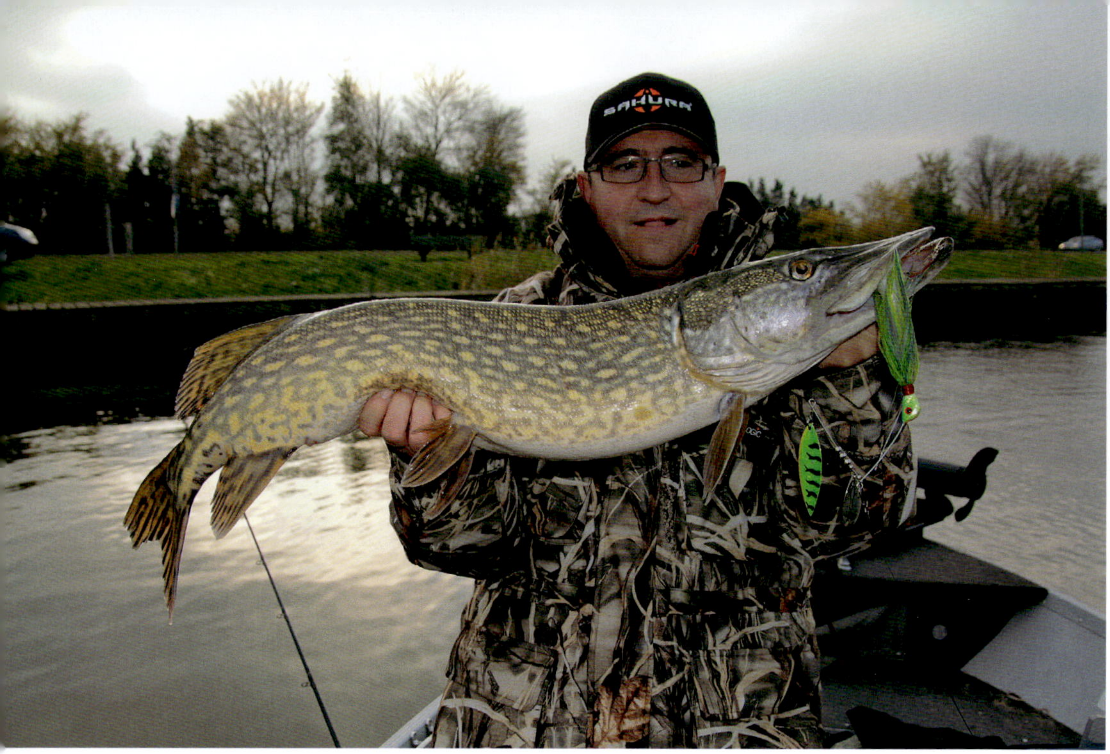

In den etwas breiteren Polderkanälen wird auch vom Boot geangelt. Die Hechte beißen sogar, wenn dicht hinterm Boot geschleppt wird.

Heiße Drills kann man an jedem Gewässer erleben, auch an den kleinen, denn temperamentvoll sind die Hechte überall.

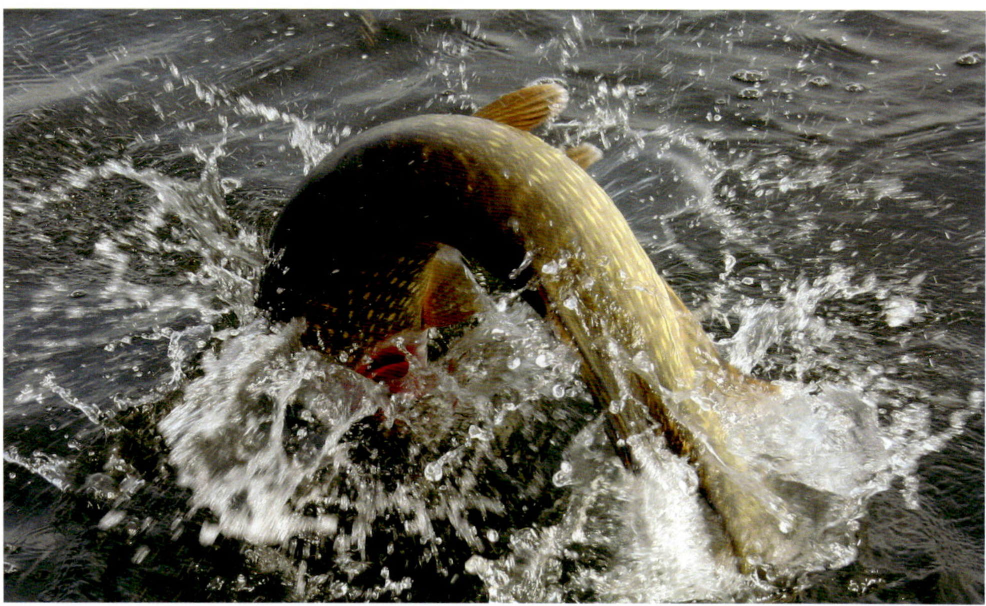

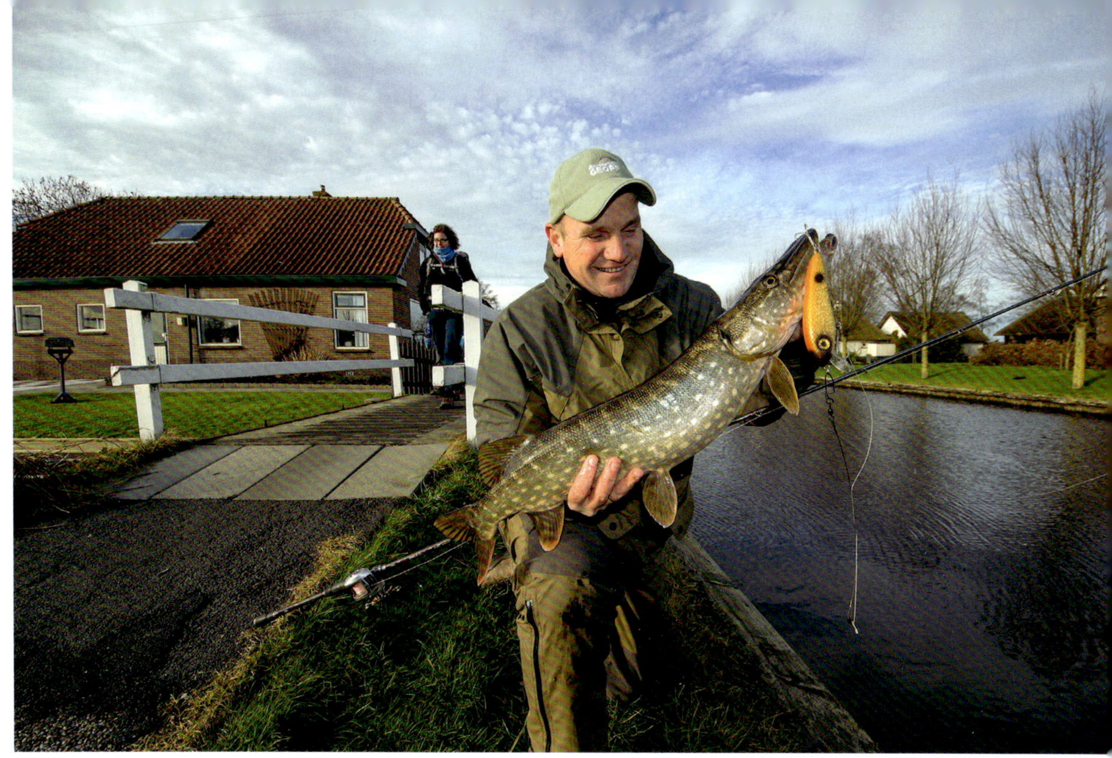

Wo ein Hecht gefangen wurde, stehen oftmals noch mehrere, manchmal stehen sie in unterschiedlichen Größen nebeneinander.

den Köder immer in sicherer Entfernung vom Boden und immer so hoch über den Hechten, dass sie ihn gut erkennen und attackieren können. Das ist ein Vorteil der kleinen flachen Kanäle und Gräben, dass der Hecht dort nie weit weg vom Köder steht, und der Köder nie unter den Hechten hindurch läuft. Der Köder wird also immer gut wahrgenommen. Die beste Bissquote hat man, wenn der Köder nicht ganz hoch läuft, sondern ungefähr in der Mitte der flachen Wassersäule.

➤ Hotspots an den Poldern

Wenn man es über lange Strecken mit schnurgeraden, einförmigen Polderverläufen zu tun hat, ist es eine gute Taktik, gezielt die Hotspots anzusteuern. Denn auch wenn die Hechte überall sein können, gibt es immer auch etwas bessere Stellen. Oft liegen einige Hotspots dicht beieinander. Dann sucht man auch gleich den gesamten Bereich vor und zwischen ihnen ab. Wonach müssen wir Ausschau halten, um die Hotspots zu erkennen? Eigentlich müssen wir nach jeder Form von kleinen Veränderungen in den gleichmäßigen Wasserläufen schauen. Wichtig sind zum Beispiel Verengungen. Wo sich ein Polder verengt, wird das Wasser oft beschleunigt, die Stelle ist dann häufig auch etwas tiefer und hat einen etwas härteren Boden. Solch eine Stelle zieht Weißfische magisch an und mit ihnen auch die Raubfische. Spannend wird es auch an jeder Brücke, die über das Gewässer führt, und davon gibt es so

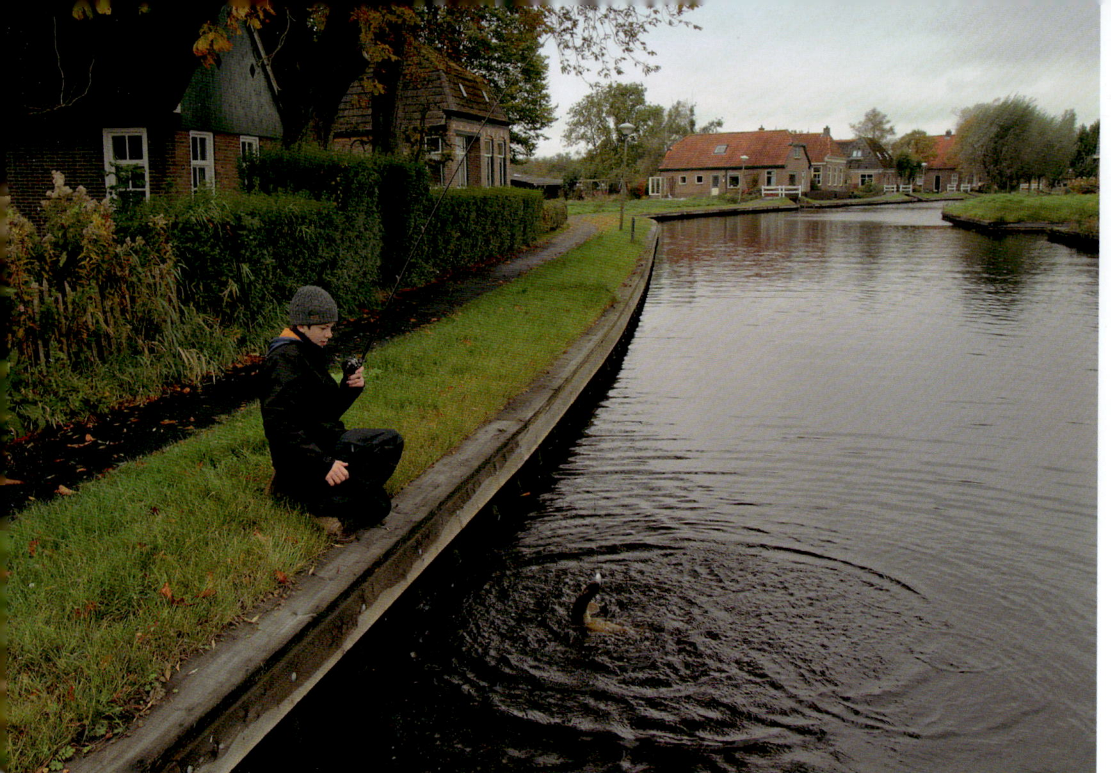

Gräben und Kanäle durchziehen weite Teile des Landes, Wer an den Gewässern mit der Spinnrute unterwegs ist, kann überall auf Hechte stoßen.

einige. Wo Gewässer sich kreuzen, entsteht automatisch ein Hotspot, an dem man mit großen Hechten rechnen kann. Vergessen Sie dabei gerne die Legende, dass Hechte Einzelgänger sind. Wer häufiger an den Poldern angelt, wird schnell bemerken, dass an einer guten Stelle mehrere Hechte stehen. Oft sogar in sehr unterschiedlichen Größen.

➤ Wanderangeln mit leichtem Gepäck

Wenn man an den Poldern entlanggeht, muss man natürlich alles Nötige im Gepäck haben. Wenn es über mehrere Kilometer geht, will man aber auch nicht zu viel Gepäck dabei haben. Deshalb ist es wichtig, nur das Wichtigste mitzunehmen. Was gehört dazu? Nehmen Sie auf jeden Fall eine gute Abhakzange mit. Ein Kescher sollte mit dabei sein, vor allem, wenn Sie von einem erhöhten Ufer angeln und nicht mit der Hand das Wasser erreichen können. Gummistiefel sollte man schon anziehen, denn es wird immer mal feucht an den Füßen. Und natürlich müssen Sie auch den Erlaubnisschein dabei haben. Denn selbst an den entlegenen Stellen kann einem ein Kontrolleur entgegenkommen.

➤ Köderwahl an flachen Poldern

Und nun müssen natürlich noch ein paar Kunstköder mit. Dazu gehören Spinner, die in den Poldern immer gut fangen. Nehmen Sie aber keine beschwerten Spinner, die zu

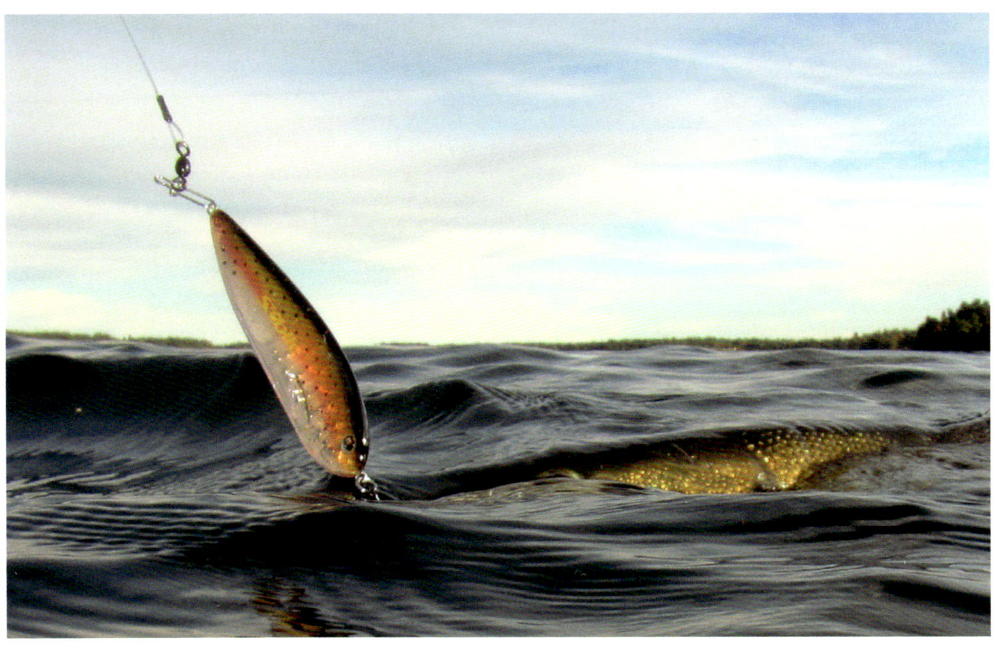

Blinker sind in den Niederlanden nach wie vor sehr beliebte und ebenso erfolgreiche Hechtköder.

tief absacken. Immer fängig sind auch mittelgroße Wobbler, am besten mehrteilige. Der Wobbler darf auch gerne mit ein paar rasselnden Kugeln versehen sein. Denn das Wasser ist manchmal sehr trüb und der Farbe eines Kaffees nicht unähnlich. Wenn man das Wasser zum ersten Mal sieht, glaubt man vielleicht nicht, dass man darin etwas fangen kann. Sobald man den ersten Hecht als Beweismaterial gefangen hat, traut man dem Wasser eher. Mein Angelfreund Wim fischt sogar mit dem Streamer in den trübsten Kanälen und fängt damit. Ich setze aber lieber auf einen Wobbler mit Rassel. Der Köder macht deutlich auf sich aufmerksam, und kein Hecht kann ihn überhören oder übersehen. Ein bauchiger Wobbler von etwa 10 Zentimeter Länge mit Kugeln gehört deshalb zu meinen Favoriten an den Poldern. Diese Köder fangen selbstverständlich nicht nur in trübem Wasser.

In den Niederlanden sind Blinker immer noch sehr populär, speziell breite, dünne Löffelblinker. Sie sind sehr leicht und für jeden Hechtangler an den Poldern ein wichtiger Köder. Ebenfalls gut geeignet sind die Kunststoff-Blinker von Sébile. Die kleinen Kugeln in dem hohlen Kunststoffkörper können sehr nützlich sein in dem Wasser mit geringer Sichtweite.

Ich habe oft nur eine kleine Köderbox an den Poldern bei mir. Zusammen mit etwas zu essen und zu trinken kommt sie in einen kleinen Rucksack. Wenn man am Ufer langgeht und sich, ohne es zu bemerken, immer weiter von seinem Fahrzeug entfernt, ist es gut, alles Nötige bei sich zu haben. Da ich dann auch gerne meine Kamera greifbar haben möchte, ist sie wahrscheinlich das Schwerste in meinem Gepäck.

➤ Tipps vom lokalen Angelshop

Vor dem Gang ans Gewässer empfehle ich immer einen kleinen Besuch in dem nächsten Angelladen. Dort erfahren Sie die aktuellen Bestimmungen und wissen dann sicher, ob Sie mit Ihrem Angelschein (dem niederländischen Vispas) an dem jeweiligen Gewässer angeln dürfen. In dem Laden bekommen Sie auch die Kunstköder, die Sie brauchen. Fragen Sie einfach mal nach, mit welchen Ködern zuletzt am besten gefangen wurde. Jeder Ladenbesitzer zeigt Ihnen dann gerne den Köder, den er zuletzt am besten verkauft hat. Genau diesen Köder kaufen Sie dann am besten nicht, sondern einen anderen. Nicht dass der Ladenbesitzer Sie anschwindelt, aber die Hechte haben den am meisten gekauften Köder nun auch am häufigsten gesehen, kennen ihn und reagieren nicht mehr so richtig auf ihn. Wenn ein Hecht damit schon ein- oder zweimal gefangen wurde, schwimmt er ihm beim nächsten Mal vielleicht ein Stück hinterher, aber er nimmt ihn nicht mehr. Bieten Sie ihm also lieber einen Köder an, den er noch nicht kennt.

Noch einmal zusammengefasst: Wenn alle mit Spinnern angeln, dann nehmen Sie einen Wobbler oder einen Gummifisch, den Sie hoch genug führen können. Und wenn Sie ganz sicher sein wollen, dass Sie etwas tun, was die anderen nicht tun, dann nehmen Sie einen Oberflächenköder. Im Sommer sind das echte Garanten für den Fang. Aber selbst im Winter wird der Oberflächenköder im flachen Gewässer manchmal zum Fänger des Tages.

Gummifische bringen in großen und kleinen Gewässern Hechte an den Haken. Deshalb gehören sie mit ins Ködersortiment.

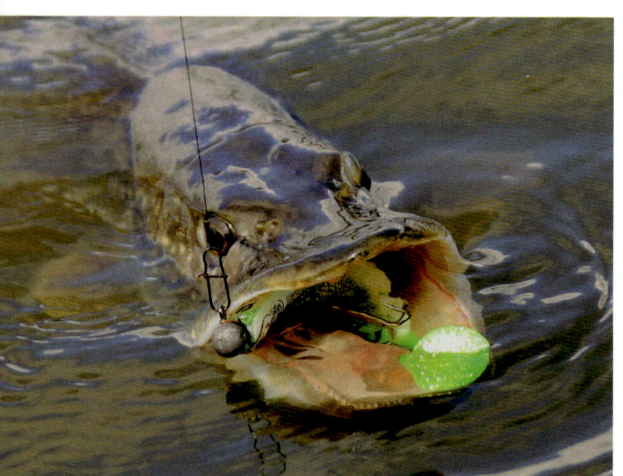

Welcher Köder in den Poldern am besten ist? Immer einer, den die Hechte noch nicht kennen.

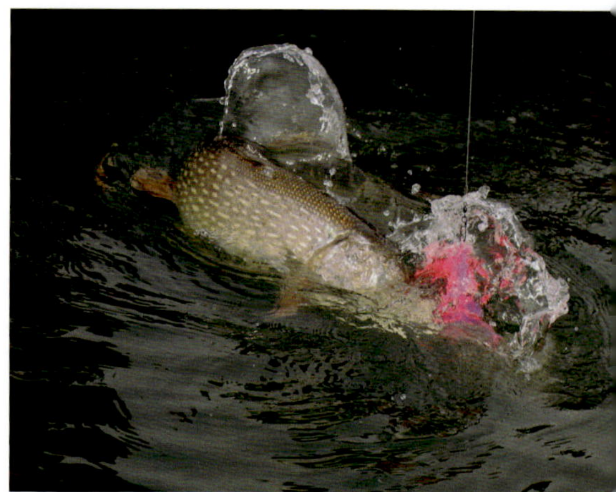

➤ Hechte in großen Gewässern

In den Niederlanden gibt es zahlreiche große Gewässer. Viele der Seen sind künstlich entstanden, viele durch Abbau von Sand oder Kies. Einige der großen Seen sind die Überbleibsel von noch viel größeren Seen, die zum Teil schon vor mehreren Jahrhunderten trockengelegt oder eben teilweise trockengelegt wurden. Und einige der größten Seen sind aus Meerarmen und Teilen der Delta von *Rhein* und Maas entstanden. Dazu gehören beispielsweise das *Haringvleet* und das *Volkerak*. Riesige Gewässersysteme sind beim Einpoldern entstanden. Dazu gehören alle Seen der *Veluwerandmeren*, mit denen wir uns später noch ausgiebig befassen werden.

Die Niederlande sind bekanntlich tief gelegen, weite Bereiche liegen unter dem Meeresspiegel. Die Niederlande sind auch dicht bevölkert. Einen großen Teil des Landes nehmen deshalb Verkehrswege ein. Die meisten Straßen besitzen ein Fundament aus Sand. Dafür musste viel Sand abgebaut werden und im Zuge dieses Sandabbaus sind viele Gewässer entstanden

Auf den großen Gewässern muss man in der Regel vom Boot angeln. Und man braucht eine Stelle, um das Boot ins Wasser lassen zu können.

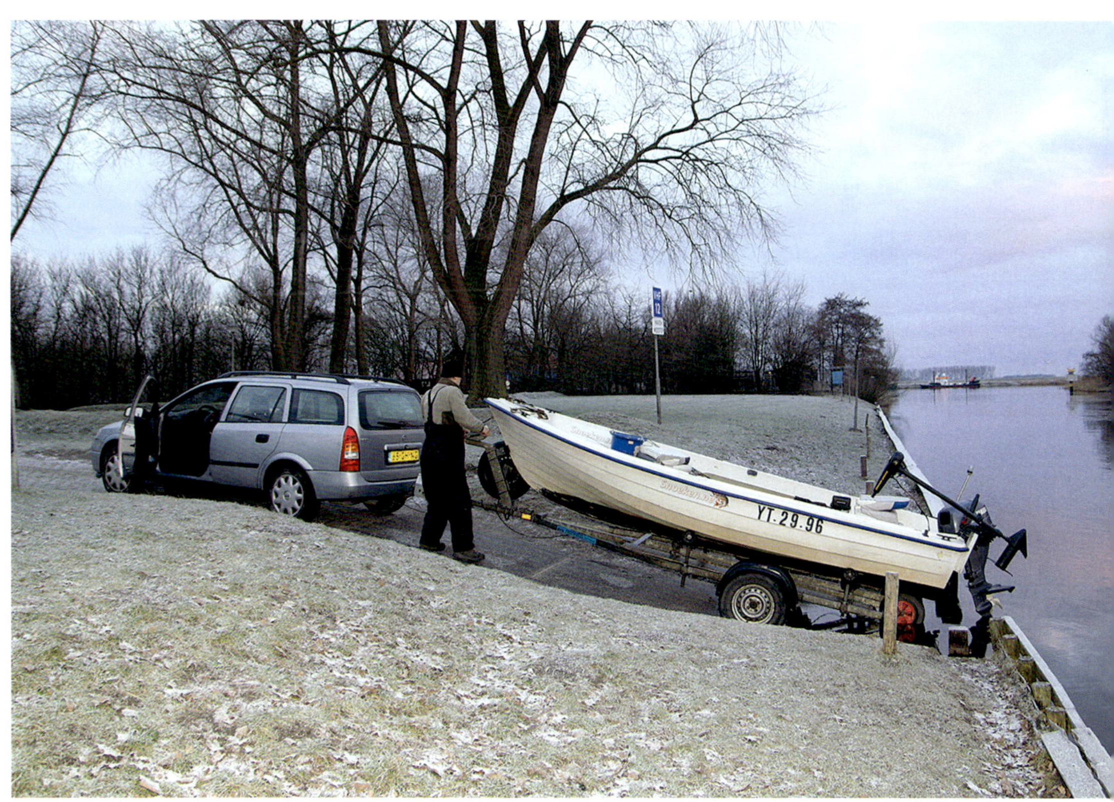

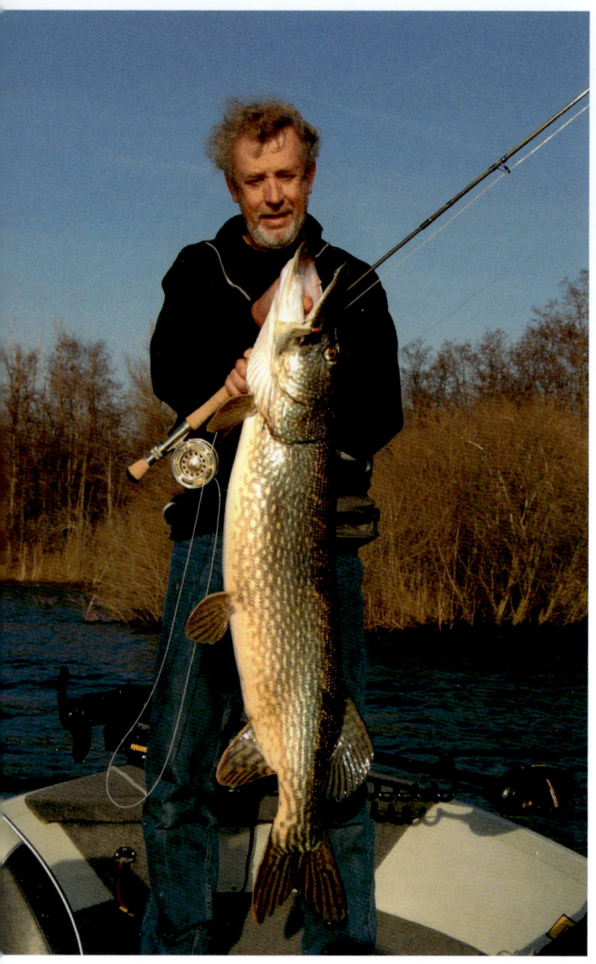

Solche Monster erwarten einen auf den großen Gewässern. Sie mit der Fliege zu fangen, ist natürlich eine besondere Herausforderung.

oder größer geworden. Und da immer noch mehr Straßen entstehen und bestehende Straßen verbreitert werden, entstehen auch immer noch mehr Gewässer. Bei dieser Entwicklung ist in den Niederlanden noch lange kein Ende in Sicht.

All die großen Seen beangelt man am besten vom Boot aus, auch wenn es hier und da Stellen gibt, an denen man auch gut vom Ufer aus angeln kann. Mit Uferangeln meine ich in diesem Fall speziell das Ansitzangeln mit totem Köderfisch. An einigen Stellen kann man sich zwar Boote ausleihen, aber meistens bekommt man damit bestimmte Auflagen. Die Leihzeit ist oft sehr kurz, häufig auf die Zeit von 9.00 Uhr bis 16.00 Uhr beschränkt, und die Boote sind oft auch nicht das, was sich ein Angler vorstellt. Wieso ist es in den Niederlanden so schwierig, ein Boot zu leihen, wo es doch so viel Wasser gibt? Nun, genau deshalb, wegen des vielen Wassers hat jeder sein eigenes Boot und niemand muss sich eines leihen. Bootsverleih rentiert sich deshalb nicht sonderlich in den Niederlanden.

Es liegen also wenig Leihboote, dafür aber viele tausend Hektar Hechtwasser für uns bereit. Bevor wir uns einige der Gewässer genauer anschauen, befassen wir uns aber eingehender mit den Angeltechniken, die wir auf ihnen zum Einsatz bringen können.

➤ Mit Fliegenrute und Streamer

Ich weiß, das Fliegenfischen auf Hecht ist nicht jedermanns Sache, aber wer es einmal ausprobiert hat, wird davon fasziniert sein. Deshalb will ich mich hier doch damit befassen. Eigentlich finde ich es ja auch sehr schade, dass sich nicht mehr Angler mit der Fliegenrute an den Hecht wagen. Denn diese Methode hat auch unverkennbare Vorteile. Man muss sich nur ein bisschen mit dem Fliegenfischen befassen und

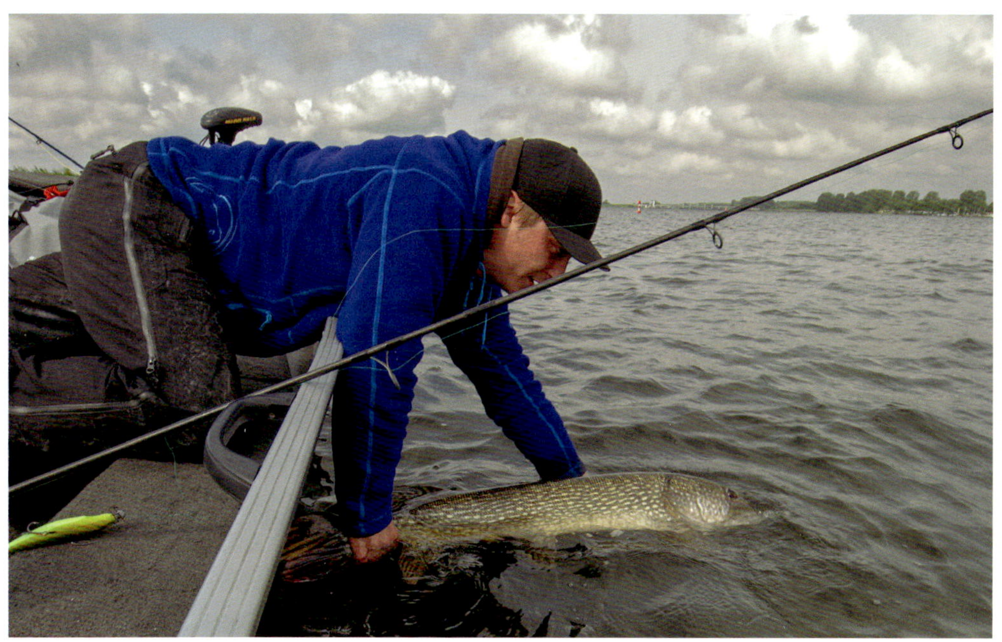

Zu solchen Fischen kommt man meistens nur mit dem Boot. Allerdings gibt es in den Niederlanden nicht viele Bootsverleihe.

man muss die Technik des Werfens erlernen. Das hält vielleicht viele Hechtangler vom Fliegenfischen ab. Viele betrachten es auch als Nachteil, dass man einen geringeren Wurfbereich hat als mit der Spinnrute. Aber beim Bootsangeln macht sich das praktisch gar nicht so sehr bemerkbar.

Ganz deutlich überwiegen für mich die Vorteile des Fliegenfischens. Mit Streamern kann man an Stellen angeln, die mit anderen Ködern unmöglich zu beangeln sind. Streamer lassen sich sogar durch dicht wachsende Wasserpflanzen hindurchführen, durch die man mit keinem anderen Köder kommen würde. Man kann damit sogar zwischen Schilf angeln. Und Schilf ist enorm hartnäckig, wenn man darin einmal mit einem Köder hängengeblieben ist. Ich habe schon einige meiner größten Hechte mit Streamern zwischen Pflanzen gefangen, wo ich ihnen keinen anderen Köder hätte anbieten können. Denn alle anderen Köder hätten sich verfangen, einen gut gebunden Streamer kann man aber auch an den unmöglichsten Gewässerstellen noch anbieten.

Fliegenfischen ist beim Biss und beim Drill aber viel intensiver als jede andere Methode. Beim Fliegenfischen hat man die Schnur in der Hand, wenn der Biss kommt. Noch enger und direkter kann der Kontakt zum beißenden Fisch gar nicht sein. Jeder Drill ist wieder ein neues, großes Erlebnis, denn auch während des Drills hat man immer

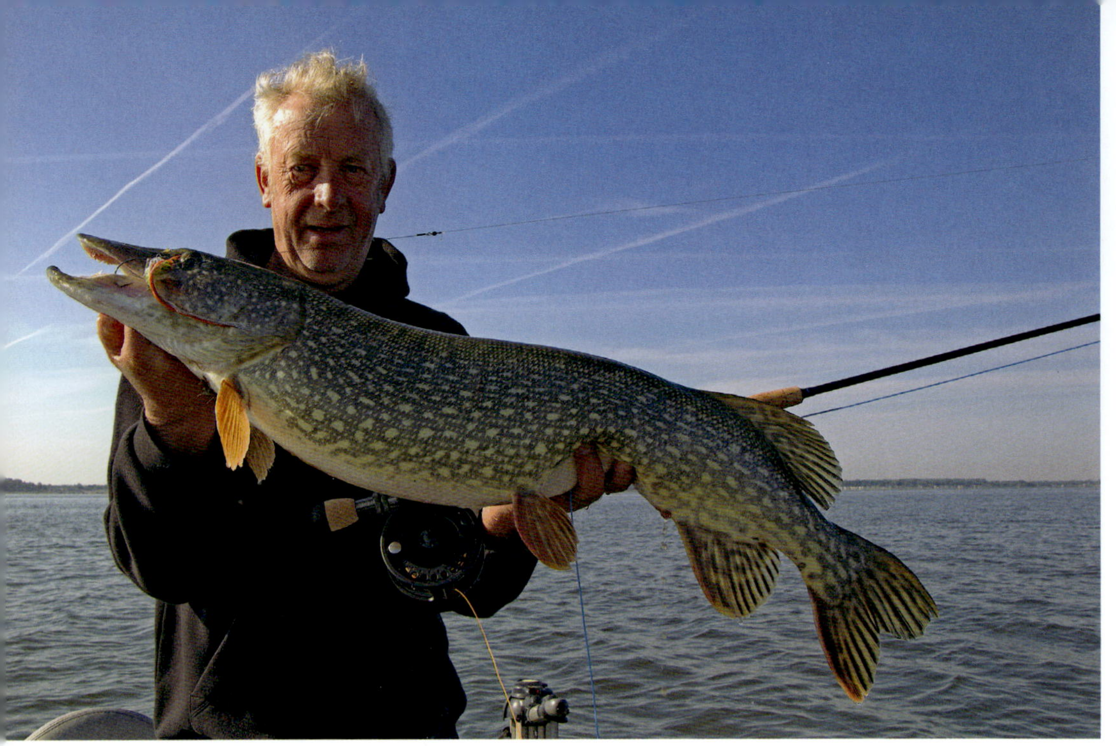

Große Hechte auf einem riesigen Gewässer mit der Fliegenrute zu fangen, das ist ein ganz großes Fangerlebnis.

die Fingerspitzen einer Hand an der Schnur. Es gibt also gute Gründe, sich mit dem Fliegenfischen auf Hecht zu befassen.

➤ Die Fliegenrute und -rolle

Die Rute zum Fliegenfischen auf Hecht sollte nicht zu leicht sein, denn es besteht immer die Chance auf einen wirklich kapitalen Fisch. Aber es gibt noch einen Grund, die Rute nicht zu leicht zu wählen. Denn die meisten Hechte fängt man in der Nähe von Wasserpflanzen. Wenn man dort einen Hecht an den Haken bekommt, wird er mit Sicherheit versuchen, in die Pflanzen zu flüchten. Und halten Sie einen großen Hecht mal mit einer leichten Rute davon ab. Das wird Ihnen nicht gelingen, und dann haben Sie eine noch schwierigere Aufgabe, nämlich den Hecht aus dem Grünzeug herauszubekommen. Deshalb sollte es schon eine Rute der Klasse 9 oder 10 sein. Selbst benutze ich eine Fliegenrute, die auch zum Meeresangeln taugt. Sie ist stark genug, um einen großen Hecht schnell und sicher auszudrillen, und mit ihr kann ich auch große, schwere Streamer sehr gut werfen. Sind keine Hänger zu erwarten, dann kann man auch schon einmal zu einer Rute der Klasse 8 greifen.

Viele Angler glauben, dass solch eine Fliegenrute wahnsinnig teuer ist. Meine hat nur rund hundert Euro gekostet. Ich weiß, es gibt welche, die kosten das Zehnfache, aber ich weiß auch, dass ich damit nicht einen einzigen Hecht mehr fangen würde. Auch für eine Fliegenrolle kann man ganz viel Geld ausgeben. Man kann sich wahre Juwelen unter die Rute hängen. Das ist vielleicht eine Freude für die Augen, aber auch da gilt, dass man mit einer teureren Rolle auch nicht mehr fängt. Wenn es ums Hechtangeln geht, ist die Rolle eigentlich nicht viel mehr als die Sammelstelle für die Schnur. Wenn Sie Geld beim Gerätekauf sparen wollen, dann nehmen Sie eine preiswerte aber große Rolle, auf die genug Fliegenschnur und Backing passen.

➤ Die passende Schnur

Bei der Rolle können Sie Geld sparen, bei der Schnur sollten Sie das nicht versuchen. Billige Fliegenschnüre können Sie vergessen. Natürlich kann man auch mit der billigsten Schnur werfen, aber fragen Sie nicht wie. Schlechte Schnüre kosten viel Kraft beim Werfen, und man kommt doch nicht weit mit ihnen. Ich benutze immer eine sogenannte Weight Forward-Schnur, das ist eine Schnur, bei der sich das Gewicht in den ersten neun Metern der Schnur befindet. Mit solch einer Schnur lässt es sich schnell und wenn nötig auch weit werfen. Mit weit meine ich 25 Meter. Wer gut mit der Fliegenrute umgehen kann, schafft auch noch ein paar Meter mehr. Um zu den Fischen runterzukommen und den Streamer optimal führen zu können, nehme ich eine Intermediate-Schnur, also eine Schnur mit mittleren Sinkeigenschaften. Mit dieser Schnur angle ich auf tieferem Wasser. Wenn ich dagegen in flachem Wasser angle, nehme ich eine schwimmende Schnur. Erschrecken Sie nicht, wenn Sie eine Fliegenschnur kaufen wollen. Eine gute Schnur kann ungefähr so viel kosten wie die Rute. Knapp hundert Euro legt man schon hin für eine wirklich gute Schnur. Man braucht allerdings zwei Schnüre, eine sinkenden und eine schwimmende. Und dann übersteht die Schnur vielleicht nur zwei Jahre.

Wenn ich mit der Fliegenrute unterwegs bin, steure ich gerne Felder von Wasserpflanzen und Schilfkanten an. Aber nicht selten fische ich mit der Fliegenrute auch auf dem offenen Wasser. Dabei orientiere ich mich dann an Kantenverläufen. Selbst wenn das Wasser etwas tiefer ist, verwende ich immer noch eine Intermediate-Schnur. Eine sinkende Schnur bringe ich erst zum Einsatz, wenn das Wasser tiefer als vier Meter ist. Dann greife ich allerdings auch gleich zu einer schnell sinkenden Schnur, mit der ich den Streamer auch auf sechs Meter Tiefe gut präsentieren kann.

➤ Vorfachmaterial

Eine Rute, eine Rolle mit Ersatzspule, zwei Schnüre, und dann brauchen Sie noch Vorfächer, die an die Fliegenschnur geknotet werden. Das Vorfachmaterial muss meinetwegen nicht das teuerste und nicht von einer bestimmten Marke sein. Ich verwende gewöhnlich ein 1,50 Meter langes Monofilmaterial mit geringem Memory-Effekt und zwar eine Amnesia-Schnur, wie sie auch gerne von Karpfenanglern verwendet wird. Auch diese Schnur ist nicht ganz frei von Memory, aber bei unserer Vorfachlänge kann man das vernachlässigen. Das Material bleibt aber besser als andere Schnüre auch bei größeren Durchmessern

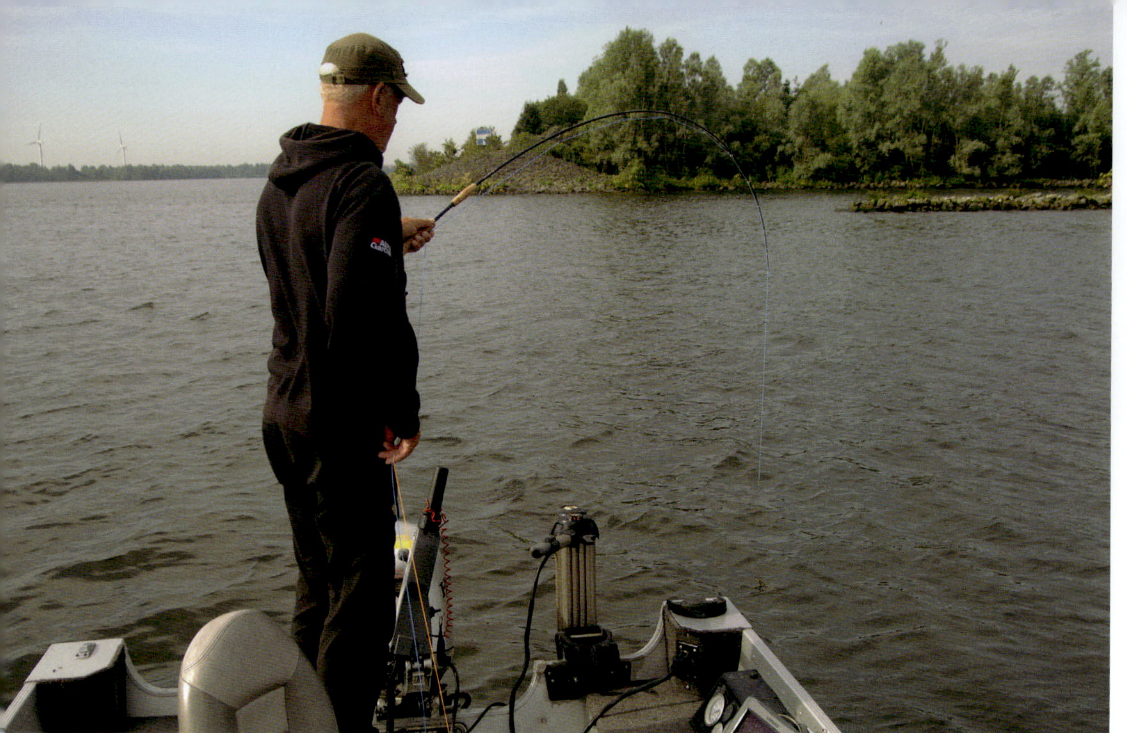

Ein Drill mit der Fliegenrute ist extrem intensiv. Manchmal braucht man viel Geduld, bis ein starker Fisch klein beigibt.

immer recht gerade. Ich nehme meistens ganz einfach ein Vorfach von 0,40 Millimeter Durchmesser. Man kann sein Vorfach natürlich auch verjüngend aufbauen. Dann fangen Sie am besten mit einem Stück von 0,60 Millimeter Durchmesser an und enden mit etwa einem halben Meter 0,40er Schnur. Jetzt brauchen wir natürlich noch etwas Bissfestes am Ende des Monofils, das auch den Hechtzähnen standhält. Ich verwende dafür seit einigen Jahren nur noch Titanium. Es ist nicht für alle Situationen das beste Material. Aber Titanium ist leicht und bleibt immer schön gerade, und das ist wichtig beim Fischen mit Streamern. Ich nehme das Titaniumstück nicht allzu lang, 20 Zentimeter reichen aus. Das Titanium wird über einen Wirbel mit dem Monofil verbunden und bekommt ans andere Ende einen Karabiner, in den der Streamer eingehängt wird.

➤ Hechtstreamer

Meine Streamer binde ich übrigens immer selbst. Auf diese Weise kann ich meine eigenen Köder so kreieren, wie ich sie gerne hätte. Für Hechtstreamer stehen einem viele tolle Bindematerialien zur Verfügung. In letzter Zeit arbeite ich viel mit Kaninchenfell. Nicht zuletzt, weil man den Streamer damit in relativ kurzer Zeit fertig stellen kann. Ich verwende Haken mit einem kurzen Schenkel vom Typ Tarpon-Haken. Sie sind enorm scharf und stabil, kosten aber auch ein bisschen mehr als andere Haken. Die Haken mit einem kurzen Schenkel haben einen einfachen Vorteil. Das Bindematerial des Streamers neigt immer dazu, sich um den Hakenschenkel zu legen. Bei einem langen Schenkel verheddert sich das Material deshalb oft. Bei einem kurzen Schenkel passiert das nicht.

Nun werden sich sicherlich einige fragen, ob man mit einem kurzen Schenkel und damit eben auch einem kürzeren Haken nicht viel mehr Fehlbisse bekommt. Aber da kann ich Sie beruhigen. Ein Streamer ist im Wasser so leicht, dass ein Hecht ihn mühelos inhaliert. Das führt sogar manchmal zu kurios gehakten Fischen. Schon einige Male ist es mir passiert, dass ich beim Drill dachte, dass ich den Hecht von außen gehakt habe, weil der Streamer an seiner Außenseite saß. Bei genauer Betrachtung zeigte sich dann, dass die Schnur durchaus ins Maul lief, aber aus der Kiemenöffnung wieder herauskam. Der Hecht hatte den Streamer dann offensichtlich mit einer Portion Wasser eingesaugt und durch die Kiemenbögen wieder herausbefördert. Also, seien Sie unbesorgt, auch ein kurzschenkliger Haken wird sicher im Hechtmaul – oder hinter den Kiemen – fassen.

Der Hechtstreamer bekommt also einen schönen langen Schwanz aus Kaninchenfell. Mit etwas Lametta bringe ich dann noch ein bisschen Farbe und Glitter ins Spiel. Ich nehme nicht zu viel davon, nur so viel, dass der Streamer einen zusätzlichen optischen Effekt bekommt. Für den Körper bzw. den Kopf des Streamers verwende ich ebenfalls Kaninchenfell. In diesem Fall einen dünnen Streifen, den ich um den Schenkel des Hakens winde. Dabei darf dieser Teil des Streamers gerne eine andere Farbe haben als der Schwanz. Überhaupt gibt es Kaninchenfell in unterschiedlichen Farben, und dieses Angebot sollte man auch nutzen und Streamer in unterschiedlichen Farben binden.

➤ Das Werfen von schweren Streamern

Mit schweren Streamern zu werfen, erfordert ein bisschen Übung. Ich bin selbst kein begnadeter Werfer. Deshalb mache ich mir die Sache so einfach wie möglich. Ich ziehe vor dem Werfen erst einmal genügend Schnur von der Rolle. Das sind manchmal nicht viel mehr als zehn Meter. Dann mache ich einen Rückwurf, bewege die Rute nach vorne und lege Schnur, Vorfach und Streamer auf dem Wasser ab. Die Rutenspitze führe ich fast bis auf die Wasseroberfläche herunter. Und dann setze ich schnell, solange Schnur und Streamer noch auf dem Wasser liegen, zur zweiten Wurfbewegung an.

Der Widerstand des Wassers sorgt nun dafür, dass sich die Rute richtig auflädt. Die Schnur schnellt dann schön nach hinten, dabei lasse ich noch mehr Schnur durch die Hand gleiten, bis ich merkte, dass der Zug der Schnur hinter mir nachlässt. Die Rute bewege ich dabei nach hinten, zum einen, damit die Schnur sich ungehindert straffen kann, zum anderen, um eine gute Ausholbewegung nach vorne machen zu können, denn nun kommt die abschließende Wurfbewegung. Dabei ziehe ich die Rute, die jetzt spürbar belastet ist, nach vorne durch. Die Schnur lasse ich los, wenn die Rute vor mir in der 11-Uhr-Position steht.

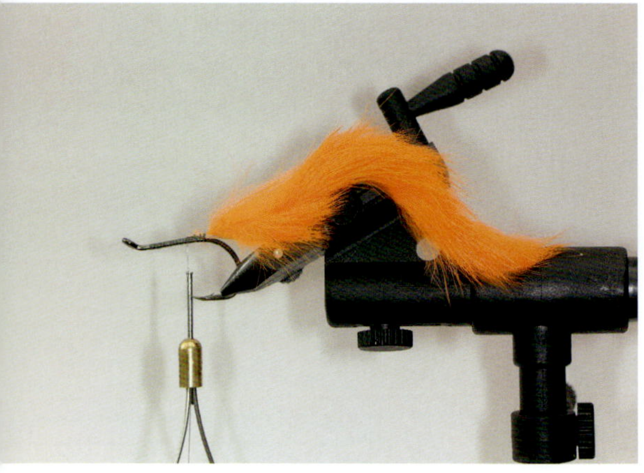

So entsteht ein fängiger Hechtstreamer: Als erstes wird ein langer Schwanz aus Kaninchenfell an den kurzen Haken gebunden.

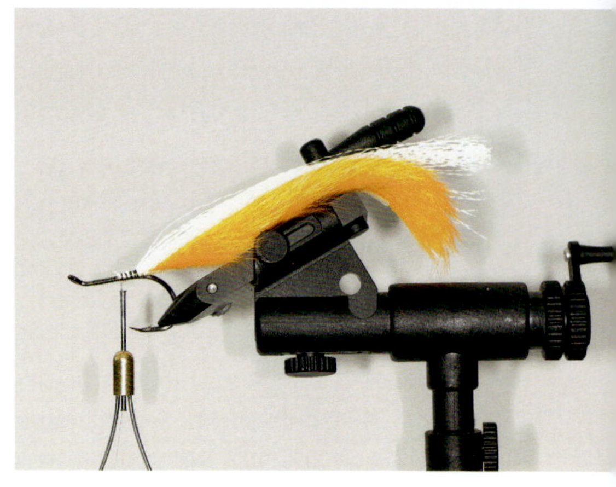

Dann folgt ein Büschel Lametta – nicht zu viel und nicht zu wenig. Die glitzernden Fasern erhöhen die Reizwirkung des Streamers.

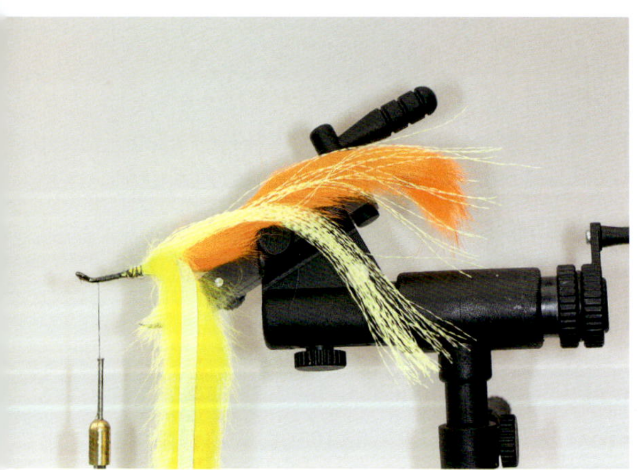

Ein dünner Streifen Kaninchenfell wird zwischen Hakenöhr und Schwanz angelegt und mehrfach um den Schenkel herumgelegt.

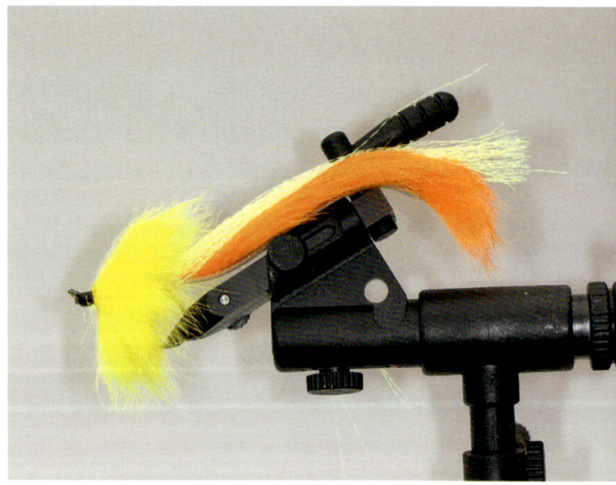

Fertig ist ein attraktiver Streamer aus Kaninchenfell mit etwas Lametta. Die Farben können natürlich nach Belieben variiert werden.

Danach gebe ich aber, wenn die Schnur zu fallen beginnt, mit der Rute in Richtung der Schnur nach.

Werfen Sie genau so die ersten zehn Meter Schnur aus. Wenn die Schnur aufs Wasser aufsetzt, ziehen Sie noch sechs oder sieben Meter Schnur von der Rolle. Strippen Sie den Streamer dann ein, bis nur noch ein oder zwei Meter der Fliegenschnur vor der Rutenspitze liegen. Dann heben Sie die Rute mit einer zügigen Bewegung an, bis Sie das Vorfach und den Streamer erkennen können.

Jetzt setzen Sie zum Rückwurf an, danach legen Sie die Schnur wieder vor sich auf dem Wasser ab, und dann wiederholt sich der bereits beschriebene Wurfvorgang. Die Wurfbewegungen muss man ein bisschen einüben, aber dann gehen sie geradezu in Fleisch und Blut über. Versuchen Sie so wenige Leerwürfe wie möglich zu machen. Das Werfen sollte immer möglichst schnell gehen. Denn der Streamer gehört nicht in die Luft, sondern ins Wasser.

➤ Einstrippen vom driftenden Boot

Das Einstrippen des Köders vom driftenden Boot ist auch etwas, was man erst einmal einüben muss. Machen Sie es am besten so: Strippen Sie die Schnur mit kurzen, kräftigen Zügen ein. Wenn sich die Rutenspitze bei jedem Zug ein bisschen krümmt, ist das genau richtig. Legen Sie nach jedem Zug eine kleine Pause ein, denn der Streamer soll nicht zu schnell werden. Der Streamer ist ja ganz im Gegenteil ein Köder, mit dem man provozierend langsam fischen kann.

Nutzen Sie bei der Drift den Wind. Der schiebt Sie schließlich mit dem Boot voran, das heißt, Sie haben Rückenwind, und den sollten Sie beim Werfen ausnutzen. Dabei ist es hilfreich, die Schnur etwas höher als üblich abzuwerfen, dann kann der Wind sie nämlich greifen und weiter hinaus befördern. Das bringt immer noch ein paar Meter mehr. Wenn der Wind allerdings zu heftig wird, dann lassen Sie das mit der Fliegenrute und greife Sie zur Spinnrute. Und damit sind wir schon beim nächsten Thema.

➤ Spinnfischen und Baitcasting

Mit Spinnfischen meine ich das konventionelle Kunstköderangeln mit langer Spinnrute und Stationärrolle, mit Baitcasting das moderne Kunstköderangeln mit kurzer Rute, die man auch Baitcaster-Rute oder Jerk-Rute nennen kann, und kleiner Multirolle. Beides betreibe ich gerne und ich über- oder unterschätze keine der beiden Methoden, aber ich gebe auch gerne zu, dass ich eigentlich lieber mit kurzer Rute und Multirolle angle. Ich kann auch erklären, weshalb ich diese Geräte lieber mag.

Einige mögen an der Multirolle nicht, dass man mit ihr nicht so weit werfen kann. Dem muss ich entgegenhalten, dass man mit etwas Übung genauso weit wirft wie mit einer Stationärrolle. Und dann ist es aber auch die Frage, ob man überhaupt sehr weit werfen muss...

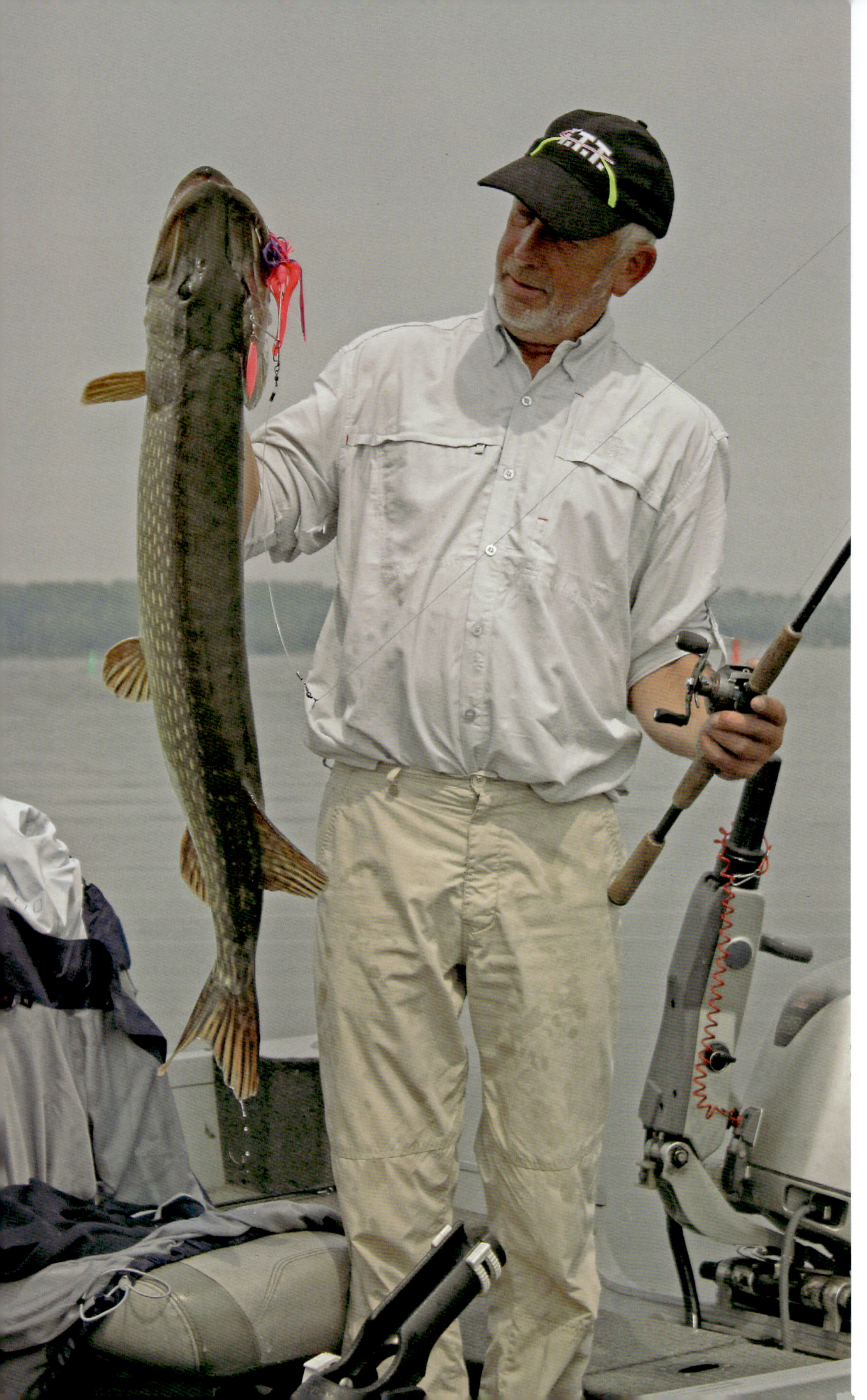

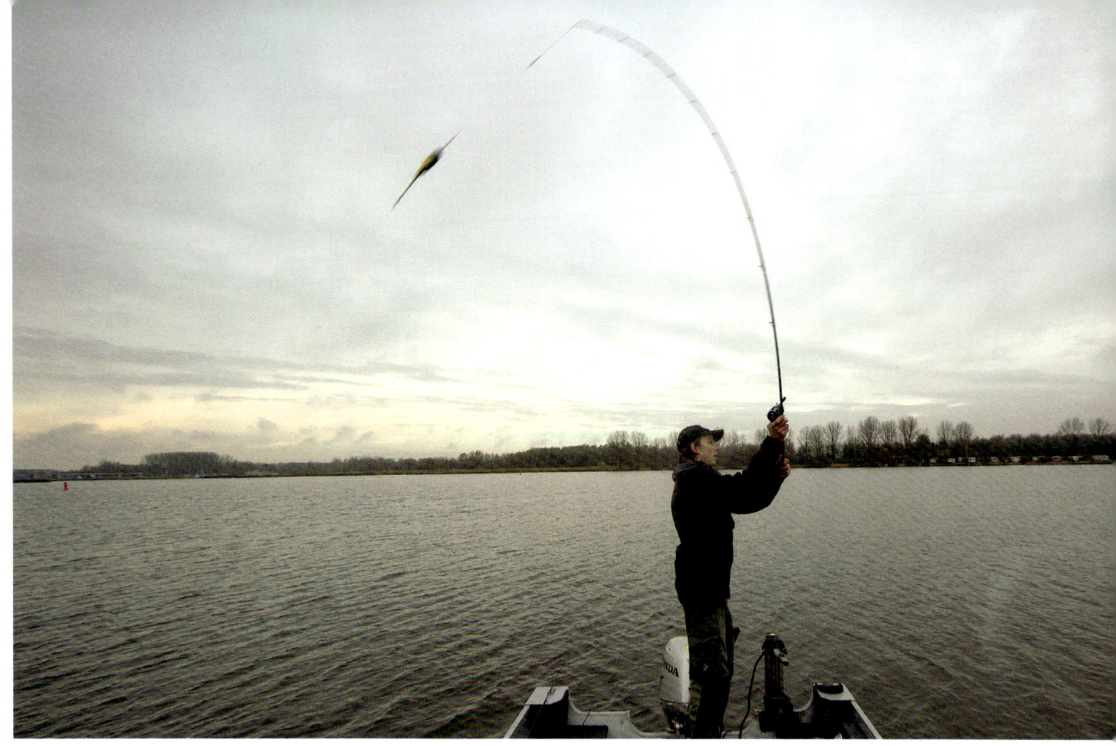

Foto links: Kurze Rute und Multirolle, damit angelt Bertus am liebsten beim Spinnfischen.

Foto oben: Gewaltwürfen sind vom Boot aus eigentlich nicht nötig. Man kommt schließlich überall dicht genug heran.

➤ Werfen mit der Multirolle

Ein Vorteil beim Werfen mit der Multirolle besteht darin, dass der Köder gewissermaßen die Schnur von der Rolle zieht. Der Köder fliegt also praktisch immer voraus und nimmt die Schnur mit. Deshalb kann es nie dazu kommen, dass sich der Köder im Vorfach verfängt.

Mit der Multirolle hat man einen ganz anderen Wurfstil. Man setzt dabei mehr den Unterarm ein und man wirft langsamer. Zugleich lässt sich der Wurf aber sehr kraftvoll ausführen. Wenn sich der Köder dem Ziel nähert, kann er durch Daumendruck auf die Spule verlangsamt oder ganz und gar abgebremst werden. Dadurch hat man die Möglichkeit, den Wurf sehr genau auszuführen.

Ein wichtiger Aspekt ist für mich die längere Lebenszeit der Schnur beim Baitcasting. Bei einer Stationärrolle wird die Schnur beim Aufspulen im 90-Gradwinkel gegen ihre Laufrichtung entlang der Rute aufgewickelt. Auf Dauer belastet das die Schnur, im schlimmsten Fall verdrallt sie. Mit einer Multirolle wirft man die Schnur gerade ab und genauso wickelt man sie auch wieder auf, ohne dass sie irgendwann die Richtung ändert.

Sicherlich ist eine Stationärrolle aber einfacher zu bedienen. Mit einer Multirolle muss man das Werfen erst einmal üben und eigentlich sogar neu lernen. Und wer lange mit der Stationärrolle geworfen hat und praktisch nichts anderes kennt, dem könnte das Umlernen schon schwerfallen

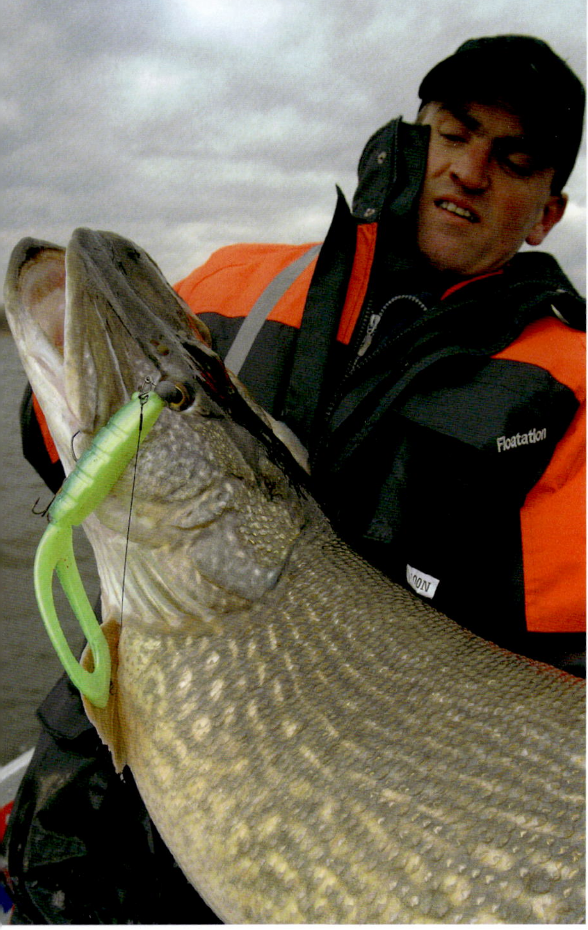

Starke Fische erfordern starke Geräte. Ein Hechtungetüm kann man schlecht an leichtem Gerät bändigen.

Eine kleine Hechtimitation kann beim Spinnfischen den ganz großen Hecht bringen.

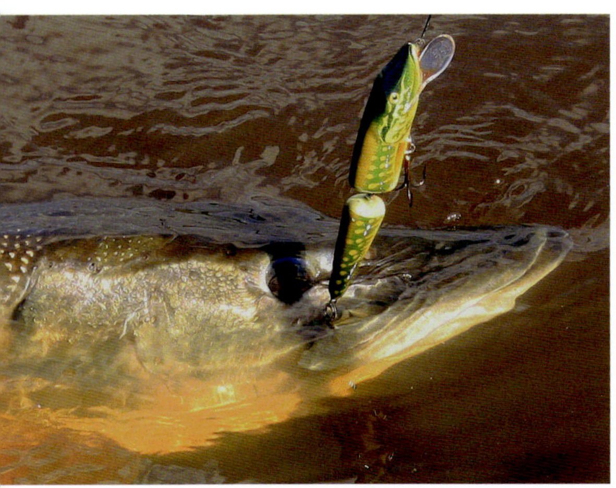

und es mag dann auch einige Zeit dauern. Einen Nachteil hat das Werfen mit der Multirolle, wenn man mit sehr leichten Kunstködern angelt. Die sind nämlich mit einer Multirolle schwieriger zu werfen. Schwerer hat man es auch mit der Multirolle, wenn man gegen den Wind werfen muss. Auf windige Verhältnisse muss man immer gefasst und mit seinen Geräten handlungsfähig sein.

➤ Baitcaster-Rute

Ich habe in der Regel zwei Ruten mit an Bord, meistens eben Baitcaster-Ruten, manchmal aber auch Spinnruten. Eine davon – und das ist die Rute, die ich am meisten gebrauche – ist 2,10 Meter lang und hat ein Wurfgewicht von 80 Gramm. Am besten lassen sich damit Kunstköder mit Gewichten um 60 Gramm werfen. Und in dieser Gewichtsklasse findet man eine große Auswahl unterschiedlicher Ködertypen. Mit einem Rutenblank, der in derselben Ausführung einmal für eine Spinnrute und einmal für eine Baitcaster-Rute verarbeitet wurde, hat man bei der Baitcaster-Rute eine breitere Toleranz für das geworfene Gewicht. Das hängt damit zusammen, dass die Rute bei dem Wurfstil weniger intensiv belastet wird. Nicht dass es ein riesiger Unterschied wäre, aber es gibt einem ein sicheres Gefühl, dass man auch ein paar Gramm mehr werfen kann, ohne dass die Rute es einem verübelt.

Die zweite Rute hat eine Länge von 2,40 Meter. Sie ist für das Werfen von Ködern mit Gewichten um 100 Gramm ausgelegt. Die längere Rute gebrauche ich außer

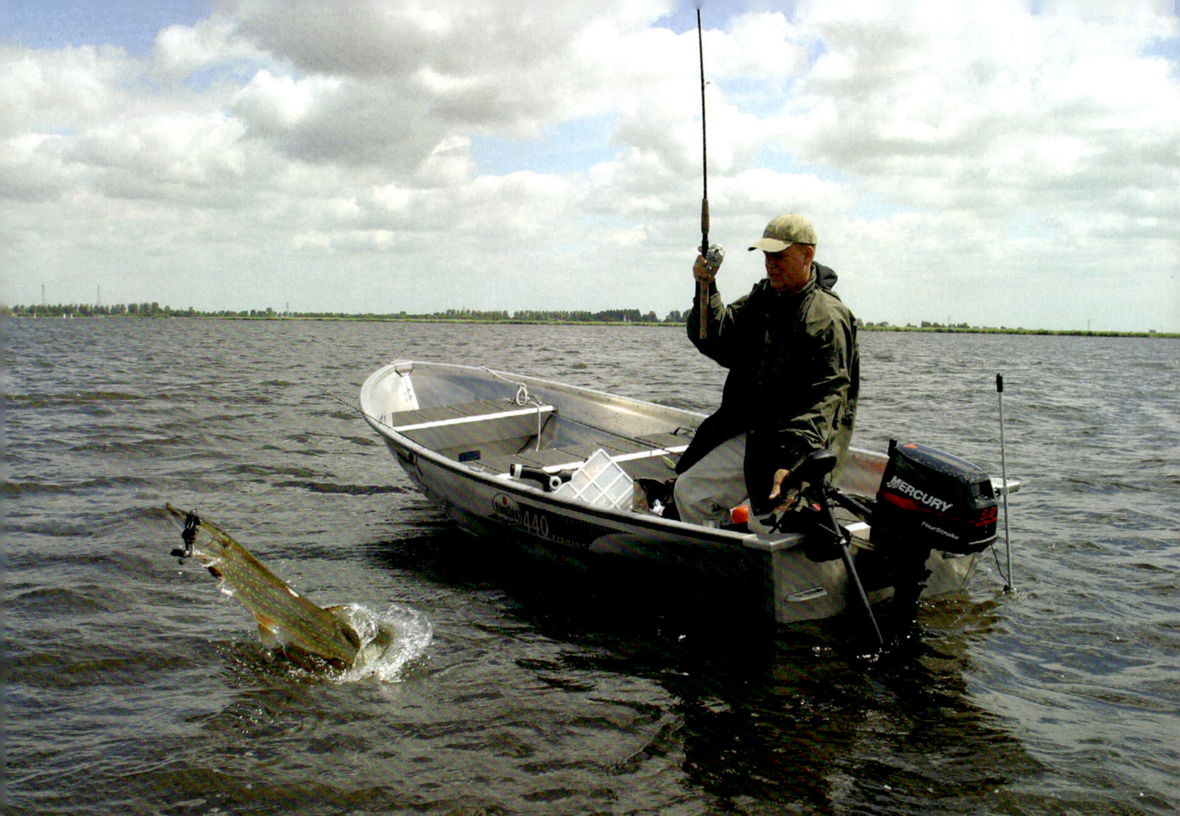

Nicht nur durch das ständige Werfen, auch beim Drill wird die Rute stark belastet.

zum Angeln mit großen Spinnern für andere Kunstköder, die einen großen Wasserwiderstand entwickeln. Dazu gehören beispielsweise Wobbler mit einer großen Tauchschaufel. Beim Schleppen stecke ich die lange Rute in den Rutenhalter, während ich die kurze Rute in der Hand halte. Aber dazu später mehr.

➤ Das Werfen vom Boot

Werfen ist für viele interessanter als Schleppen, und es bietet schließlich spannende Möglichkeiten. Ich werfe immer am liebsten die flacheren Bereiche eines Gewässers ab. Alles bis zu einer Tiefe von 5 Metern lässt sich mit einer Reihe unterschiedlicher Kunstköder gut erreichen. In den letzten Jahren wurden wir von Jerkbaits in allen Formen und Varianten geradezu überflutet. Jerkbaits sind zweifellos sehr gute Köder, aber es gibt natürlich noch viele andere gute Ködertypen.

Vom Boot aus wird man oft driftend angeln, was eine ausgesprochen effektive Methode ist, wenn das Boot in der richtigen Geschwindigkeit und Richtung driftet. Oft ist das Manövrieren und Angeln in der Drift aber harte Arbeit. Vor allem derjenige, der den Außenbordmotor bedient, hat alle Hände voll zu tun. Ein ungeschriebenes Gesetz besagt, dass andere Angler im Boot so lange mit dem Werfen warten, bis auch der Steuermann die Hände frei hat zum Angeln. Ich hatte schon Angler im Boot, die

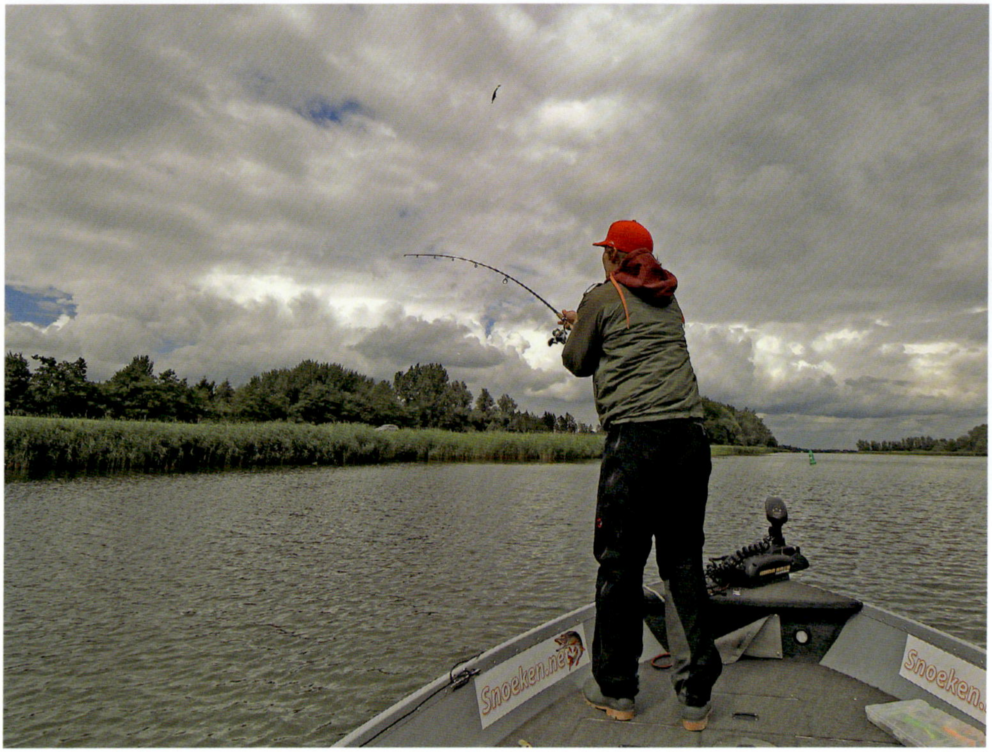

Foto oben: Während das Boot kontrolliert an Unterwasserstrukturen entlang driftet, wird der Bereich systematisch abgeworfen.

Foto unten: Twitchbaits sind ausgezeichnete Köder fürs Spinnfischen auf kapitale Hechte.

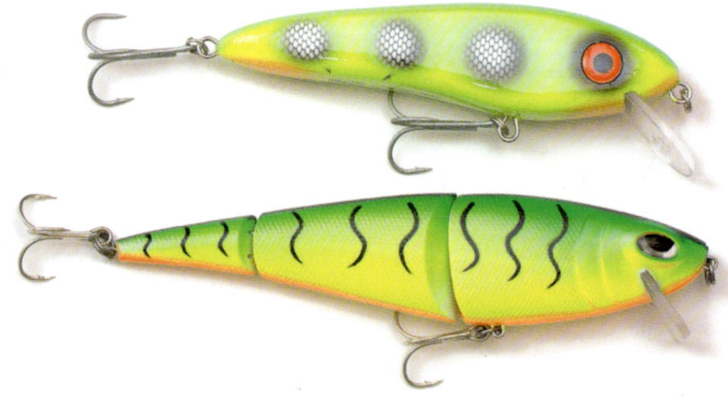

schnell, bevor ich mit dem Manövrieren fertig war, einen Wurf rüber in meine Richtung gemacht haben, in die ich eigentlich hätte werfen sollen. Das ist natürlich nicht Sinn der Sache. Denn so wird das Angeln zu einer Hetzjagd um die schnellsten Würfe in die vermeintlich beste Richtung. Und auf diese Weise beangelt man eine Strecke nicht sonderlich sinnvoll.

Machen Sie sich einen Plan, wie Sie ein Gewässer und bestimmte Stellen beangeln wollen und sprechen Sie das mit anderen beteiligten Anglern ab. So angeln Sie sinnvoll, effektiv und vermeiden Streitigkeiten.

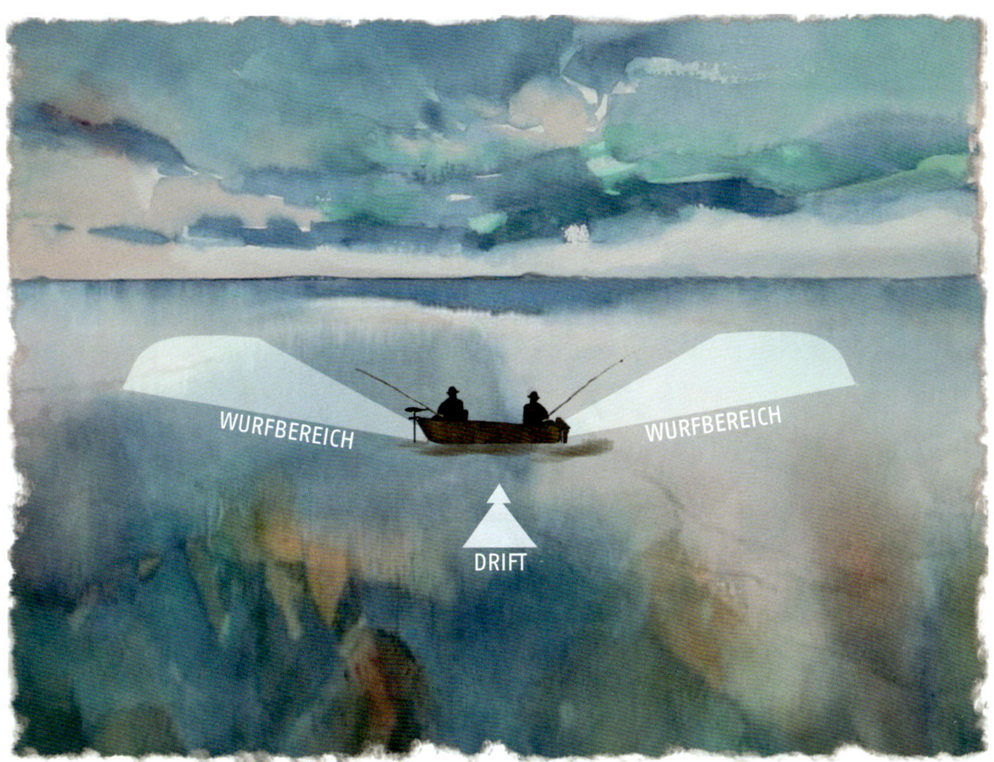

Indem man schräg zur Driftrichtung wirft, angelt man eine Strecke am effektivsten ab.
Beim Werfen vom driftenden Boot teilen sich die beiden Angler den Wurfbereich am besten auf.

Als Steuermann mit dem Echolot vor Augen werfen Sie am besten nach links. Der andere Angler im Boot wirft dementsprechend besser nach rechts. Denken Sie immer daran, dass Ihr Boot sich nach vorne bewegt. Wenn Sie also immer in dieselbe Richtung nach vorne werfen, ziehen die den Köder immer wieder zu einem guten Teil durch einen Bereich, durch den er bereits gelaufen ist. Nehmen wir an, das Boot driftet zwischen zwei Würfen vier Meter weiter und Sie werfen immer in dieselbe Richtung, dann läuft der Köder bei jedem Wurf gerade einmal vier Meter lang, wo er noch nicht lief, den Rest der Strecke legt er zum wiederholten Male zurück. Werfen Sie aber immer ein bisschen schräg zur Driftrichtung nach links oder rechts, läuft der Köder jedes Mal eine vollkommen neue Strecke. Auf diese Weise erhöhen sich die Chancen auf einen Hecht dramatisch. Der Winkel zur Driftrichtung, in dem Sie werfen, richtet sich nach der Driftgeschwindigkeit. Je schneller die Drift, desto weiter können Sie in Driftrichtung werfen, je langsamer die Drift, desto weiter nähert man sich einer Wurfrichtung rechtwinklig zur Driftrichtung an. Wenn das Boot zu schnell driftet, verlangsamt man die Drift effektiv mit einem Driftsack. Mit einem großen oder zwei kleinen Driftsäcken im Wasser wird das Boot massiv abgebremst. Eine vorher unbeherrschbare Situation wird damit auf einmal ganz angenehm und übersichtlich.

➤ Wurfweite

Mit dem Boot ist man mobil und kann jede Stelle des Gewässers erreichen. Deshalb sollte man nicht mit Gewalt riesige Wurfweiten erzielen wollen. Wir bekommen den Köder doch überall hin, auch ohne Gewaltwürfe. Kürzere Würfe von sagen wir einmal 30 Metern reichen vollkommen aus. Und bei solchen Wurfweiten hat man den Köder immer viel besser unter Kontrolle als bei weiten Würfen. Je weiter der Köder vom Boot entfernt ist, desto schwieriger wird es, ihn so zu führen, wie man es gerne hätte. Besonders nachteilig sind weite Würfen, wenn in dem Gewässer mit Kraut zu rechnen ist. Landet der Köder nach einem weiten Wurf im Kraut, dann darf man das Gestrüpp über die gesamte Wurfweite einkurbeln, ein langer vergeblicher Wurf, mit dem man im schlimmsten Fall auch noch einen guten Fisch vergrämt, weil man ein dickes Krautbüschel mit überhöhter Geschwindigkeit an ihm vorbeikurbelt. Wie ich jetzt überhaupt auf Kraut komme? Nun, der Hecht hält sich nun einmal gerne im Bereich von Grünzeug auf, deshalb ist es an vielen guten Hechtgewässern allgegenwär-

Wenn das Boot richtig driftet, kann man bequem zu zweit nebeneinander werfen und spinnen.

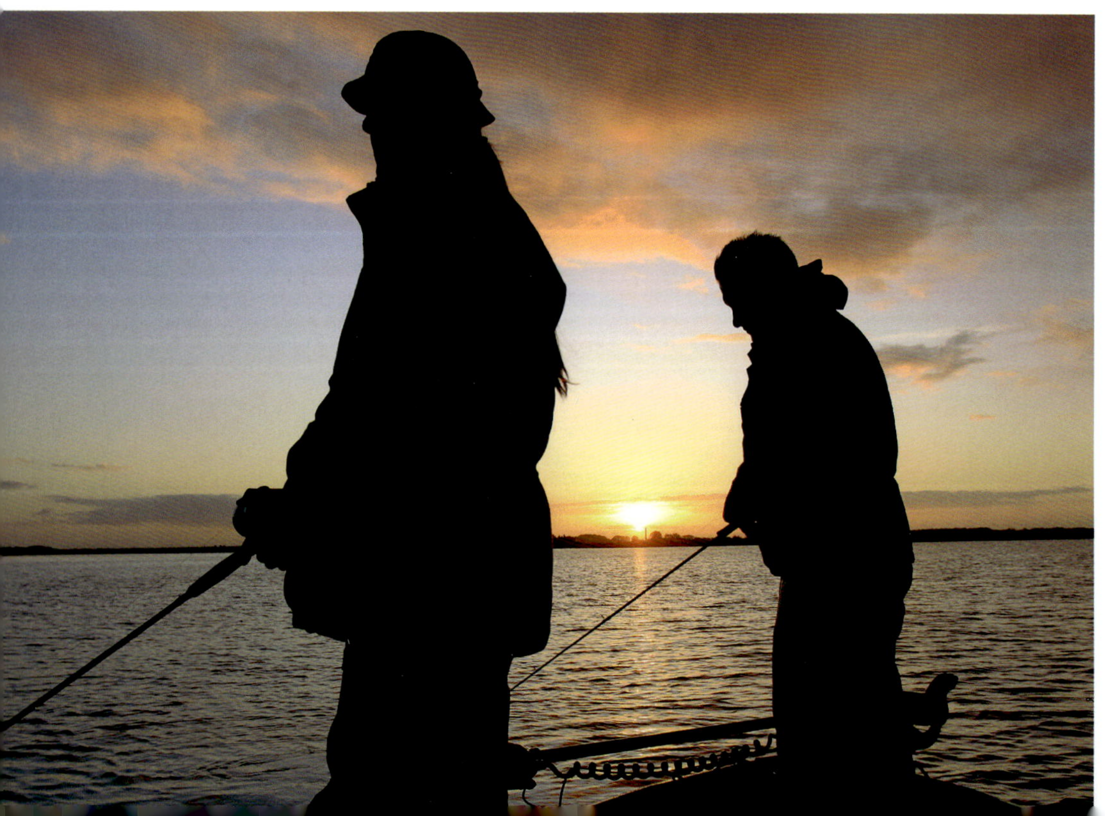

tig. Wo Kraut im Wasser wächst, dort sind in der Regel auch Hechte. Aber wir wollen natürlich den Hecht und nicht das Kraut am Haken haben.

➤ Jerkbait-Taktik

Selbst im Winter, wenn die Pflanzen an der Oberfläche abgestorben sind, stehen die Hechte zwischen den Resten ehemaliger Pflanzenfelder. Die Stellen, an denen im Sommer die Wasserpflanzen grünten, sind vor allem in Gewässern, die nirgendwo sonderlich tief sind, auch im Winter gute Hechtplätze. An solchen Stellen sind Jerkbaits oft ausgezeichnete Köder. Aber nicht die schwimmenden Modelle, denn die kriegt man auch bei intensiver Führung meistens nicht tiefer als einen halben Meter. In vielen Fällen reicht das nicht aus, um einen Hecht zum Angriff zu motivieren. Deshalb fische ich viel lieber mit sinkenden Jerkbaits. Die kann ich nämlich auch relativ tief anbieten, bis auf zwei Meter Tiefe kommt man damit allemal herunter. Und wenn er in der Tiefe läuft, dann bringt man auch einen Hecht in vier Meter Tiefe noch dazu, sich auf ihn zu stürzen.

Einen sinkenden Jerkbait kann man auch sehr langsam führen, ohne dass er weiter absinkt. Solange er bewegt wird, hält er seine Tiefe. Einen schwimmenden Jerkbait kann man nicht langsam anbieten, er würde sofort auftreiben und an der Oberfläche oder dicht darunter laufen. Und wenn die

Selbst im Winter beißen die Hechte noch da, wo sie im Sommer an den Feldern der Wasserpflanzen standen.

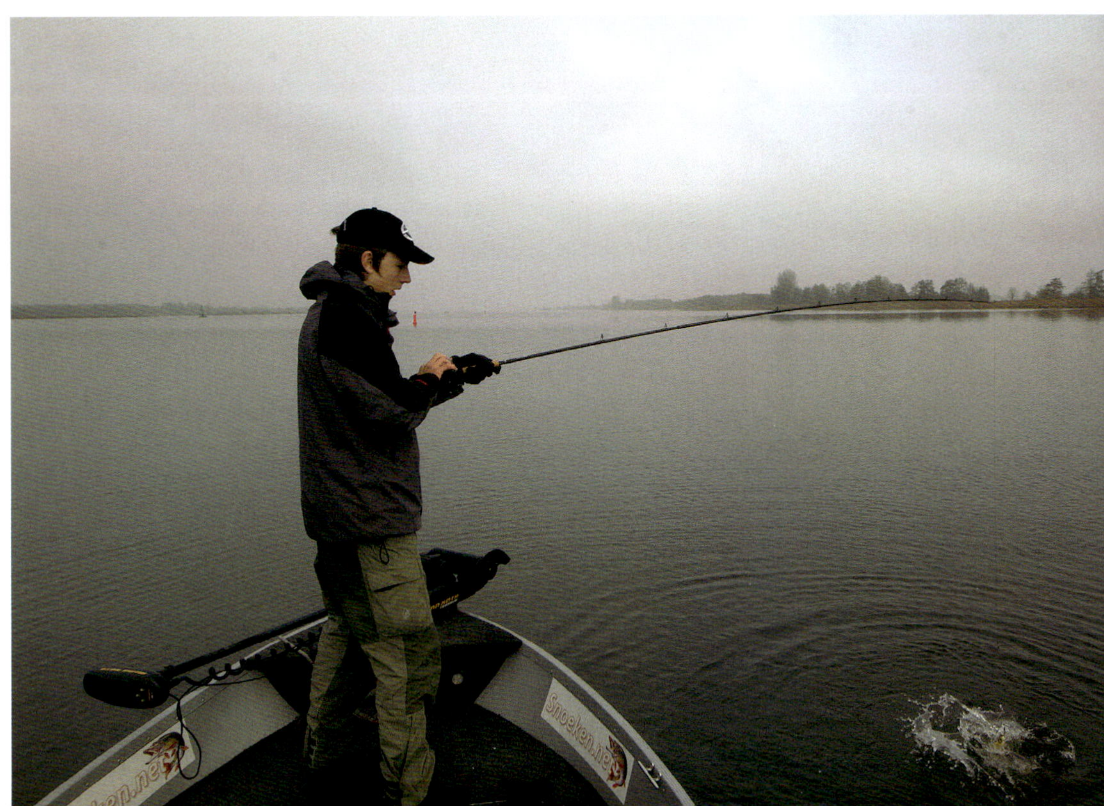

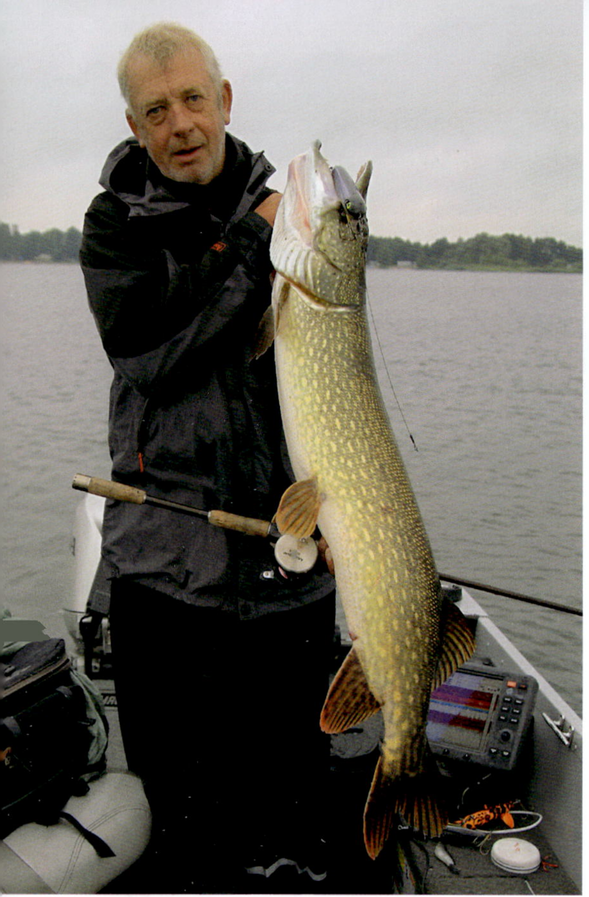

Starker Hecht auf Topwater-Köder. Die Hechte haben keine Probleme damit, aus der Tiefe nach oben zu schießen, um sich Beute zu greifen.

Jerkbaits sind Top-Köder für Großhechte. Mit den sinkenden Modellen hat man meistens mehr Möglichkeiten der Präsentation.

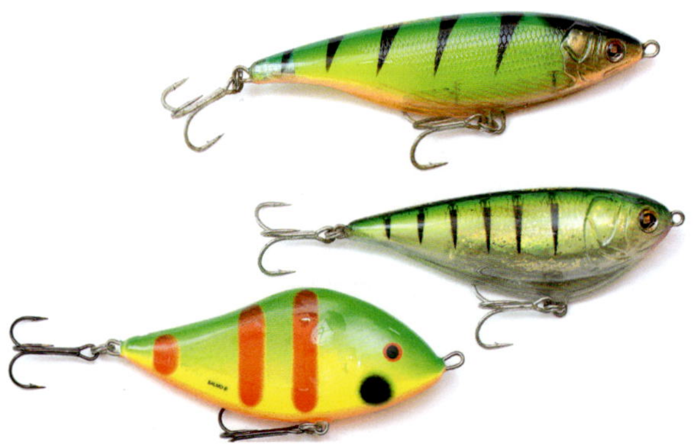

Fische tiefer stehen, hilft einem das natürlich nicht weiter. Was aber, wenn man in sehr flachem Wasser angelt? Auch dort ist es kein Problem, mit einem sinkenden Jerkbait auf Hecht zu gehen. Beim Angeln mit Jerkbaits hält man die Rute gewöhnlich nach unten, so dass die Rutenspitze schräg aufs Wasser zeigt. Dabei schlägt man nach unten, um den Jerkbait zu bewegen und auf Tiefe zu bringen.

Wenn Sie mit einem sinkenden Jerkbait in flachem Wasser angeln, dann schlagen Sie mit der Rute nicht von der 8 Uhr- auf die 7 Uhr-Position, sondern von 10 Uhr auf 11 Uhr, also nicht nach unten, sondern nach oben. Sie werden sehen, der sinkende Jerkbaits kommt dabei nach oben, wenn Sie wollen, sogar bis an die Oberfläche. Wenn Sie eine Zeitlang mit sinkenden Jerkbaits geangelt haben, werden Sie sicherlich erkennen, dass man damit viel mehr Möglichkeiten hat als mit einem schwimmenden Modell.

Jerkbaits fordern einen mit ihrer Form und ihrem Gewicht geradezu auf, weit zu werfen. Das Fehlen der Tauchschaufel reduziert den Luftwiderstand, so dass man mit ihnen wirklich beachtliche Wurfweiten erzielen kann. Lassen Sie sich von dem Jerkbait aber nicht zu unsinnigen Weitwürfen verleiten. Die Hechte stehen oft ganz in der Nähe dicht bei den Pflanzenfeldern. Werfen Sie also dahin, wo die Hechte zu erwarten sind. Und werfen Sie nicht so weit, dass Sie die Kontrolle über den Köder verlieren. Wenn Ihnen die richtigen Würfe gelingen, dann kommen die Hechte ganz von selbst.

➤ In dichten Pflanzenfeldern

Viele der Seen in den Niederlanden weisen in der Uferzone einen breiten Pflanzengürtel auf. Nicht nur See- und Teichrosen, sondern auch das Laichkraut ziert die Gewässerränder und übt seine Anziehungskraft auf die Hechte aus. Und deshalb dürfen wir uns ebenfalls von diesen Wasserpflanzen angezogen fühlen. Stellen, an denen die Pflanzen dicht stehen und manchmal mehr Blätter zu sehen sind als Wasser, bilden eine eigene besondere Herausforderung. Es lohnt sich immer, die Pflanzenfelder genau unter die Lupe zu nehmen, also genau zu schauen, wo und wie sie verlaufen. Wichtig ist es zu erkennen, wo offene Bereiche zwischen den Pflanzen sind, und vor allem, wo sie an tieferes Wasser grenzen. Und für den Bootsangler stellt sich dann die Frage, wie er an den Pflanzen eine optimale Drift hinbekommt. Es gibt also eine Menge zu bedenken, damit die Vorgehensweise stimmt.

➤ Rutenwahl

In den meisten Situationen an Pflanzenfeldern greife ich zu einer etwas längeren Rute, also einem Modell von 2,40 Meter oder sogar 2,70 Meter Länge. Mit solch einer langen Rute habe ich in diesem Fall eine bessere Kontrolle über den Köder. Die lange Rute macht es mir leichter, den Köder nach oben zu dirigieren und hier gezielt nach links oder rechts zur Seite zu führen. Und weil die Rute stark genug ist, hat man mit ihr auch das nötig Gefühl für den Lauf eines Spinners. Spinner stellen besondere Anforderungen an die Rute, Anforderungen, die man oft unterschätzt, wenn man den Spinner im Trockenzustand sieht. Dann ahnt man oft nicht, welche Zugkraft der Spinner im Wasser entwickelt. Die kräftigen Rotationen eines großen Spinnerblattes können eine zu leichte Rute aber so sehr belasten, dass ihre Spitze sich bereits beim Einholen des Spinners krümmt. Ein vorsichtiger Biss – und Hechte können durchaus auch vorsichtig beißen – wird dann kaum spürbar, und der Anhieb kommt zu spät oder gar nicht. Deshalb muss die Rute stark und hart genug sein, damit man den Spinner, aber auch den vorsichtigen Biss spürt.

➤ Die richtige Schnur

Auch die Schnüre sollten beim Hechtangeln nicht zu leicht gewählt werden. Ich hatte schon Angler im Boot, die mit einer geflochtenen Schnur von 0,12 Millimeter Durchmesser kapitale Hechte in hindernisreichen Gewässern fangen wollten. Wenn man tatsächlich einen schweren Hecht an solch einer Schnur drillt, und er flüchtet ins Pflanzendickicht, dann haben Sie keine Chance ihn davon abzuhalten, und wenn er erst im Unterwasserdschungel verschwunden ist, dann werden Sie ihn dort auch nicht mehr herausbekommen. Ich rate deshalb immer dringend dazu, eine geflochtene Schnur von mindestens 0,18 Millimeter Durchmesser zu nehmen, besser noch 0,20 Millimeter.

Mit einer zu dünnen Schnur kann Ihnen leicht ein Köder verloren gehen, wenn er sich in den Pflanzen verfängt. Aber besser

Sie verlieren nur einen Köder als einen kapitalen Hecht mitsamt Köder. Wer im Bereich von Wasserpflanzen angelt, muss damit rechnen, dass der Köder auch mal hängen bleibt. Damit Sie ihn nicht verlieren, vor allem aber, damit Sie keinen Hecht verlieren, sollte Sie eine ausreichend starke Schnur verwenden.

➤ Rutenführung anpassen

Wenn man in dichtem Pflanzenwuchs fischt, lohnt es sich übrigens, einmal eine andere Rutenstellung auszutesten. Gewöhnlich holt man einen Spinnköder etwa im rechten Winkel zur Rutenstellung ein. Wenn der Köder dabei in den Pflanzen hängenbleibt, zerrt man am Köder, die Rute krümmt sich, man reißt den Köder los, die Rute schnellt zurück, beschleunigt den Köder, und der setzt sich wieder fest. Dieses Mal noch schlimmer.

Schade um die schöne Stelle, denn dort könnte ein sehr schöner Hecht gewesen sein. Ich fische deshalb an sehr krautigen Stellen so, dass Rute und Schnur in einer Linie verlaufen, die Rute also auf den Köder zeigt. Ein kleiner Nachteil besteht dann darin, dass das Gefühl für den Lauf des Köders etwas beeinträchtigt ist, vorsichtige Bisse spürt man vielleicht auch nicht so gut. Der große Vorteil ist aber, dass man den Köder durchgehend einholen kann.

Der Jerkbait lief hoch über einem Pflanzenfeld, als der Räuber zugepackt hat.

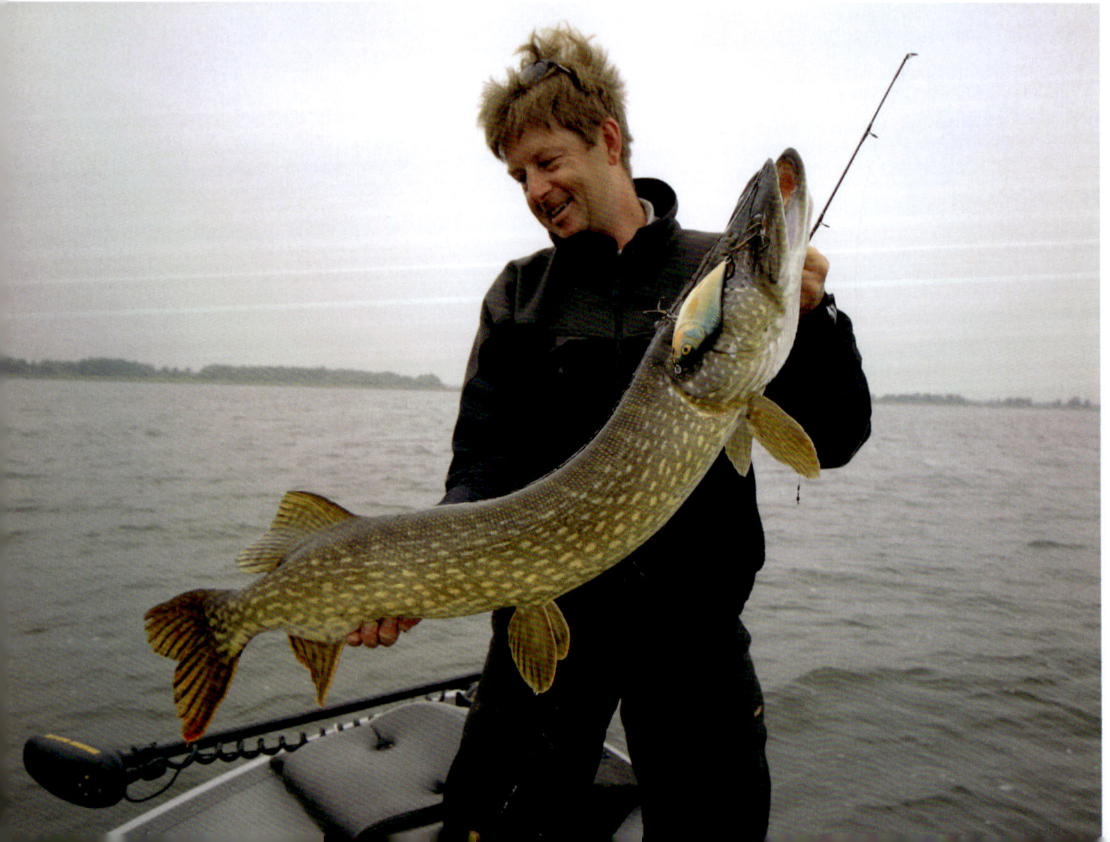

Auch so kann der Köder an Pflanzen hängenbleiben, aber dank der starken Multirolle lässt er sich immer weiter einholen. Er reißt die Pflanzen durch, aber er beschleunigt nicht, sondern läuft weiter gleichmäßig durch. Und deshalb setzt sich der Köder bei dieser Technik seltener und weniger heftig fest.

➤ Köderwahl für krautige Gewässer

In einem Gewässer mit vielen Pflanzen sollte man natürlich auch die Köder mit Bedacht wählen, damit man nicht zu oft im Grünzeug hängen bleibt. Gut geeignet sind beispielsweise Spinnerbaits mit einem oder zwei Einfachhaken. Machen Sie sich keine Sorgen, dass der Anhieb bei einem Einfachhaken nicht richtig durchkommt. Immerhin muss sich nun die Kraft des Anhiebs nicht wie bei einem Drilling auf drei Hakenspitzen verteilen. Wenn sich alle Kraft auf eine Hakenspitze bündelt, kann diese viel besser eindringen. Ein Einzelhaken findet oft viel besser einen sicheren Halt im Hechtmaul als ein Drilling.

Neben Spinnerbaits zählen Oberflächenköder zu den geeigneten Ködern für krautreiche Stellen. Die Auswahl an Oberflächenködern ist beachtlich. Sehr auffällig und sehr beliebt sind die so genannten Popper, die man an ihrem breiten, abgeflachten und oft eingezogenen Vorderteil erkennen

Auch mehrteilige Swimbaits sind sehr wirkungsvolle Köder über und an Pflanzenfeldern.

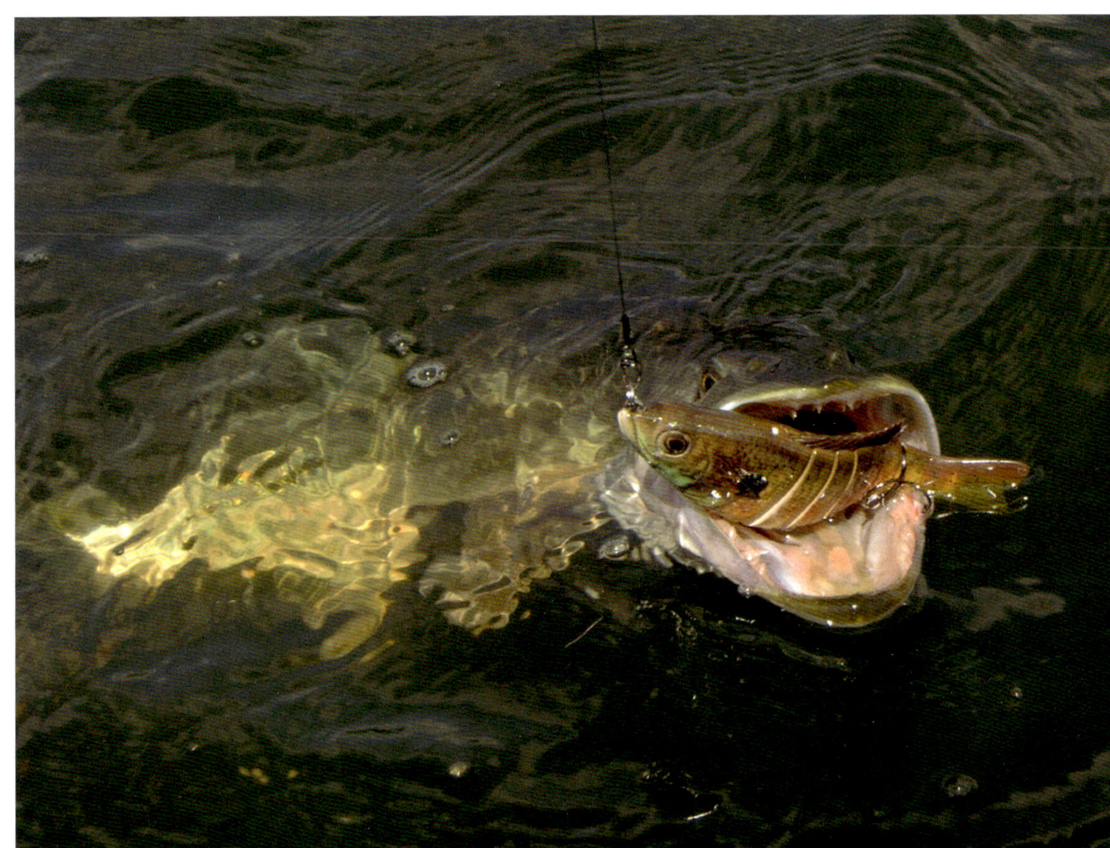

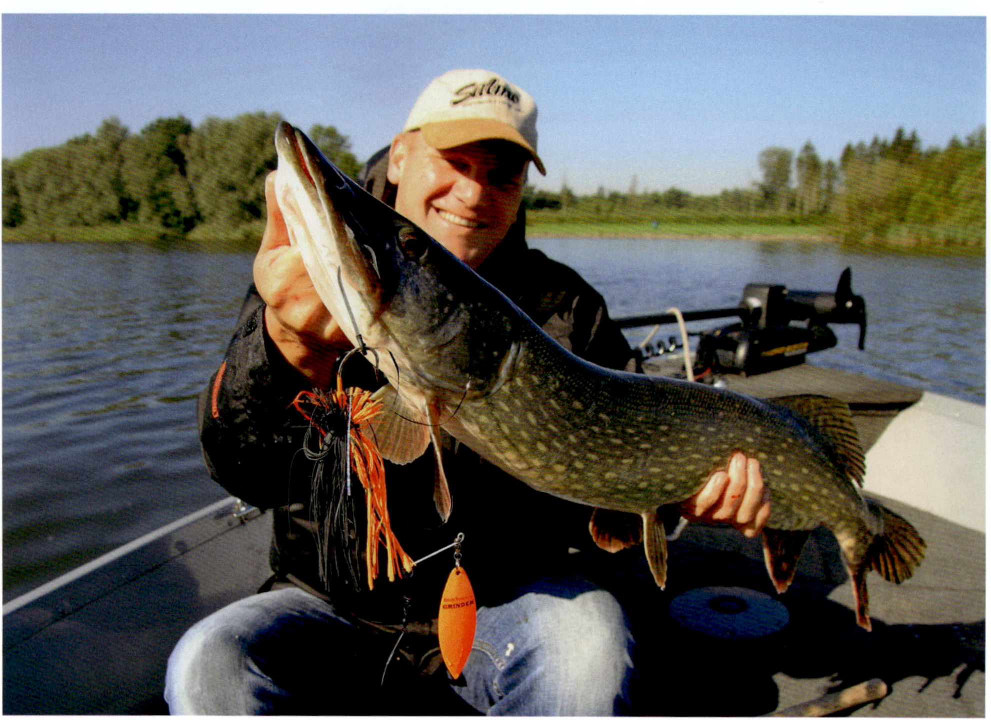

Foto oben: Große Spinnerbaits sehen nicht aus, als würden sie irgendeine Beute imitieren, aber viel wichtiger ist, dass sie fangen.

Foto unten: Beim Oberflächenangeln ist natürlich nicht nur der Biss, sondern auch der ganze Drill atemberaubend.

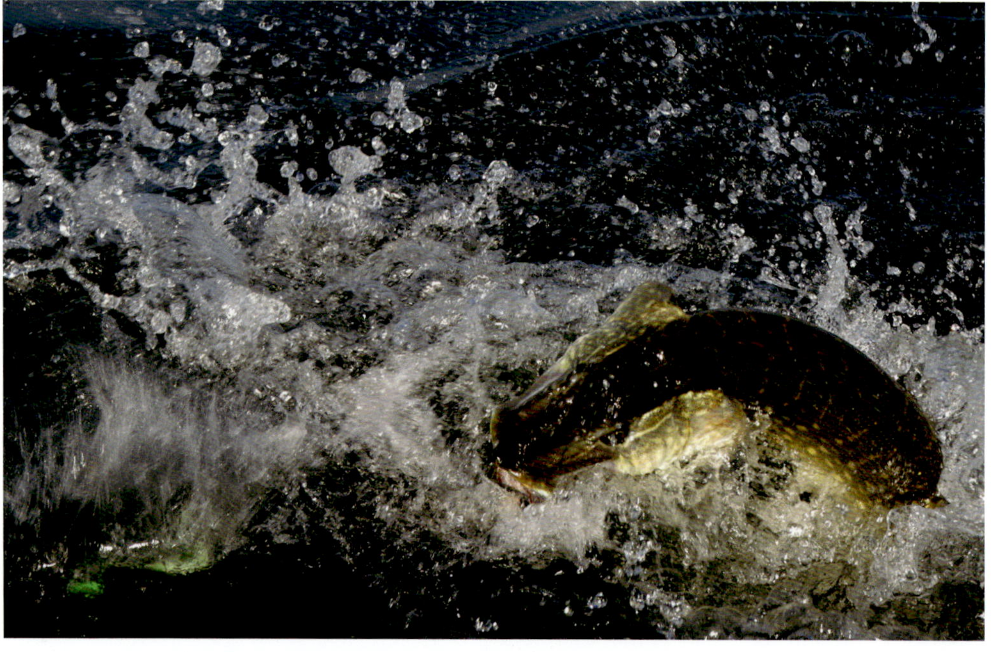

kann. Popper werden am besten mit kurzen harten Schlägen der Rute durch das Oberflächenwasser geführt. Dabei taucht der Popper kurz ein, wobei der das Wasser aufspritzen lässt und das charakteristische knallende Geräusch erzeugt. Popper sind sehr einfach zu führen, zumal man genau sehen und hören kann, ob er richtig läuft. Einer der besten Popper ist der Splasher von Sébile, den es in unterschiedlichen Größen gibt. Deshalb gibt des sowohl für die Polder als auch die großen Seen das passende Modell. Ein sehr guter Popper ist auch der Rattling Chug Bug von Storm. Die größte Ausführung dieses Köders ist ideal für Polder wie große Seen. Selbst in den Wintermonaten kann man mit den genannten Poppern noch in den Poldern fangen. Das einzige, was man beim Angeln mit Poppern bedenken muss, ist die geringe Auftriebskraft der kleinsten Modelle. Wenn man sie an einem zu schweren Vorfach fischt, kann es sein, dass sie untergehen oder zumindest nicht ihren besten Lauf vollführen.

Verwenden Sie in dem Fall also leichtes Vorfachmaterial wie Titanium mit einer Tragkraft um 10 Kilo. Das Material ist sehr leicht und damit bestens geeignet für kleine Popper.

➤ Propellerbaits

So einfach wie Popper sind auch Oberflächenköder mit einem oder zwei kleinen Propellern einzusetzen. Auch diese Köder gibt es in unterschiedlichen Größen, also

Dieser Hecht bringt noch ein bisschen von den Pflanzen mit, zwischen denen er stand.

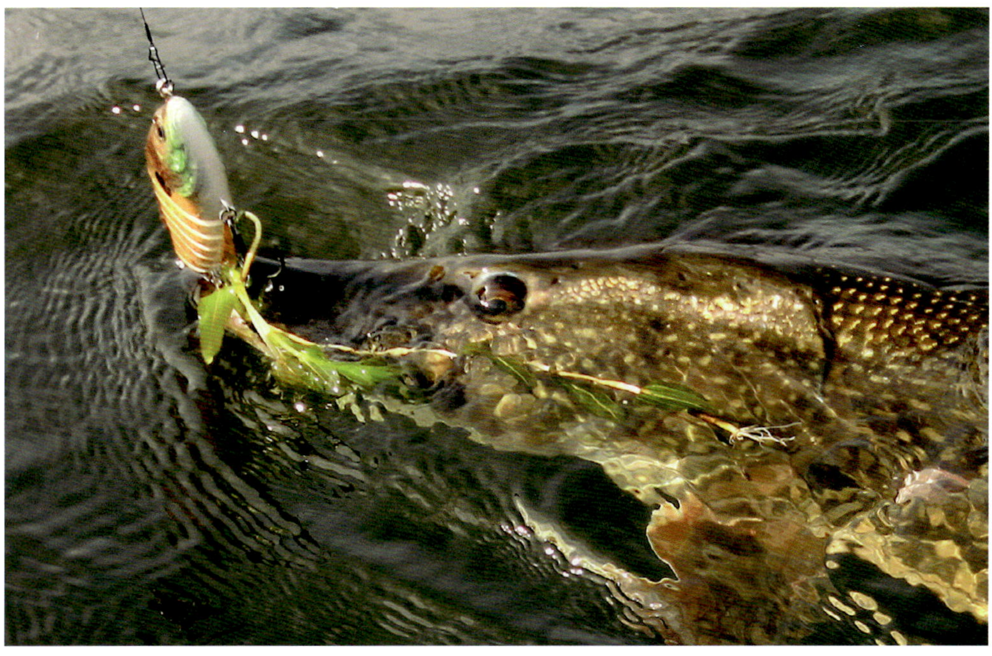

auch immer in einer Größe, die für unsere Gewässer geeignet ist. Es gibt sogar noch mehr Modelle als von den Poppern. Einer meiner Favoriten ist der Whopper Plopper von River2Sea, den es in zwei verschiedenen Ausführungen gibt. Beide eignen sich sehr gut zum Angeln auf großen Gewässern. Ein sehr wirkungsvoller Köder ist auch Buchers Top Raider. Er läuft nicht nur gut, er ist auch gut bezahlbar. Mit den Propellerbaits muss man nichts anderes machen, als sie auszuwerfen und in einem gleichmäßigen Tempo einzuholen. Die Propellerbewegungen erzeugen solch einen Lärm an der Oberfläche, dass der Köder gar nicht übersehen werden kann. Und damit verschafft er einem so manchen Hecht, den man auf andere Weise sicher nicht bekommen hätte. Einen kleinen Nachteil haben diese Köder, wenn zarte Pflanzenteile frei im Wasser schwimmen. Dann kann es nämlich passieren, dass der Propeller dadurch behindert wird oder das Grünzeug aufwickelt und zum Stillstand kommt.

Häufig wird behauptet, dass Oberflächenköder am besten fangen, wenn es windstill ist. Das halte ich für ein Gerücht. Denn gerade, wenn ein bisschen Wind das Was-

Sogar Meter-Hechte lassen sich mit Topwater-Ködern an die Oberfläche locken.

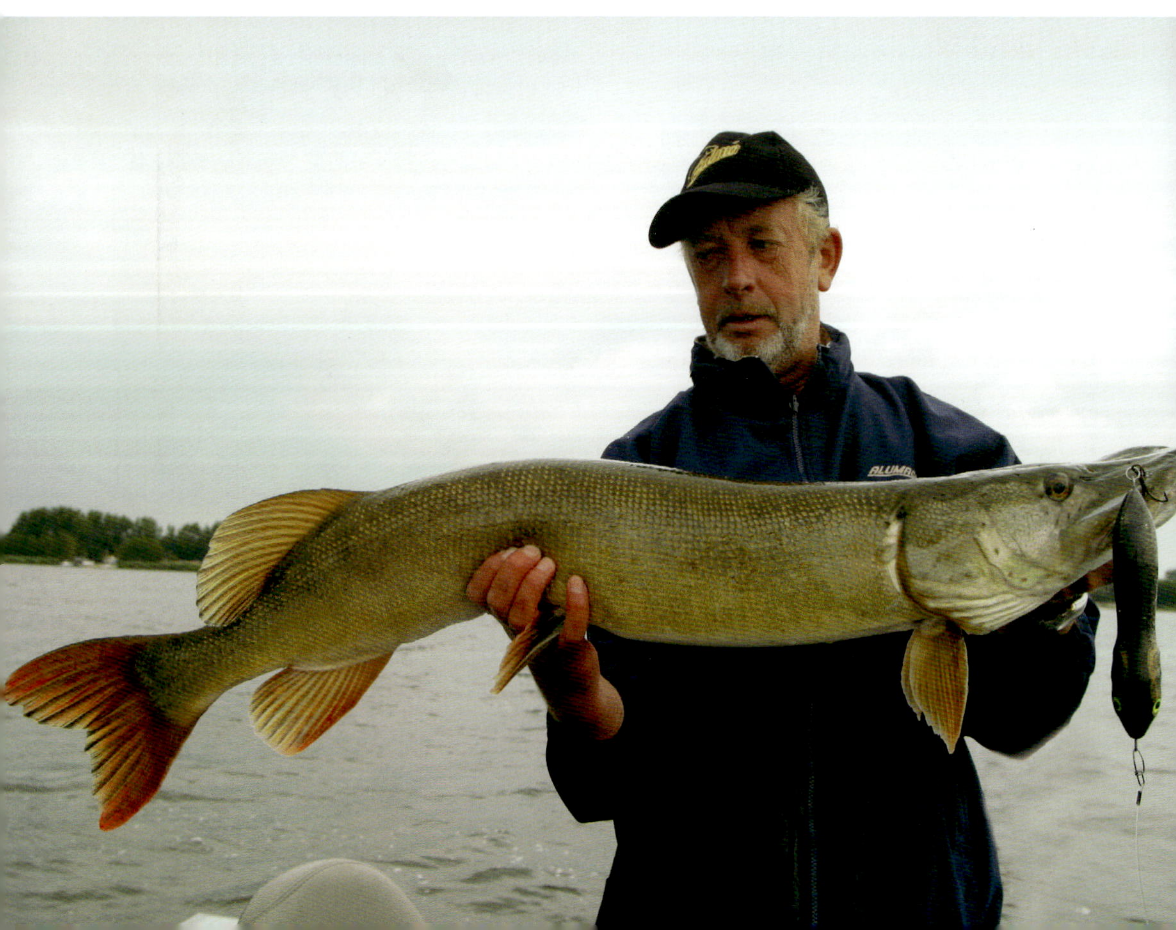

ser beunruhigt und die Pflanzen teilweise unter Wasser drückt, lassen sich mit den Oberflächenködern besonders gute Fänge erzielen. Ob Popper oder Propellerbaits, mit beiden Modellen habe ich schon sehr gut Hechte an der Oberfläche zum Biss verführt.

➤ Stickbaits (Spooks)

Aber noch besser als diese beiden sind nach meinen Erfahrungen die so genannten Spooks.

Spooks sind eigentlich nichts anderes als schwimmende Jerkbaits vom Typ Glider, man kann sie auch als Stickbaits bezeichnen. Spooks haben eine denkbar einfache Form, sie sehen eigentlich nicht anders aus als eine Zigarre. Und einige sind auch ungefähr so lang, denn die Spooks sind tatsächlich auffällig lange Köder. Es gibt auch kürzere Modelle, beispielsweise den Jimmy Houston Super Spook von Heddon. Mit diesem Spook habe ich sogar noch zwischen den Eisschollen auf den Poldern Hechte gefangen. Für große Gewässer erscheint mir dieser Spook ein bisschen zu klein. Deshalb setze ich dort größere Modelle ein, zum Beispiel den Doc von Pete Maina. Diesen Spook mit rasselnden Kugeln gibt es in zwei Größen. Das ist einer der besten Spooks überhaupt, und ich habe mit ihm schon einige kapitale Hechte gefangen.

➤ Auf den richtigen Anhieb kommt es an

Mit all den genannten Kunstködern verfügen Sie über eine ganze Reihe von Verführern, die Sie über den Pflanzen einsetzen können. Und dabei werden Sie ganz sicher Bissattacken erleben, die Sie nie wieder vergessen werden. Die Bisse sind oft wie eine Explosion an der Oberfläche, und nicht selten hat man die Gelegenheit, den Hecht aus weiter Entfernung kommen zu sehen. Mit einer großen Bugwelle schwimmt er dann auf den Köder zu. Dann kommt der Biss und der Anhieb – mit dem man nur ein Loch in die Luft schlägt. Das ist das große Problem beim Angeln mit Oberflächenködern: Auf den richtigen Moment zu warten, um den Anhieb zu setzen. Bei einem Biss an der Oberfläche dürfen Sie den Anhieb erst setzen, wenn Sie den Biss in der Rute

Sieht nicht viel anders aus als eine Zigarre, aber solch ein Spook bewegt sich besser und fängt besser.

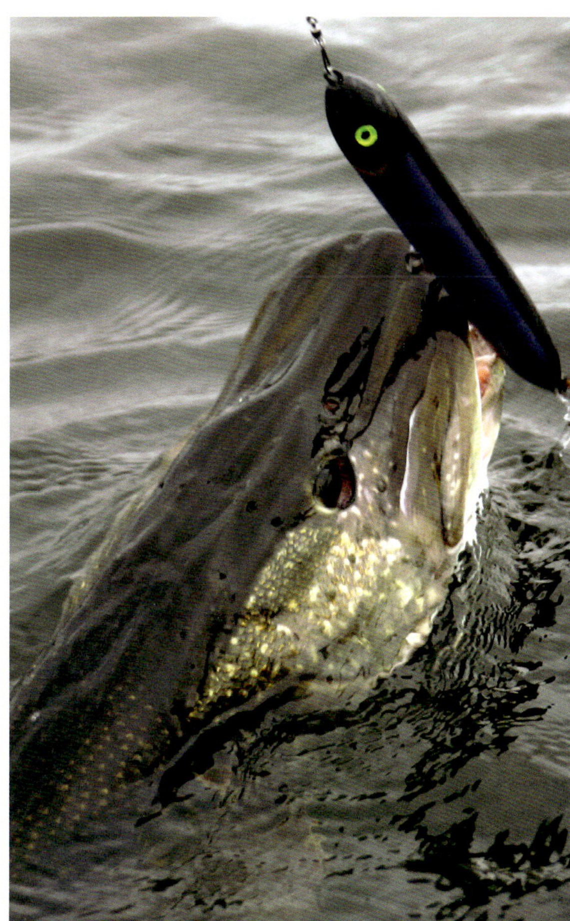

spüren. Wenn Sie vor dem Anhieb keinen Kontakt spüren, dann haben Sie danach auch keinen Fisch am Haken. Auch dann nicht, wenn es ein riesiges Spektakel bei Ihrem Köder gegeben hat. Bewahren Sie die Ruhe bei einem Biss an der Oberfläche, bis Sie den Fisch in der Rute spüren. Setzen Sie erst dann den Anhieb, und Sie haben eine große Chance, den Fisch auch zu haken.

➤ Systematisch schleppen

Das Schleppen ist in den Niederlanden eine sehr populäre Art des Raubfischangelns. Der größte Teil der kapitalen Fische wird sicherlich beim Schleppen gefangen. Das darf einen eigentlich gar nicht verwundern. Denn beim Schleppen ist der Köder pausenlos im Wasser, außerdem kann man dabei auch immer noch eine zweite Rute einsetzen. Obwohl viele das Schleppangeln als eine einfache Methode abwerten, kann es auch sehr schwierig sein, wirklich gut und erfolgreich zu schleppen. Die Schwierigkeit beim Schleppen besteht in den Gewässerstrukturen. Denken Sie daran, dass viele der Seen in den Niederlanden künstlich entstanden sind. Die Bodenstrukturen sind deshalb oft vollkommen unbere-

Oberflächenködern muss man vertrauen. Wer dabei geduldig ist, wird irgendwann mit solch einem Hecht belohnt.

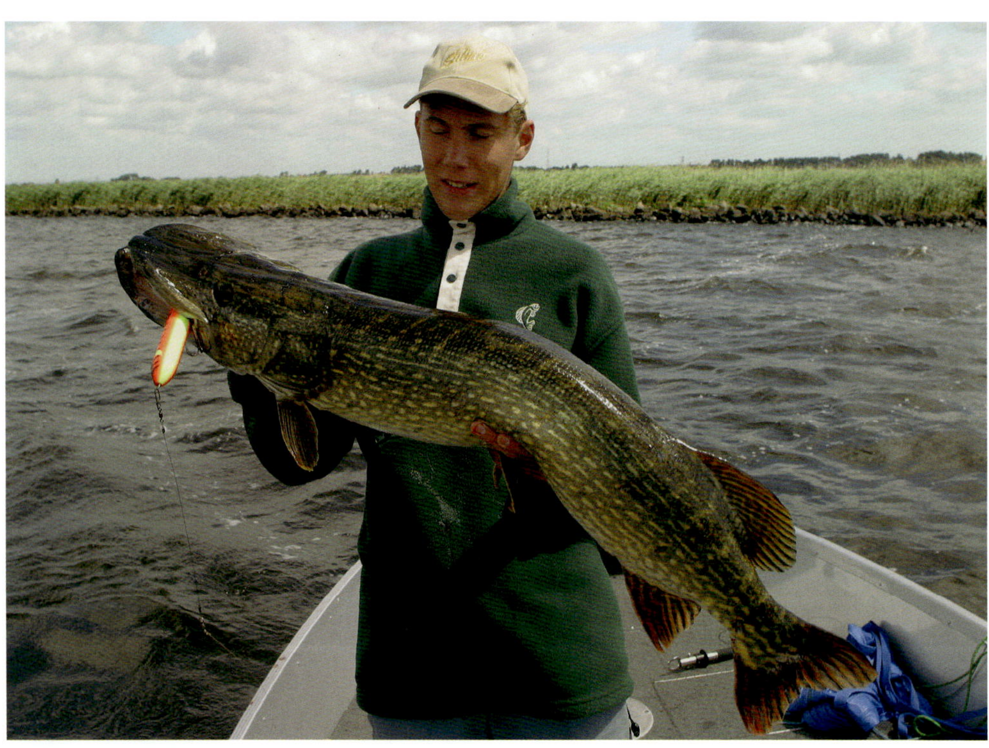

chenbar, und bestimmten Strukturen beim Schleppen zu folgen, wird zu einer echten Herausforderung. Des gilt insbesondere dann, wenn man dabei mit vier unterschiedlichen Kunstköder schleppt und versucht, diese so dicht wie möglich an den Kanten entlang zu führen, ohne dass sie dabei irgendwo hängenbleiben. Wer das zu perfektionieren versucht, weiß, wie schwierig Schleppen sein kann.

➤ Bootstaktik beim Schleppen

Die Grundlage beim Schleppen bildet natürlich das Boot. Dabei ist es sehr wichtig, wie die beteiligten Personen in dem Boot sitzen. Schon oft habe ich Angler schleppen sehen, bei denen der Steuermann hinten am Außenborder saß – das geht natürlich auch nicht anders – und der zweite Mann ganz vorne am Bug des Bootes. Das ist nicht sonderlich problematisch in einem kleinen, kurzen Boot. Sobald das Boot aber eine gewisse Länge hat, tauchen die Probleme auf.

Es ist ein bisschen Geometrie: Wenn der Steuermann stärker in die Kurve geht, weil er so einem Kantenverlauf folgt und das Boot in der gewünschten Tiefe halten will, besteht die Gefahr, dass die Schnur oder die Schnüre des Anglers, der vorne im Boot

Auf vielen Großgewässern wird gerne geschleppt. Das sieht einfach aus, ist es aber nicht, wenn man´s richtig machen will.

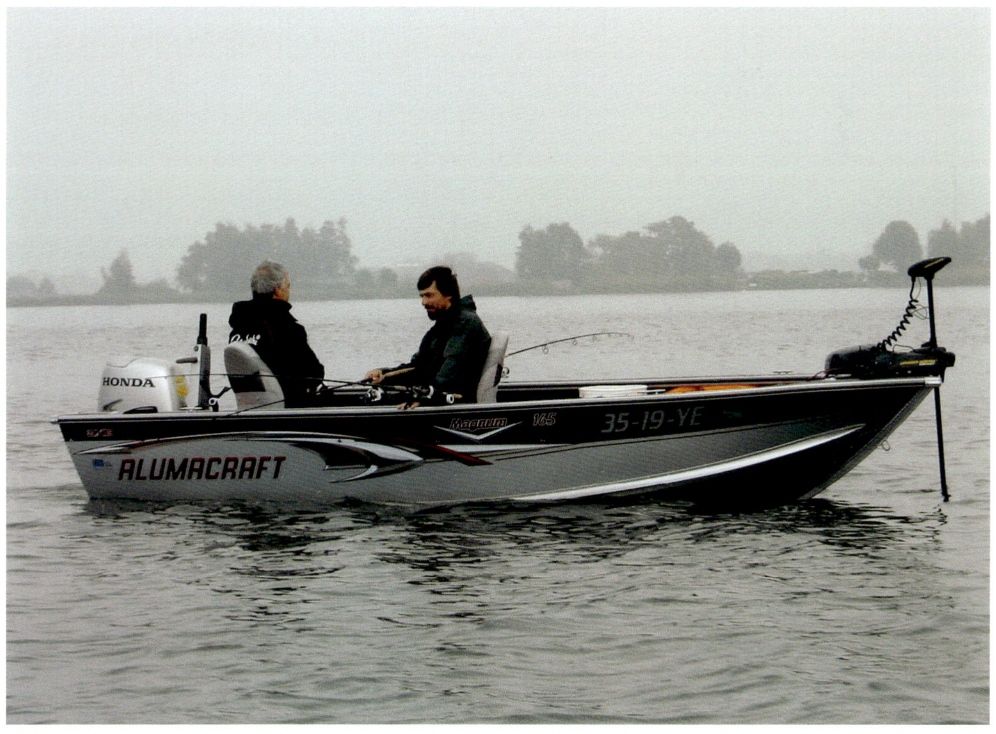

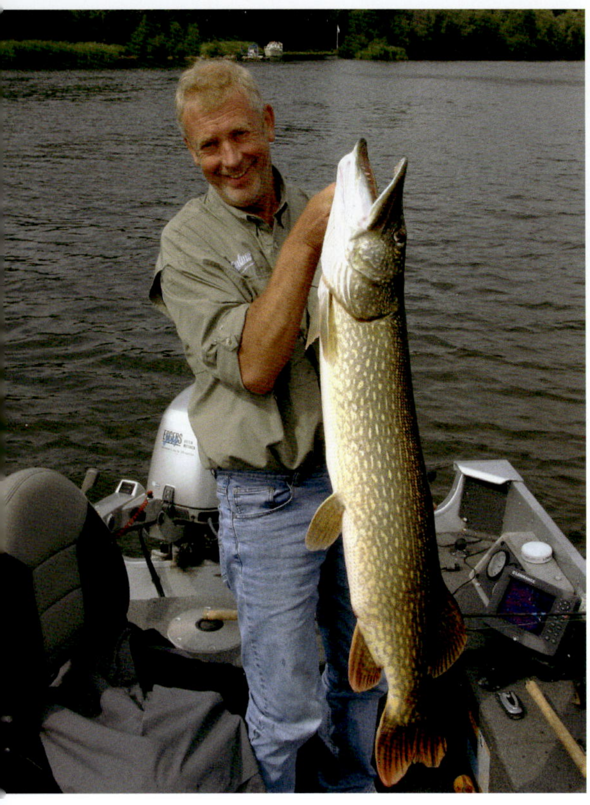

Bei Schleppen sucht man systematisch viel Wasser ab. Dabei stößt man auch auf Hechte wie diesen.

sitzt, unter das Boot geraten. Und damit besteht wiederum die Gefahr, dass seine Schnur in den Propeller des Außenborders kommt. Was das bedeutet, muss ich wohl nicht weiter ausführen. Wenn auch der zweite Mann weiter hinten sitzt und seine Schnüre damit in einem günstigeren Winkel zum Bootsheck verlaufen, ist die Gefahr, dass sich Schnüre im Motor verfangen, weitaus geringer oder sogar ganz gebannt. Aber schauen wir uns einmal genauer an, wie man mit zwei Personen systematisch und geordnet schleppt.

Wir gehen davon aus, dass zwei Angler mit jeweils zwei Ruten schleppen. Dabei hat jeder Angler eine Rute in der Hand und eine Rute im Rutenhalter. Die Rute im Halter ist immer die jeweils längere. Sie sollte mindesten 2,40 Meter lang sein, besser noch 2,70 Meter. Die Spitze dieser Rute ragt dann immer noch deutlich über zwei Meter über die Bootswand zur Seite hinaus. Der Steuermann und der zweite Mann stecken also auf ihrer Seite jeweils eine lange Rute in den Rutenhalter. Nehmen wir einmal an, das Boot ist zwei Meter breit, dann liegen die Spitzen der beiden Ruten in den Halterungen also immerhin mehr als sechs Meter auseinander. Die beiden Rutenhalter sollten dabei ungefähr auf einer Höhe angebracht sein. An diesen beiden Ruten in den Haltern wird mit schwimmenden Kunstködern geangelt, also in der Regel mit Wobblern, die nicht allzu tief laufen.

➤ Die Köderwahl beim Schleppen

Einer der allerbesten Wobbler für diese Zwecke ist der 14 Zentimeter große schwimmende Fatso von Salmo. Dieser Wobbler taucht bis in eine Tiefe von ungefähr drei Meter. Am besten lässt man ihn rund 20 Meter hinter dem Boot laufen. Selbstverständlich gibt es viele andere Wobblermodelle, die ebenfalls gut geeignet sind für diese Art des Schleppens. Sie können da aus einer Vielzahl von Wobblern auswählen, die nicht allzu tief laufen. Die Rute im Halter, mit der dieser Wobbler angeboten wird, verrichtet ihre Arbeit eigenständig. An ihr läuft der Köder einfach mit und beschert einem so manch einen Bonus-Fisch,

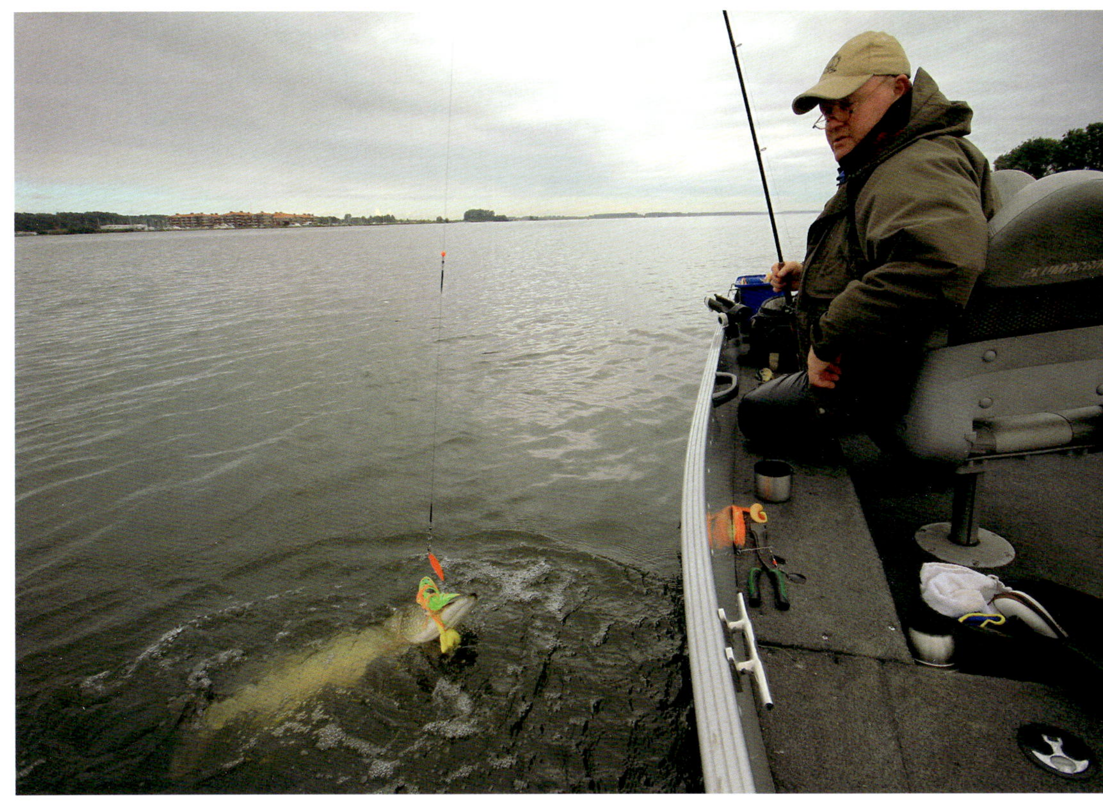

Spinnerbaits sind in den Niederlanden sehr beliebt, und zwar auch beim Schleppangeln.

aber wichtiger ist eigentlich die Rute, die man beim Schleppen in der Hand hält.

➤ Einsatz der kürzeren Ruten

Bei einem Abstand von sechs Metern zwischen den beiden Schnüren der Ruten in den Halterungen ist dazwischen noch viel Platz für zwei weitere Köder. Und die werden an den Ruten geführt, die die beiden Angler in der Hand halten. Mit diesen Ruten wird aktiver geangelt, und weil sie zwischen den beiden anderen Schnüren eingesetzt werden, sind die Ruten kürzer, das heißt 1,80 bis 2,10 Meter lang. Diese Ruten müssen selbstverständlich stark genug sein, um damit auch schwere Kunstköder einsetzen zu können. An diesen Ruten können Sie auch gerne sinkende Kunstköder einsetzen, zum Beispiel schwere Gummifische oder große Spinner. Auf jeden Fall muss der Köder an der Rute, die Sie in der Hand halten, tiefer laufen als der an der Rute im Halter. Außerdem soll er auch dichter hinter dem Boot laufen als der andere Köder.

➤ Zusammenspiel der verschiedenen Ruten

Während der Köder an der langen Rute

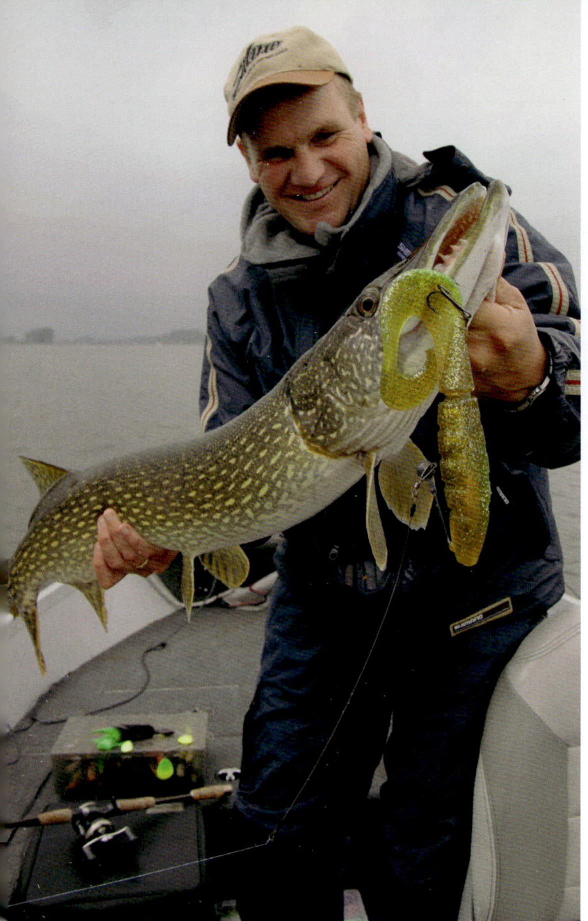

Beim Schleppen kann man mal riesige Gummiköder einsetzen, die zum Werfen nicht geeignet sind.

Der Gummifisch fürs Hechtangeln wird natürlich auch mit einem Stinger mit Zusatzdrilling versehen. Bissfestes Material ist eine Selbstverständlichkeit.

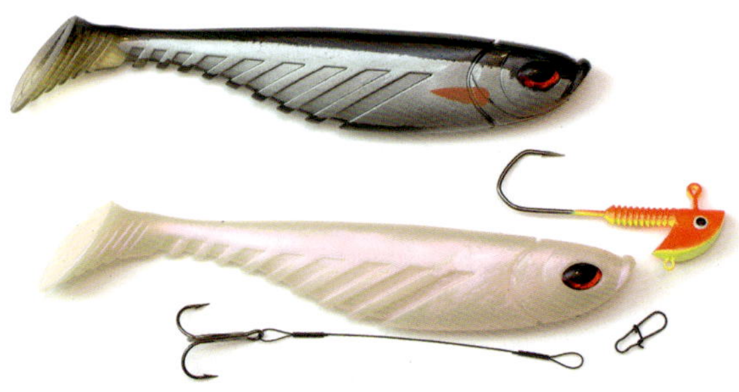

rund 20 Meter hinter dem Boot in einer Tiefe um 3 Meter läuft, sollte der Köder an der Rute in Ihrer Hand nur 15 oder noch weniger Meter hinter dem Boot laufen und auf jeden Fall tiefer als 3 Meter abtauchen. Warum diese Anordnung? Das ist leicht erklärt: Alle Schnüre laufen jetzt nämlich so, dass sie sich nicht ineinander verfangen und auch nicht in den Motor kommen können. Die beiden Köder an den Ruten in den Händen der Angler kommen sich ohnehin nicht in die Quere, und die anderen beiden Köder kreuzen über den Schnüren der dichter am Boot laufenden Köder. Selbst bei einem scharfen Manöver des Steuermanns kann da nichts passieren. Wichtig ist aber, dass Sie nicht in Panik geraten, wenn Sie sehen, dass sich Schnüre kreuzen. Denn dadurch passiert zunächst einmal noch gar nichts, weil die Köder der Schnür in unterschiedlichen Entfernungen und Tiefen laufen. Wenn das Boot wieder ein Stück geradeaus gefahren ist, haben sich die Schnüre wieder schön voneinander gelöst und laufen wieder sauber parallel.

➤ Extratipp zu Ködertaktik

Selbst wenn Sie sich streng an die Vorgaben zu Entfernung und Lauftiefe der Köder halten, haben Sie noch viele Möglichkeiten, mit unterschiedlichen Ködern zu variieren. Sie sind also immer noch recht flexibel. Nur eins sollten Sie unbedingt immer beachten: An den Ruten in den Haltern müssen immer schwimmende Köder angeboten werden. Das hat noch einen weiteren wichtigen Grund. Sie werden sicherlich viele Fische mit der Rute im Halter fangen, aber

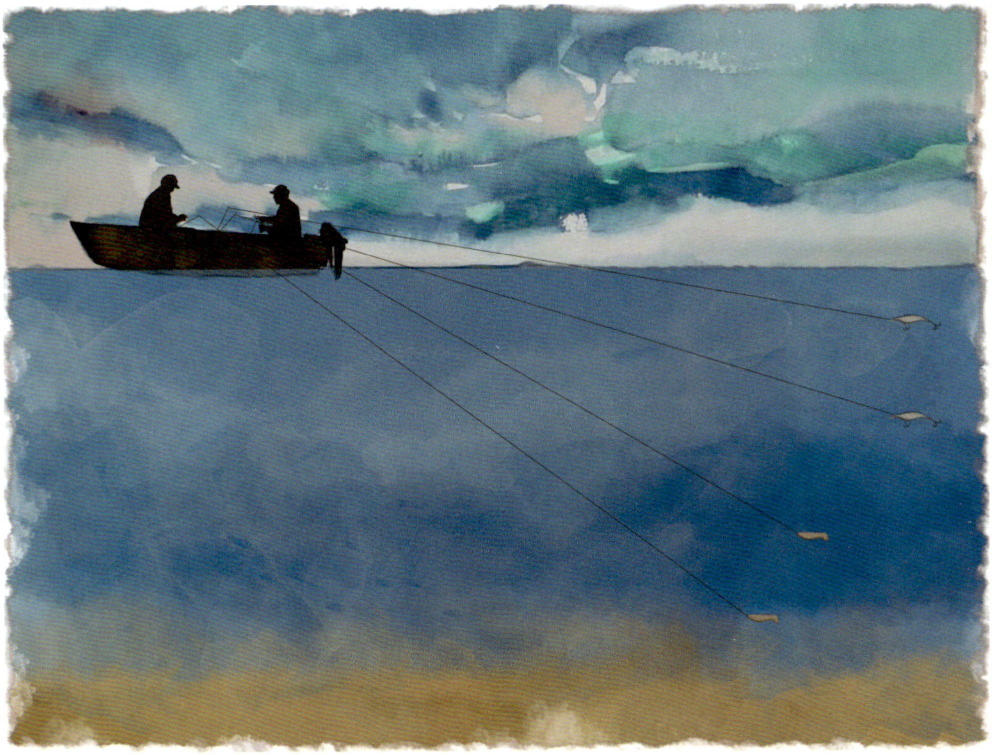

Taktik beim Schleppen: Unterschiedliche Rutenlängen sowie Tauchtiefen der Kunstköder halten die Schnüre bei allen Manövern sicher auseinander.

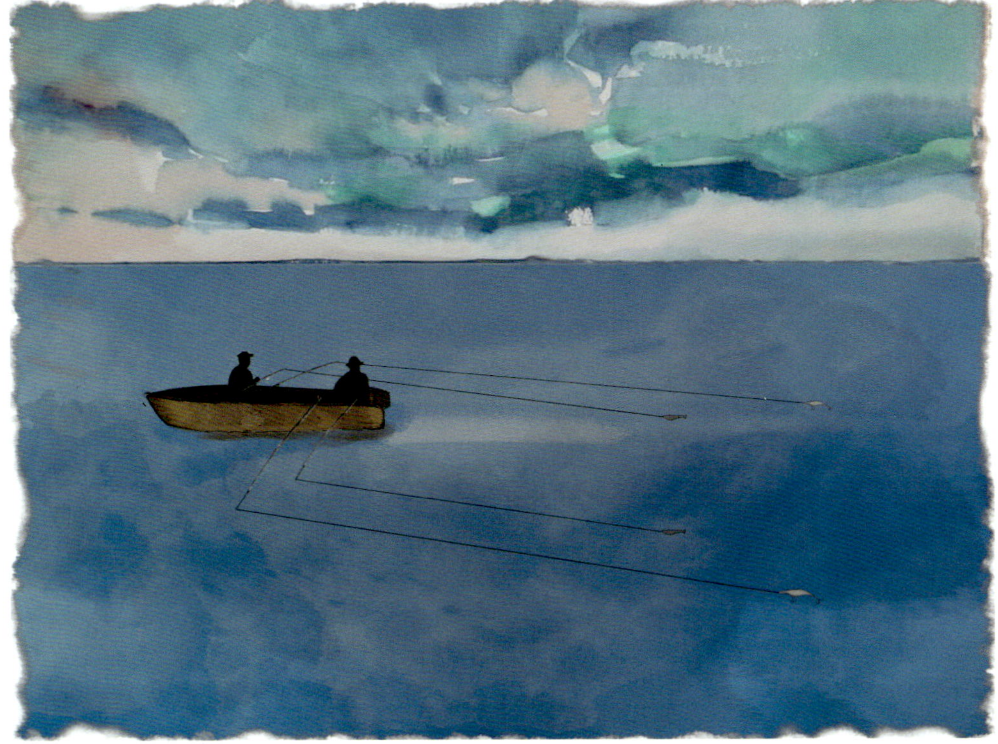

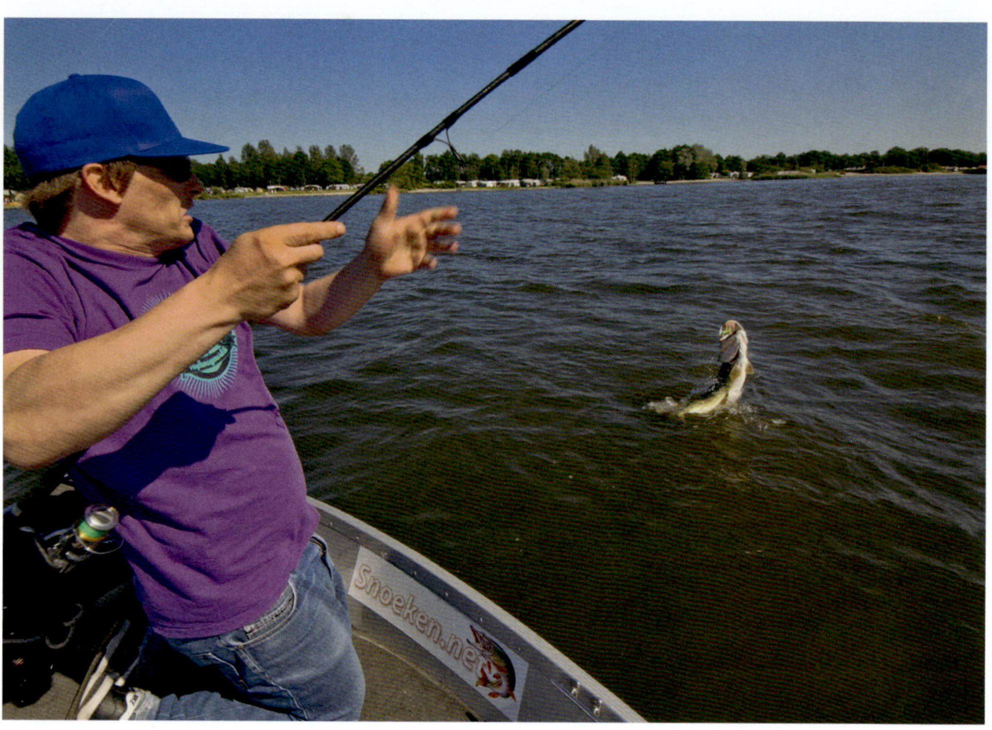

Foto oben: Nicht erschrecken, wenn solch eine Granate aus dem Wasser kommt. Hechte dieses Kalibers gibt es mehr, als man denkt.

Foto unten: Auch auf den Poldergewässern wird geschleppt. Die Methode funktioniert schließlich auf allen Gewässern.

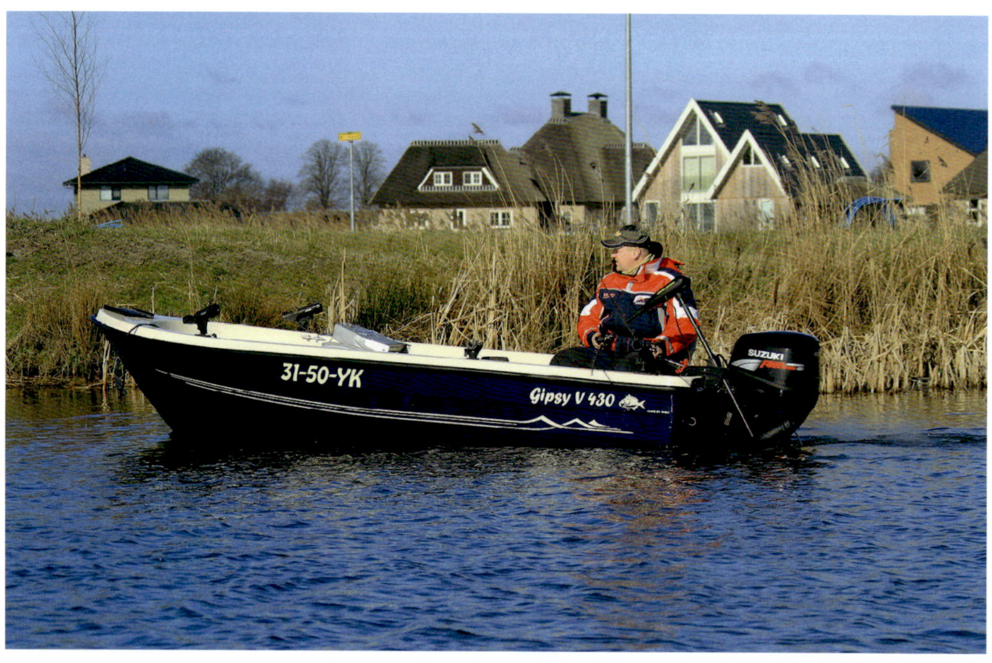

weil Sie mit der Rute in Ihrer Hand aktiver fischen können, werden Sie damit auf Dauer mehr Hechte ins Boot holen.

➤ Wenn der Fisch beißt

Sobald einer der beiden Angler im Boot einen Fisch an seiner Rute in der Hand spürt, wird der Motor in den Leerlauf gestellt. Während der eine Angler drillt, sorgt der andere dafür, dass die anderen Schnüre so schnell wie möglich eingeholt werden, damit es kein Chaos gibt. Dabei ist es eine Erleichterung, dass die Köder an den Ruten in den Halterungen schwimmen und dementsprechend nach oben kommen, wenn das Boot steht. Diese Köder werden sich also nirgendwo festsetzen und können dementsprechend problemlos nacheinander eingeholt werden. Stellen Sie sich vor, was passieren würde, wenn Sie an allen Ruten sinkende Köder hätten. In Kürze hätten Sie einen Fisch im Drill und dazu drei Hänger. Da das aber nicht passieren wird, können Sie ihre volle Aufmerksamkeit dem Drill widmen.

Drillen Sie den Fisch immer so, dass das Boot vom Fisch wegdriftet. Ansonsten würden Sie irgendwann während des Drills über den Fisch hinweg driften, und das gilt es natürlich zu vermeiden. Gewöhnlich kann man, wenn man einen Fisch gehakt hat, sehr schnell erkennen, in welche Richtung die Drift gehen wird und wo der Fisch hinzieht. Führen Sie ihn, wenn es sein muss, möglichst früh so um das Boot herum, dass Sie ihn in der Abdrift drillen können. Das erleichtert Ihnen und Ihrem Kollegen im Boot die Sache.

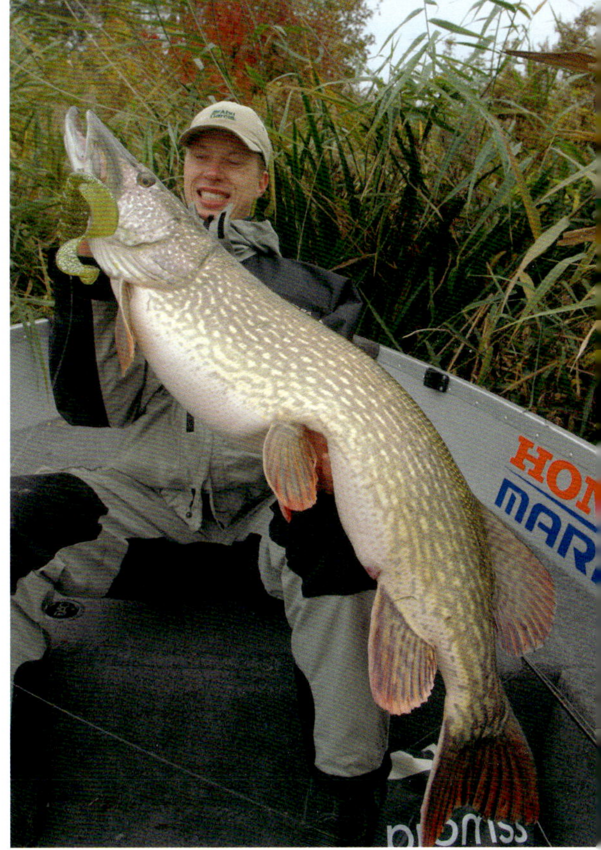

Gar nicht so selten bestätigt sich beim Schleppen die Regel, dass große Köder große Fische fangen.

➤ Mit totem Köderfisch

Wer als Gastangler in die Niederlande kommt, hat nicht unbedingt ein Boot dabei, und er wird sich auch an vielen Gewässern kein Boot mieten können. Das bedeutet, er wird vom Ufer aus angeln. Und genau dabei bestehen gute Fangchancen mit dem toten Köderfisch und zwar auch auf richtig große Hechte. Es gibt viele schöne Seen, die nicht allzu groß sind und einen guten Hechtbestand haben, an denen es keine Boote zu mieten gibt. Es handelt sich dabei um Seen von 50 bis 100 Hektar Wasserfläche, an denen man sehr gut vom Ufer aus

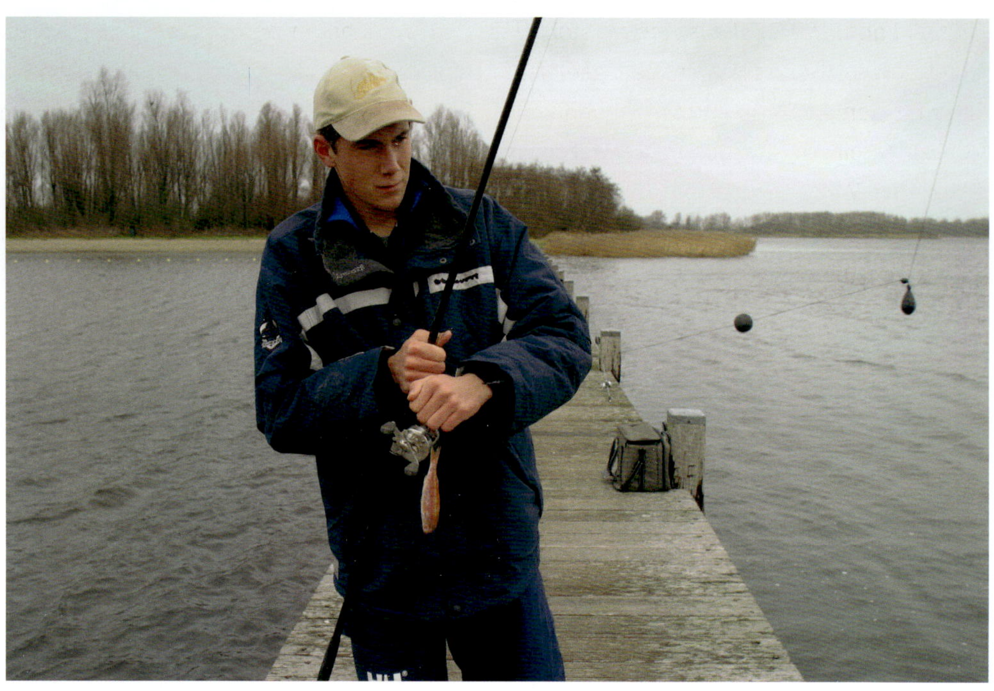

Foto oben: Mit totem Köderfisch hat man selbst an großen Gewässern gute Chancen vom Ufer.

Foto unten: Vier sehr empfehlenswerte Köderfische auf Hecht (von oben): Stint, Sardine, Makrele und Hering.

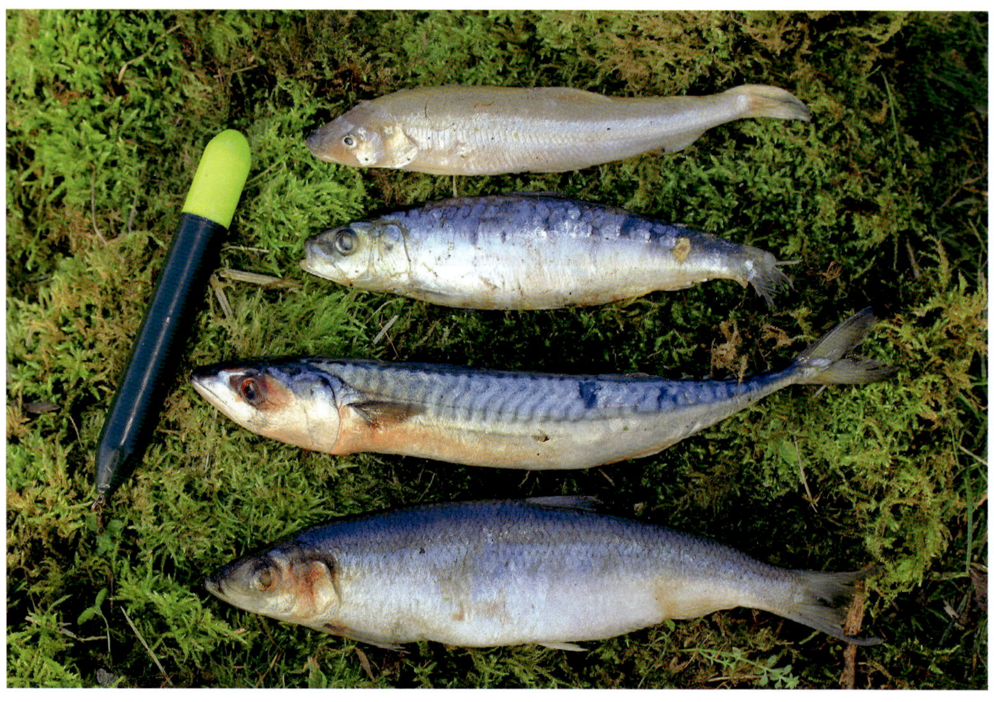

angeln kann. *Het Twiske* ist ein Musterbeispiel solcher Seen, die bestens geeignet sind für den Ansitz mit totem Köderfisch. Wie solch eine Ansitz und das Gerät dazu aussieht? Wer schon einmal auf Karpfen geangelt hat oder zumindest weiß, wie es bei den Karpfenanglern am Angelplatz zugeht, der kann sich eine Vorstellung vom Ansitz auf Hecht machen. Denn die Methode und die verwendeten Geräte sind in beiden Fällen sehr ähnlich. Nur dass man zum Hechtangeln noch die Montagen für den toten Köderfisch braucht.

➤ Vorbereitung auf ein neues Gewässer

Wenn Sie zum ersten Mal an ein Gewässer kommen, kennen Sie dieses natürlich noch nicht aus eigener Erfahrung, und Sie haben auch nicht genug Zeit, sich ausgiebig mit ihm zu befassen. Vor nicht allzu langer Zeit hatte man damit ein echtes Problem, denn wie und wo sollte man nun anfangen? Heute ist das nicht mehr solch ein schwerwiegendes Problem. Denn das Internet hat die Welt kleiner gemacht, und mithilfe der Aufnahmen auf Google kann man sich schon aus der Ferne ein ganz ordentliches Bild von einem Gewässer machen und einschätzen, wo man dort ganz gute Fangchancen haben müsste.

Das erste, was man also tun sollte, bevor man zum Ansitz an ein fremdes Gewässer fährt, ist Karten anschauen und überlegen, wo dort gute Stellen sein dürften. Natürlich bedenkt man dabei auch den Wind und die Windrichtung. Gerade wenn man schwere Köderfische auswerfen muss, kann es sehr hilfreich sein, wenn man dabei Rückenwind hat. Ansonsten besteht die Gefahr, dass man den Köder nicht einmal dahin bekommt, wo er hin soll. Wer ernsthaft und häufiger mit totem Köderfisch auf Hecht angeln will, sollte sich Gedanken über die Anschaffung eines Futterbootes machen. Das ist ein hilfreiches Instrument, nicht nur zum Ausbringen des Köders. Ein Futterboot mit Tiefenmesser gibt einem auch wichtige Informationen über den Bodenverlauf. In Verbindung mit einem GPS haben Sie sogar die Möglichkeit, den Platz, an dem der Köder liegen soll, ganz genau anzusteuern. Und das beliebig oft, falls es sich um einen guten Platz handelt, an dem Sie auch später noch einmal wieder einen Köder anbieten wollen.

Wenn Sie nicht über die moderne Technik verfügen, müssen Sie mit Pose und Blei loten, um einen Eindruck von der Tiefe und der Bodenstruktur des Platzes zu bekommen. Einen ganzen Gewässerbereich auszuloten, ist eine ganz schöne Arbeit, das weiß ich aus eigener Erfahrung. Aber ich weiß auch, dass sich diese Arbeit lohnt. Denn wenn der Köder einmal ausgelegt ist, liegt er einige Zeit, und es wäre schade, wenn er an einer schlechten Stelle liegt, an der kein Hecht ihn findet. Stellen, nach denen wir suchen, sind Kanten und Vertiefungen. Dabei muss der Boden nicht einmal ein besonders starkes Gefälle aufweisen, wichtig ist, dass er innerhalb der Umgebung eine Veränderung darstellt. In einem Bereich mit weitgehend gleicher Wassertiefe und ebenem Boden kann eine leichte Senke schon einen großen Unterschied ausmachen und einen Anziehungspunkt für die Fische darstellen. Wir suchen also in erster Linie nach Stellen, an denen es gegenüber der Umgebung ein bisschen oder auch etwas mehr nach unten geht. Wenn wir eine gute Stelle gefunden haben, können wir eine Rute schon einmal startklar machen und den ersten Köder auslegen. Den zweiten Platz können wir dann immer noch in Ruhe erkunden. Das stört keinen Hecht, wenn in der Nähe des einen Köders noch ein bisschen ausgelotet wird. Deshalb können wir sogar dann, wenn beide Köder ausliegen, noch weiter Loten – mit einer dritten Rute. Das ist nicht verboten, denn eine Rute, an der sich nur Pose und Lotblei befinden, gilt nicht als Rute, mit der geangelt wird. Und weitere Erkundungen der Umgebung, während man auf den ersten Anbiss wartet, schaden nicht. Schließlich lernt man dadurch das Gewässer besser kennen und findet vielleicht noch die eine oder andere gute Stelle.

➤ Das Anfüttern

Beim Ansitzangeln spielt das Anfüttern eine wichtige Rolle. Das ist beim Karpfenangeln so, aber auch beim Ansitz auf Hecht. Vorfüttern lockt die Hechte an den

Der Ansitz mit der Grundmontage bringt auch richtig starke Fische an den Haken.

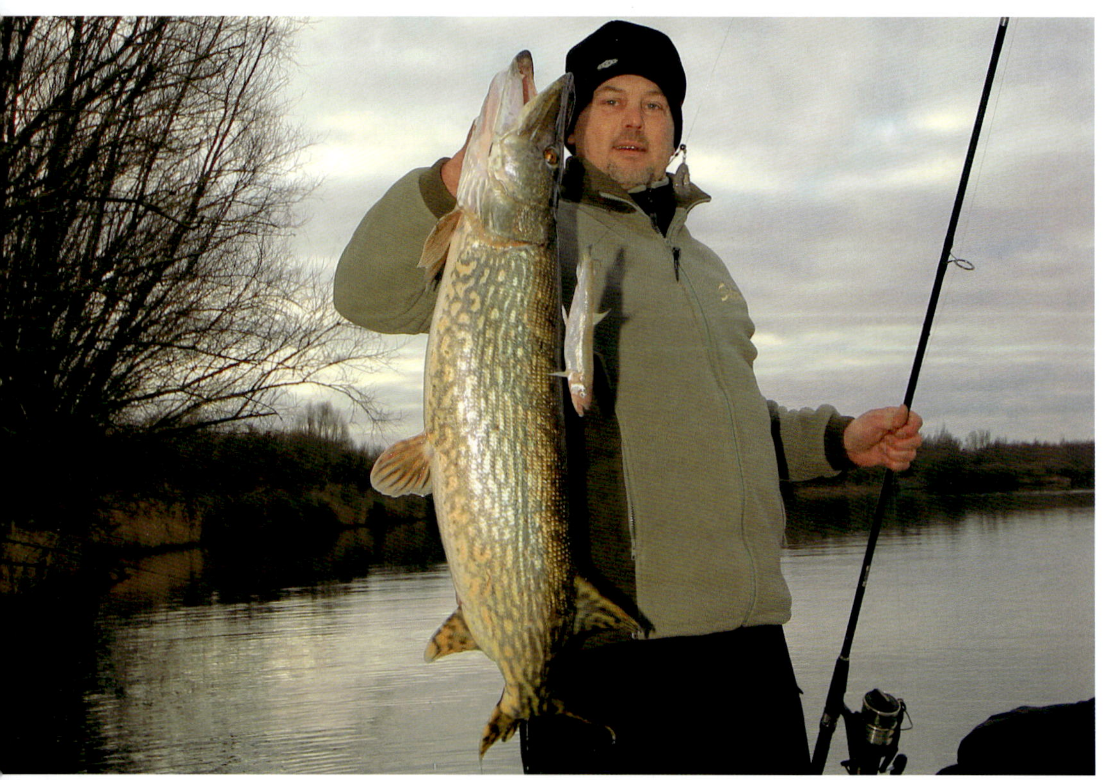

Platz, und wiederholtes Füttern führt dazu, sie an den Platz zu gewöhnen. Wenn die Hechte ein paar der angefütterten Fischstücke gefressen haben, haben sie auch mehr Vertrauen und nehmen leichter das Stück an unserer Rute. Wenn Sie also eine gute Stelle gefunden haben, dann sollten Sie dort auch anfüttern. Angefüttert wird mit kleinen ganzen Fischen oder Fischstücken, auf jeden Fall sollten die Portionen, mit denen angefüttert wird, kleiner sein als die Portion am Haken. Beim Anfüttern ist man wieder leicht im Vorteil, wenn man über ein Futterboot verfügt, das man genau an den Futterplatz manövrieren kann. Ansonsten ist ein bisschen Wurfübung gefragt. Eine andere Möglichkeit besteht darin, mit einem Katapult anzufüttern. Viele Raubfischangler nutzen dieses Gerät beim Anfüttern. Die Verwendung des Katapults ist in den Niederlanden allerdings nicht gestattet, das will ich der Ordnung halber nicht unerwähnt lassen.

➤ Die Grundmontage

Es gibt verschiedene Möglichkeiten, einen toten Köderfisch anzubieten. Die erste Variante ist die statische, bei der der Köder-

Ruten auf dem Rodpod, das sieht aus wie beim Karpfenangeln. Aber so werden auch Hechte gefangen.

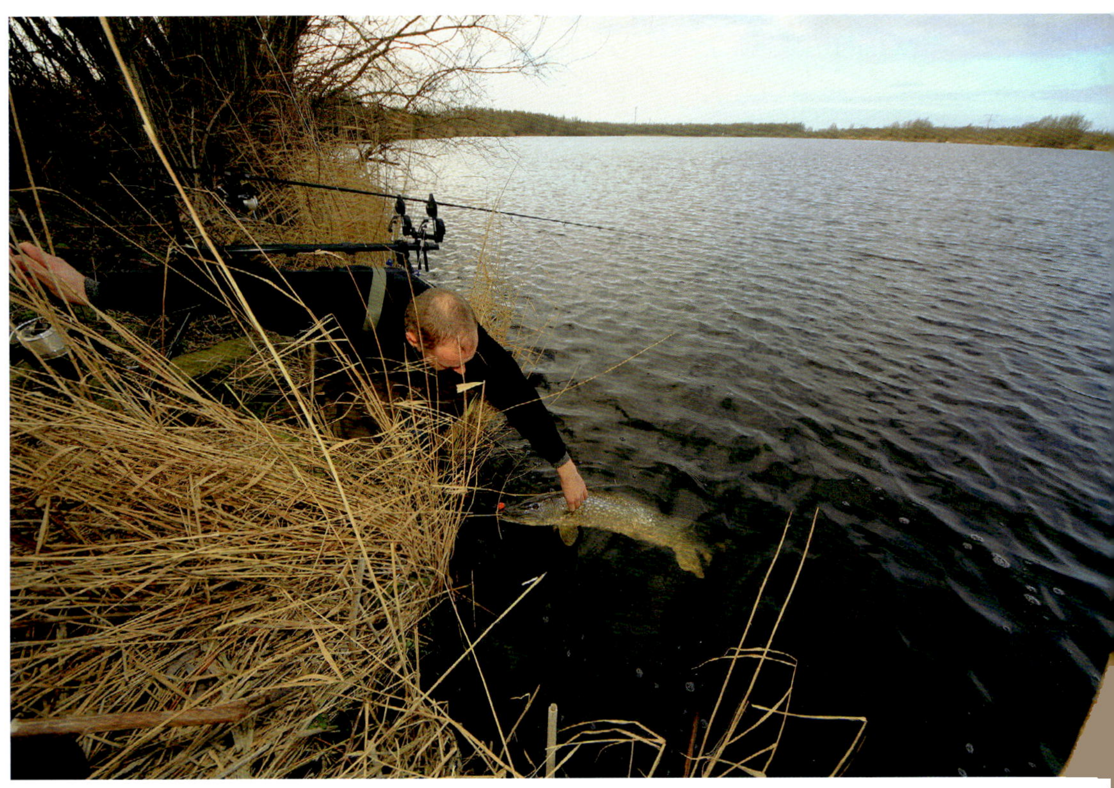

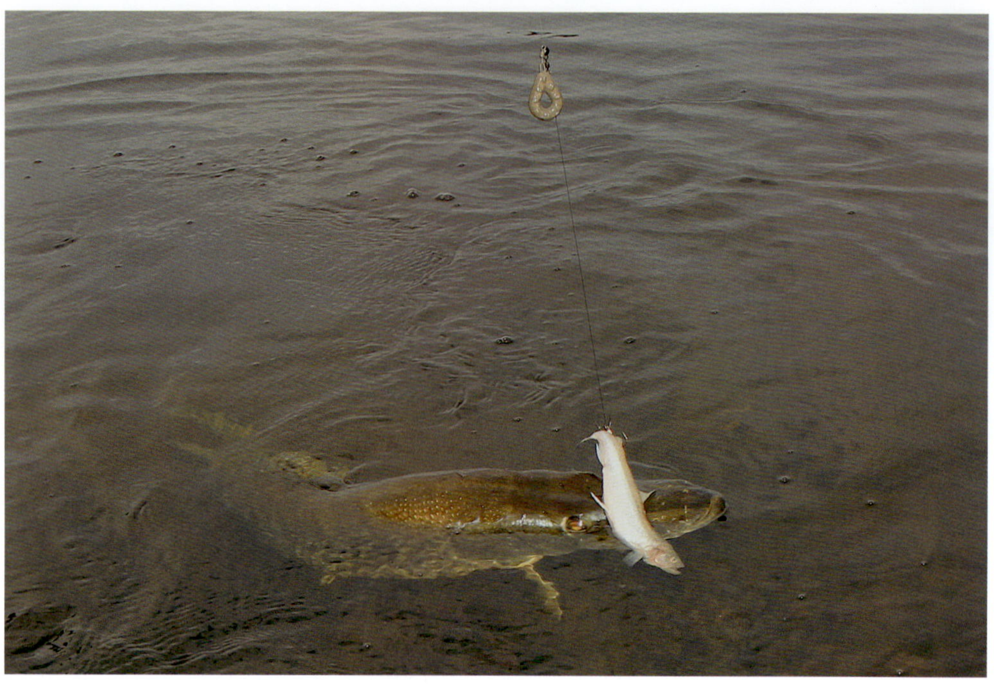

Foto oben: Ein toter Stint an der Grundmontage hat seine unwiderstehliche Wirkung auf einen Hecht ausgeübt.

Foto unten: Ein Boot ist beim Ansitzangeln auf Hecht nicht nötig – höchstens zum Ausbringen des Köders.

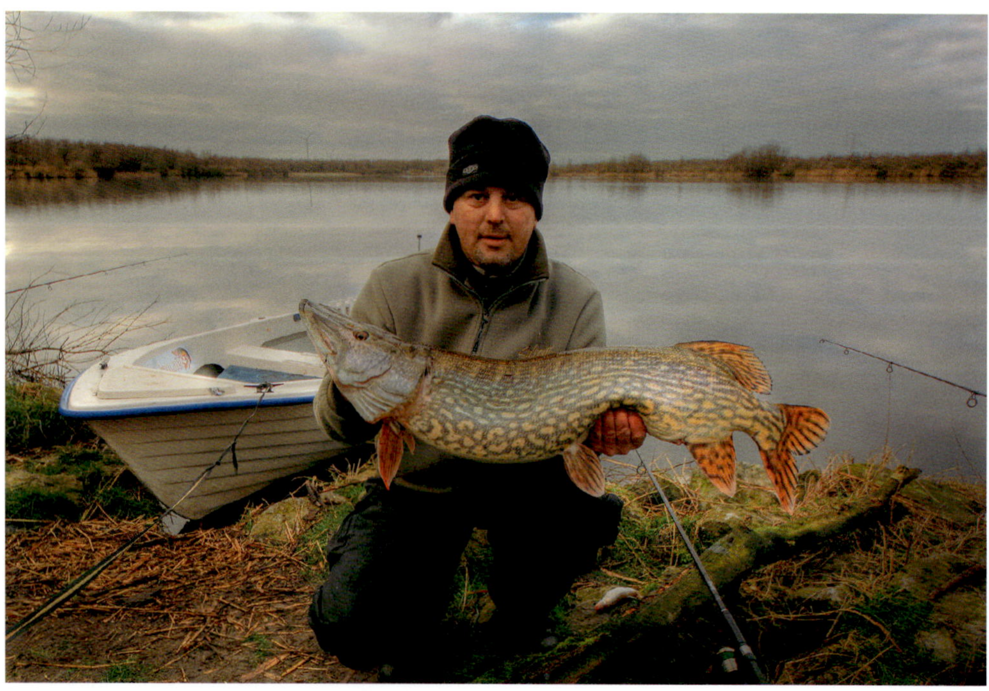

fisch also einfach am Boden abgelegt wird. Gewöhnlich wird der Köderfisch dabei an einer Grundmontage angeboten. Als Rute kommt für diese Methode eine Karpfenrute mit einer Testkurve von 3 lbs in Frage. Es schadet nicht, wenn sie noch etwas stärker ist. Solche Ruten werden gewöhnlich auf einem Rodpod abgelegt, und der ist auch für uns geeignet. Noch besser wären allerdings ein paar Banksticks. Damit hat man nämlich die Möglichkeit, die Ruten mehrere Meter voneinander entfernt abzulegen, und das dürfen auch gerne zehn oder noch mehr Meter sein. So können auch zwei gute Stellen beangelt werden, die etwas weiter auseinander liegen. Für jede Rute wird ein unüberhörbarer Bissanzeiger scharf geschaltet.

➤ Die Posenmontage

Natürlich können Sie einen toten Köderfisch auch an einer Posenmontage anbieten. Das ist eine gute alt, aber immer noch spannende Methode, die nicht selten auch die bessere Wahl darstellt. Ich denke dabei besonders an das Angeln mit der Segelpose. Damit kann man zum König am ganzen See werden, weil man damit ganze Strecken nach Hechten absuchen kann. Ich frage mich manchmal, wann die Segelpose mit Echolot erfunden wird. Mit der Segelpose haben Sie eine enorme Reichweite. Sie kommen nämlich genauso weit, wie die Schnur auf Ihrer Rolle lang ist. Wenn es eine geflochtene Schnur ist, die auf dem Wasser schwimmt, haben Sie es sogar besonders leicht, die Pose so zu dirigieren, wie Sie es gerne hätten.

Es gibt eine ganze Reihe unterschiedlicher Montagen für den toten Köderfisch. Welche man nimmt, hängt ganz davon ab, wie man den Köder anbieten möchte. Wenn Sie den Köderfisch nur auf dem Boden ablegen wollen, können Sie die Montage ganz einfach halten. Ich benutze dafür ein Stahlvorfach mit zwei recht kleinen Drillingen der Größe 4 oder 6. Das Stahlvorfach nehme ich 60 Zentimeter lang. An das eine Ende kommt ein Wirbel, an das andere natürlich einer der Drillinge. Der zweite Drilling wird mithilfe eines kurzen Stahlstückes und einer Quetschhülse sechs bis acht Zentimeter vor dem anderen Drilling angebracht. Diese einfache Montage ist bestens geeignet, um härtere Köderfische wie Barsche oder Rotaugen damit zu werfen.

➤ Richtiger Umgang mit dem Köderfisch

Weiche Köderfische wie Sardinen oder Stinte, die beide sehr gute Köderfische sind, erfordern eine besondere Behandlung. Das Prinzip ist eigentlich ganz ähnlich wie bei der ersten Montage. Allerdings wird der zweite Drilling beweglich auf dem Stahldraht montiert. Dazu wird etwa 10 Zentimeter vor dem Enddrilling eine große Drahtschlaufe mit einer Quetschhülse befestigt. Die Schlaufe muss so groß sein, dass der Drilling hindurchgeführt werden kann. Dann wird der Draht der Schlaufe durch das Öhr des Drillings geführt und um den Drilling herumgelegt. Würde man nun am Drilling ziehen, säße er fest in der Schlaufe. Bevor wir ziehen, stecken wir aber noch den Schwanz der Sardine oder des Stints durch die Schlaufe und stechen eine Spitze des

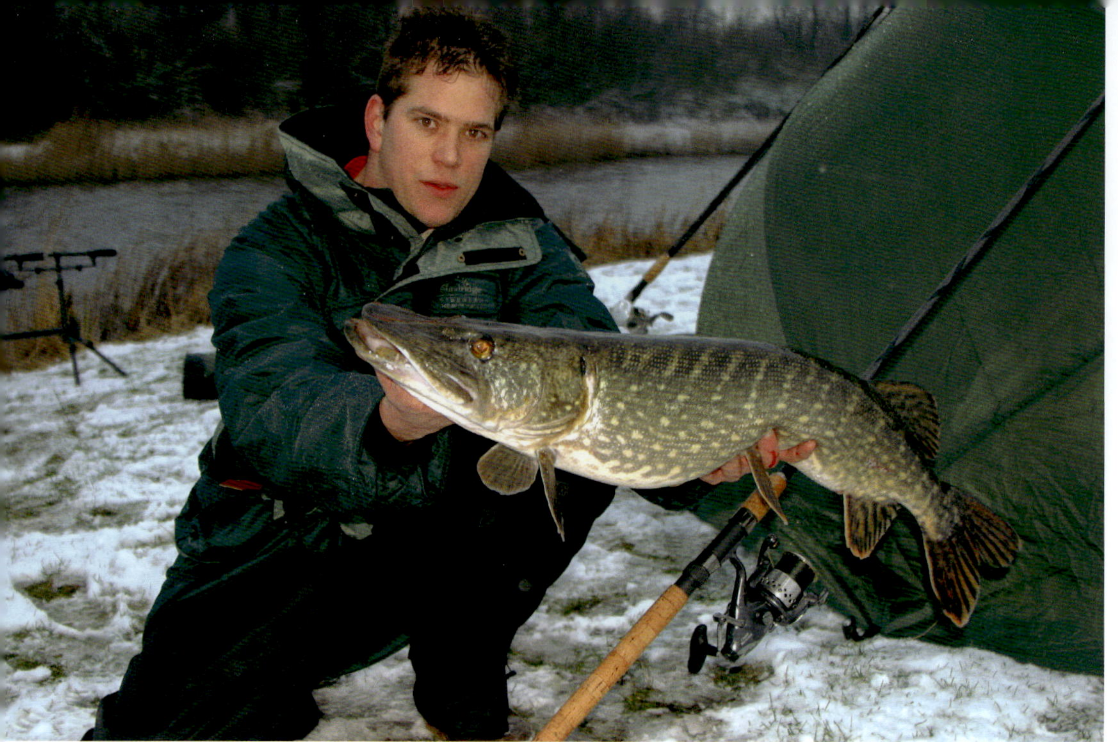

Das Angeln mit totem Köderfisch ist für viele eine reine Winterangelei.

Drillings in die Seite des Fisches. Erst jetzt ziehen wir die Schlaufe fest. Der Köderfisch ist damit absolut sicher fixiert. Der noch freie Drilling am Vorfachende wird jetzt am oder dicht hinter dem Kopf befestigt.

Bei beiden Systemen stehen alle Hakenspitzen nach hinten. Die Spitzen weisen also zum Schwanz des Köderfisches. Das geschieht natürlich mit voller Absicht, denn auch ein toter Köderfisch wird vom Raubfisch mit dem Kopf voran geschluckt. Wenn Sie einen Biss bekommen und den Anhieb setzen wollen, stehen die Hakenspitzen schon einmal richtig in Anhiebrichtung, und das macht die Sache auf jeden Fall einfacher.

Neben der Vorfachmontage brauchen wir noch das Grundblei, das frei auf der Hauptschnur läuft. Es sollte mindestens 40 Gramm schwer sein. Welches der vielen verschiedenen Grundbleimodelle Sie nehmen, spielt keine so große Rolle, Hauptsache, die Schnur kann ungehindert hindurch gleiten. Das Blei soll natürlich nicht direkt auf den Knoten des Wirbels am Vorfach prallen. Deshalb sollte es davor von einer Gummiperle abgepuffert werden. Um die Berührung mit dem Wirbel ganz zu vermeiden, kann auch ein Stopper rund zehn Zentimeter vor dem Wirbel festgesetzt werden. So hat das Blei sicher keine Möglichkeit, Schaden an der Verbindung zwischen Hauptschnur und Vorfach anzurichten. Es gibt natürlich viele verschiedene Möglichkeiten, einen toten Köderfisch oder ein Stück davon anzubieten.

Der Köder kann ganz einfach auf dem Gewässergrund abgelegt werden. Man kann ihn aber auch auftreiben lassen. Das macht ihn etwas auffälliger, und der Fisch hat es etwas leichter, ihn aufzunehmen. Zum Auftreiben könnte man einfach leichtes, schwimmendes Material wie Styropor oder Balserholz in den Köderfisch einschieben. Die Engländer haben aber auch ausgeklügelte Systeme entwickelt, mit denen man einen einzelnen Fisch oder Fischstücke auftreiben lassen kann. Interessant ist das sogenannte Kebab-System, mit dem Fischstücke an einem auftreibenden Spieß serviert werden. Es sieht etwas unnatürlich aus, aber die Wirkung des Fischspießes auf die Hechte spricht für sich.

An einer Posenmontage wird der tote Köderfisch selbstverständlich anders montiert als an der Grundmontage, und zwar so, dass er unter der Pose schwebt. Anders als der tote Köderfisch am Grund soll der schwebende Köderfisch, wenn er unter der Pose durchs Wasser treibt, noch lebendig wirken oder zumindest die Illusion eines lebenden Fischchens erwecken. Lassen Sie ihn deshalb nicht zu tief schweben, damit er von allen nach oben gerichteten Hechtaugen erblickt werden kann. Und machen Sie sich keine Sorge, dass er irgendeinem Hecht zu weit oben erscheint. Selbst wenn der Köderfisch mehrere Meter über dem Grund treibt, hat ein tief stehender Hecht kein Problem damit, die trennenden Meter nach oben zu kommen, um die Beute anzugreifen.

➤ Die passende Gerätewahl

Mit toten Köderfischen kann nicht nur in Seen, sondern auch in kleineren Gewässern wie den Kanälen und Gräben der Polder sehr gut auf Hecht geangelt werden. Ziel sind dort die auffälligen Stellen wie Brücken, Einleitungen, Zuflüsse und andere Bereiche, an denen sich der eintönige Gewässerverlauf deutlich verändert. Es sind also eigentlich genau dieselben Stellen, die auch beim Spinnfischen auf Hecht interessant sind in den Poldern. Beim Spinnfischen sind wir aber nach ein paar Würfen fertig mit solch einer Stelle. Mit dem toten Köderfisch halten wird uns dort viel länger auf. Aber das führt oft auch zu einem besseren Ergebnis.

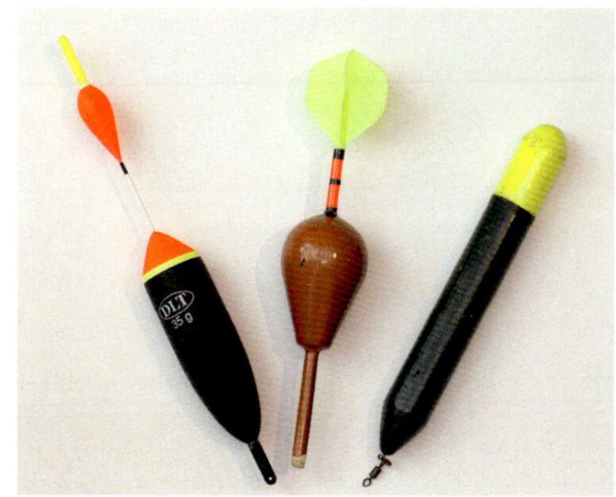

Posen zum Hechtangeln haben schon eine ordentliche Tragkraft. Trotzdem werden sie so bebleit, dass der Fisch wenig Widerstand spürt.

Mit unseren Geräten müssen wir uns an die Situation anpassen. Das fängt eigentlich schon beim Köderfisch an, den wir ein bisschen kleiner wählen als an einem großen Binnensee. Entsprechend nehmen wir die Montage etwas feiner und die Pose kleiner und mit etwas weniger Tragkraft. Schließlich darf auch die Rute leichter sein. Fangen wir in diesen Gewässern denn etwa keine großen Hechte? Na, und ob wir die fangen!

Aber wir benötigen nicht so viel Kraft, um den Köder auszuwerfen, wie an einem großen See. Wir haben es schließlich nur mit geringen Entfernungen zu tun, über die wir den Köderfisch befördern müssen. Und dafür brauchen wir keine gewaltigen Würfe und nicht das Gerät dafür. Der Köder wird selten weiter als 10 oder 15 Meter von unseren Füßen entfernt sein.

An großen Gewässern können wir nicht so dicht vor unseren Füßen angeln, weil wir dort in der Regel keinen Hecht erreichen würden. Überschlagen wir noch einmal, was wir an einem größeren See brauchen: ein Grundblei von rund 40 Gramm oder eine Kombination von Pose und Blei mit ungefähr demselben Gewicht. Dazu kommt der Köderfisch, der 15 Zentimeter oder sogar noch etwas länger ist. Damit wiegt er in etwa 60 Gramm. Das heißt, Montage und Köder wiegen zusammen mindestens 100 Gramm. Dieses Gewicht muss über eine große Distanz geworfen werden. Und damit kommt man um eine schwere Rute mit hohem Wurfgewicht nicht herum.

An den Poldergewässern werfen Sie zwar gar nicht so viel weniger Gewicht aus, aber Sie brauchen dafür viel weniger Kraft. Meistens reicht ein kurzer Unterhandwurf, um den Köder an die gewünschte Stelle zu schlenzen. An den relativ flachen Poldergewässern können wir mit einer fest montierten Pose angeln. Größere, tiefere Gewässer erfordern natürlich eine gleitende Pose, die mit einem Stopper für die entsprechende Tiefe eingestellt wird. Die Pose wird immer so ausgebleit, dass sie möglichst wenig Widerstand entgegenbringt. Es gab ja früher riesige Hechtproppen, von denen man manchmal kaum glauben konnte, dass sie ein Fisch unter Wasser ziehen kann. Solche Bojen sind wirklich nicht nötig. Das Gewicht des Köderfisches müssen Sie nicht sehr hoch einkalkulieren. Denn unter Wasser wiegt er fast nichts.

Der Köderfisch soll unter der Pose schweben. Dementsprechend muss er auch angehakt werden. Dafür stehen verschiedene Montage-Varianten zur Verfügung, angefangen bei einem einzelnen Drilling bis hin zu einer Kombination aus Einzelhaken und Drillingen. Ich befestige meistens einen Einzelhaken im Maul des Köderfisches und je nach Größe des Köders einen oder zwei Drillinge im Rücken oder an der Seite. Bei einem großen Köderfisch bringe ich an den Flanken jeweils einen Drilling an, wobei die Drillinge etwas versetzt zueinander eingehakt werden, der eine weiter zum Kopf als der andere. Bei Köderfischen bis zu einer Länge von 15 Zentimetern reicht ein Drilling vollkommen aus.

Auch in den Poldern kann es interessant sein, mit einer Segelpose zu angeln. Wenn der Wind richtig steht, können Sie es ihm überlassen, die Montage durch das Gewässer zu führen. Für den Uferangler, der seiner Pose in gebührendem Abstand folgt, ist das eine effektive Möglichkeit, ein Gewässer effektiv abzufischen. Das machen Spinnfischer mit ihren Kunstköder zwar auch, aber dabei bringen Sie den Hechten bei, ihre Köder als Täuschung zu erkennen. Das ist dann auch der große Vorteil des Köderfisches. Während die Hechte aus den Fängen mit Kunstköder lernen, Kunst-

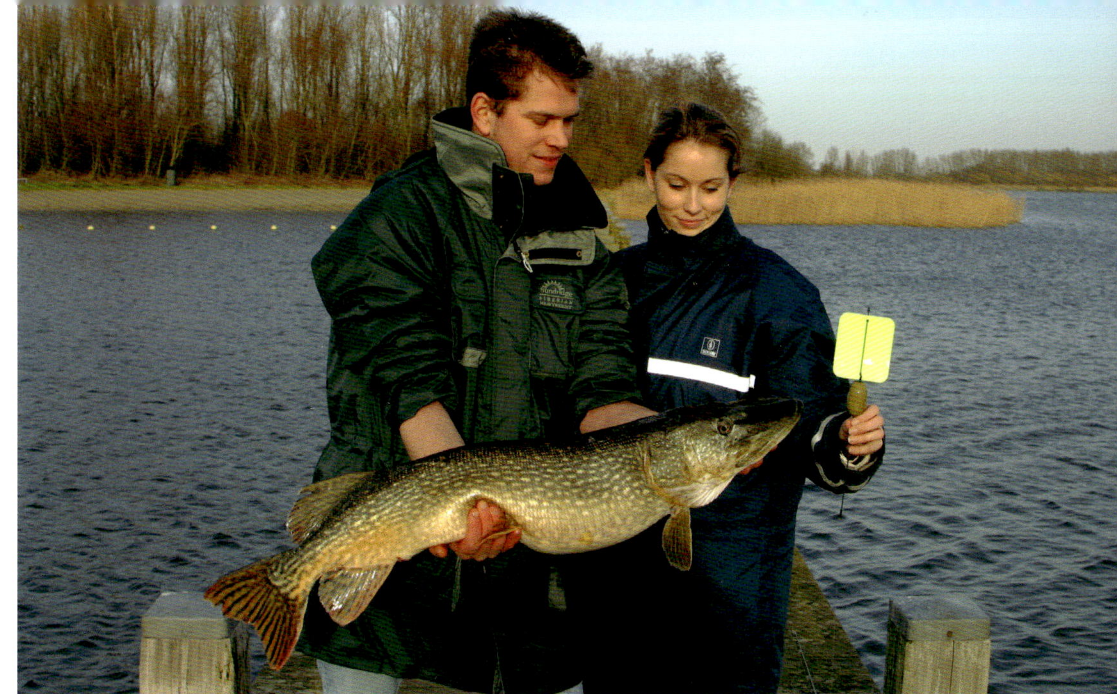

Die Segelpose hat den toten Köderfisch zielsicher vor das Maul eines Hechtes geführt.

köder zu meiden, kriegen sie Köderfische gar nicht so oft zu Gesicht. Und selbst wenn, dann würden sie daraus keine Vermeidungsstrategie entwickeln, weil sie aus der Begegnung mit einem Köderfisch nicht die Lehren ziehen können wie aus der mit einem Kunstköder. Mit einem Köderfisch hat man also einen Köder, auf den die Hechte immer wieder hereinfallen, weil sie diesen nicht durchschauen können. Deshalb fängt man damit in den Poldern auch so manch einen kapitalen Hecht, den man mit einem Kunstköder sicher nicht gefangen hätte.

➤ Die besten Hechtgewässer

In den Niederlanden ist viel Platz für viele Hechtangler, und bei den unterschiedlichen Gewässertypen wird sicher für jeden das Richtige dabei sein. Sie sind auch frei, mit allen erdenklichen Techniken auf Hecht zu gehen – ausgenommen ist dabei natürlich der lebende Köderfisch. Aber Sie müssen sich auch darüber im Klaren sein, dass Sie die Hechte fast überall wieder zurücksetzen müssen.

An sehr vielen Gewässern besteht die Möglichkeit, vom Ufer aus auf Hecht zu gehen. Das ist auch bei den einheimischen Hechtanglern eine beliebte Art, mal eben zwischendurch ein Stündchen auf Hecht zu gehen. Dazu muss man nicht viele Geräte und Köder mitnehmen, und Hechte sind schließlich in nahezu allen Gewässern zu fangen. An Gräben und anderen kleinen Gewässern sollte man nicht zu hohe Erwartungen haben. Hechte über 80 Zentimeter gibt es da zwar sicher, vielleicht auch den einen oder anderen Meter-Hecht, garantiert ist der Fang eines kapitalen Fisches aber nicht.

Sehr viele schöne und leicht zugängliche Poldergewässer findet man in den sogenannten Küstenprovinzen Nord- und Südholland. Um die Seen *Vinkeveen* und Wilnis herum finden sich zahlreiche gute kleinere Gewässer. In Nordholland bieten auch die großen *„Ringvaarten“*, das sind kreisförmig angelegte Kanäle, viele gute Möglichkeiten, vom Ufer zu angeln. *Beernsterringvaart*, *Schermerringvaart* und der *Ringvaart* um Wijdewormer sind Kanalanlagen, an denen ich als junger Hechtangler viel gelernt und auch nicht wenig gefangen habe. Vor allem in dem sogenannten *Tweede Ringvaart* habe ich hunderte Hechte gefangen, und darunter auch gar nicht wenige über einen Meter. Und das in einem Grabensystem, das gerade einmal vier Kilometer lang ist. Sehr zu empfehlen sind auch der *Zuidervaart* und der anschließende *Noordervaart* in *Zuidschermer*. Die ergeben zusammen 12 Kilometer bestes Hechtgewässer, in dem man mit allen Methoden und Ködern fangen kann. Ich angle dort immer gerne mit der Fliegenrute und mit Streamern, was mir immer gute Fänge eingebracht hat. Auch leichtes Spinnfischen liefert hier tolle Fänge. Mit meinem Freund Henk Rusman habe ich hier einmal einen fantastischen Angeltag erlebt. Zwischen 9 Uhr morgens und 3 Uhr am Nachmittag fingen wir nicht

An vielen kleineren Gewässern erreicht man die Hechte gut mit einem Bellyboat.

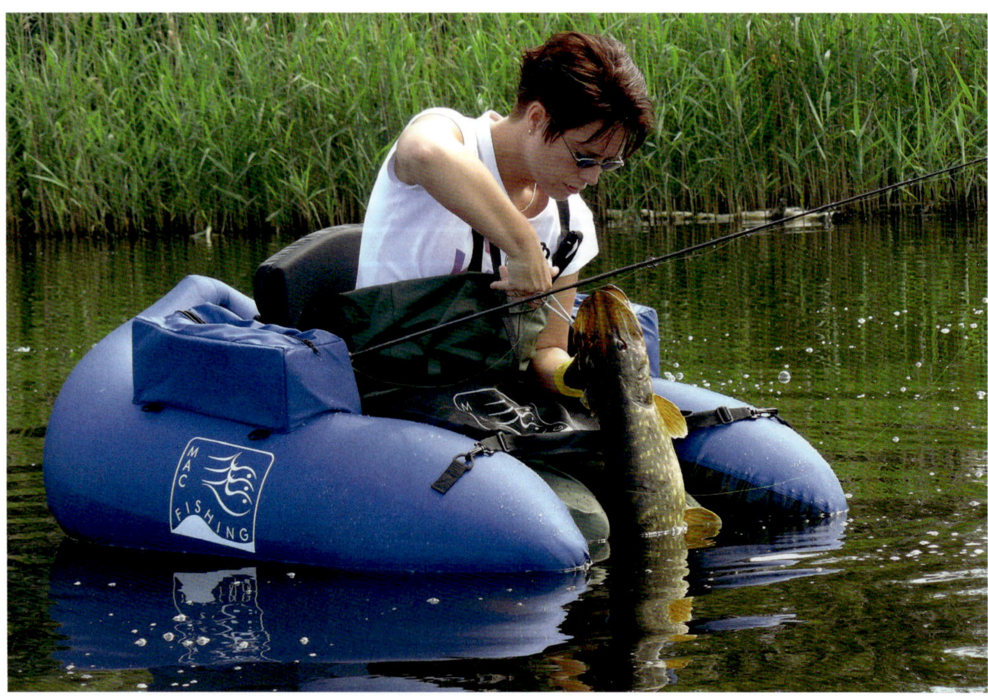

weniger als 31 Hechte. Auch in den Provinzen Friesland und Groningen stehen dem Hechtangler sehr viele gute und leicht zugängliche Gewässer zur Verfügung.

Es gibt hier Hechtgewässer im Überfluss. Wundern Sie sich nicht, wenn Sie dort auf besonders trübe Gewässer stoßen. Vor allem nach einer Regenperiode kann das Wasser dort eine auffällig trübe braune Farbe haben. Auch wenn das Wasser dann nicht so vertrauenerweckend aussieht, stören Sie sich nicht zu sehr daran, denn es sind immer noch viele Hechte darin, auch sehr große, und keine Sorge, sie beißen auch im Trüben.

In der Provinz Groningen finden Sie in dem Gebiet *De Blauwe Stad* künstlich angelegte

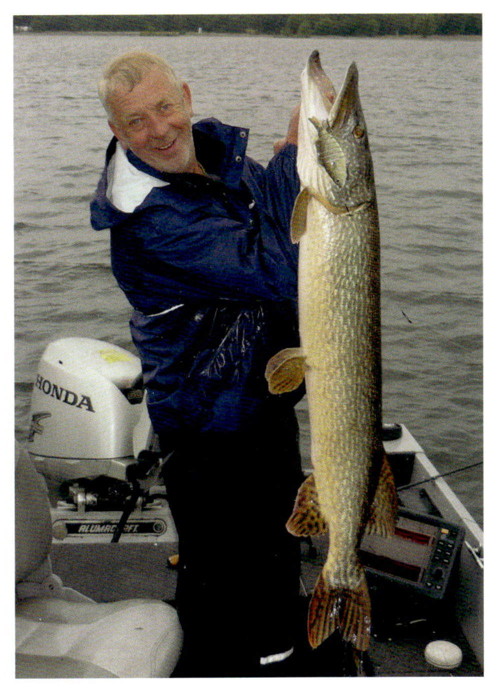

Foto oben: Ein Hecht, wie ihn selbst Bertus nicht jeden Tag fängt. Aber es gibt doch in allen größeren Gewässern einige davon.

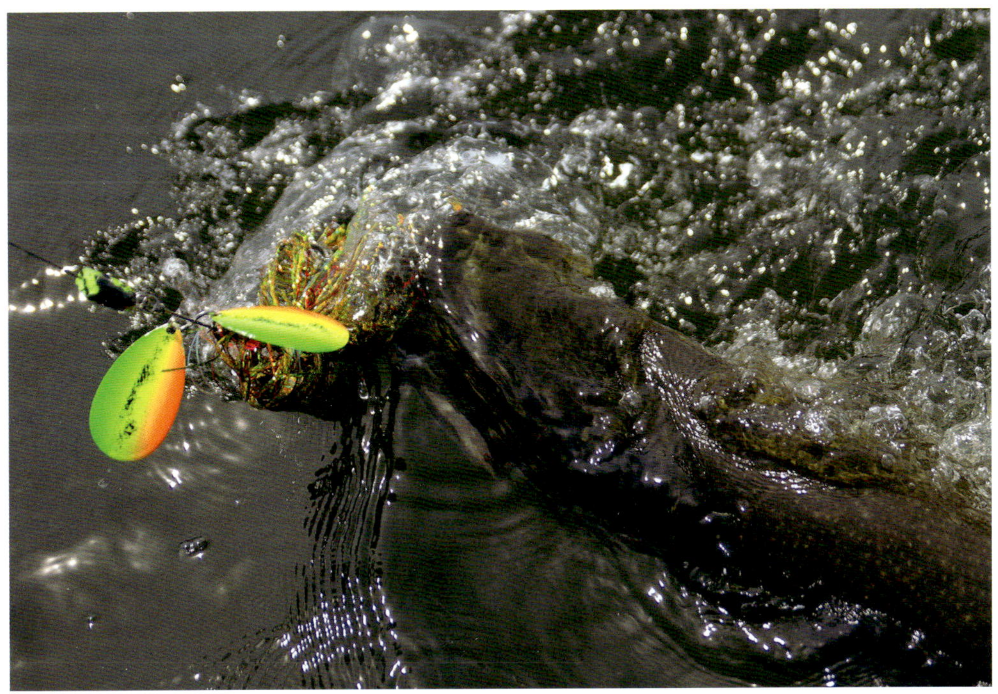

Foto unten: Große Spinner gehören immer ins Ködersortiment, wenn man große Hechtgewässer beangelt.

Gewässer mit einer Fläche von 800 Hektar. Die Gewässer sind überall gut erreichbar und können problemlos beangelt werden. Es gibt viele tolle Stellen mit Pflanzenbewuchs, denen Sie schon ansehen können, dass dort Hechte stehen müssen. Und es gibt in der Tat viele kapitale Hechte in den Gewässern. Damit gehakte Fische sich nicht in den Pflanzen festsetzen können, sollten Sie aber mit starkem Gerät anrücken.

Ein sehr schönes Naturgebiet zum Hechtangeln finden Sie bei Ossenzijl an der Grenze zwischen Friesland und Overijssel. Die Gewässer, die Sie hier beangeln sollten, sind die *Kalenberggracht*, *Ossenzijligervaart* und *Steenwijkerdiep*. Vor allem am *Ossenzijligervaart* und an der *Kalenberggracht* lässt es sich hervorragend vom Ufer aus angeln. Von Ossenzijl führt ein Weg bis über Kalenberg hinaus, an dem entlang Sie über Kilometer hervorragend vom Ufer aus angeln können. Der Ehrlichkeit halber muss ich aber auch darauf hinweisen, dass auf dieser Strecke viele Wassersportler unterwegs sind, die einem Angler manchmal in die Quere kommen können. In der Zeit, die in den Niederlanden als die beste Hechtzeit betrachtet wird, das heißt Herbst und der ganze Winter bis zur Schonzeit, also bis Ende März, hat man die Strecke aber weitgehend für sich. Und das bedeutet,

Junganglern wird das Angeln in den Niederlanden leicht gemacht. Nicht nur, weil es so viele Hechte gibt.

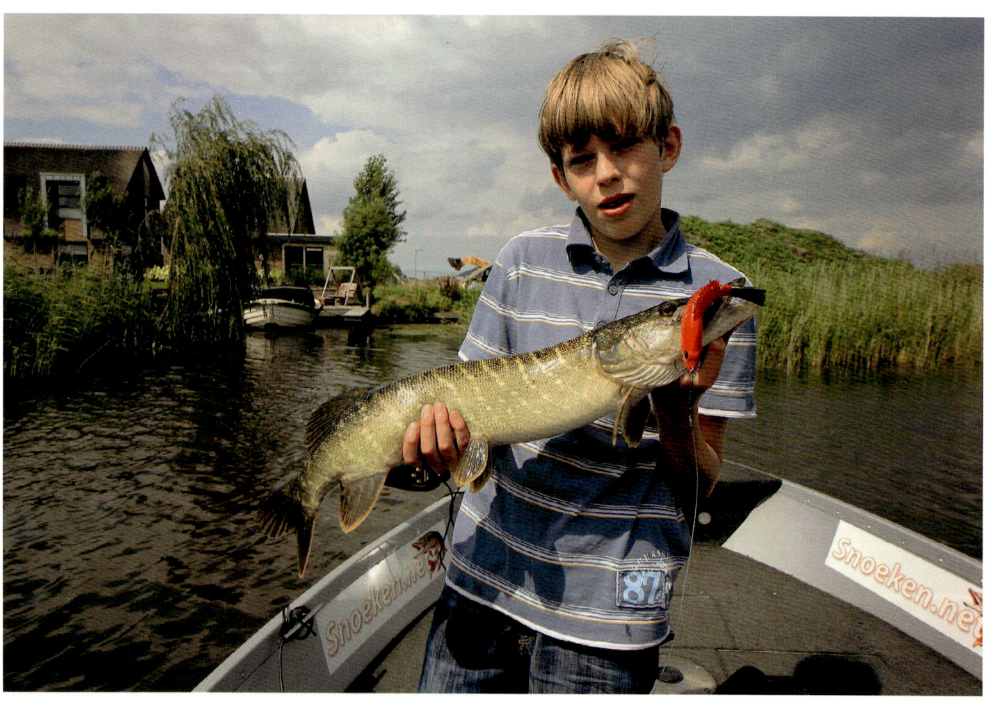

dass man in dieser Zeit sehr viele und auch einige sehr große Hechte fangen kann. In der Nähe der genannten Gewässer befindet sich das Gebiet Weerribben, eine der schönsten Naturlandschaften der Niederlande, in der man aber nicht überall angeln darf. Es gibt jedoch einige Kanäle, in denen das Angeln erlaubt ist. Suchen Sie sich vor allen die tieferen Strecken aus, denn hier tauchen die Hechte gerne einmal aus den flachen Bereichen ab ins tiefere Wasser.

Über Geräte und Zubehör haben wir schon gesprochen. Um es zusammenzufassen: Nehmen Sie leichtes Gerät mit, am besten eine leichte Spinnrute, auch relativ kleine Kunstköder, und nehmen Sie nur so viel mit, dass es nicht zum Ballast wird. Die kleinen Kanäle und Gräben mit der Spinnrute abzugehen, gehört zum Spannendsten, was man sich als Hechtangler überhaupt vorstellen kann. Aber vielleicht mögen Sie ja lieber die großen Gewässer.

Wenn es um die ganz großen Hechte geht, führt kein Weg an den großen Gewässern vorbei. Denn die Regel, dass die größten Fische aus den größten Gewässern kommen, hat eben doch meistens Bestand. Ich möchte aber schon betonen, dass es nicht immer nur darum geht oder gehen sollte, die größten Fische zu fangen. Wenn Sie mit leichten Geräten einen 80er Hecht in den Poldern fangen, dann erleben Sie

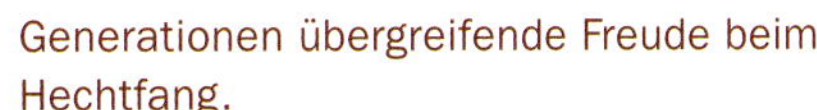
Generationen übergreifende Freude beim Hechtfang.

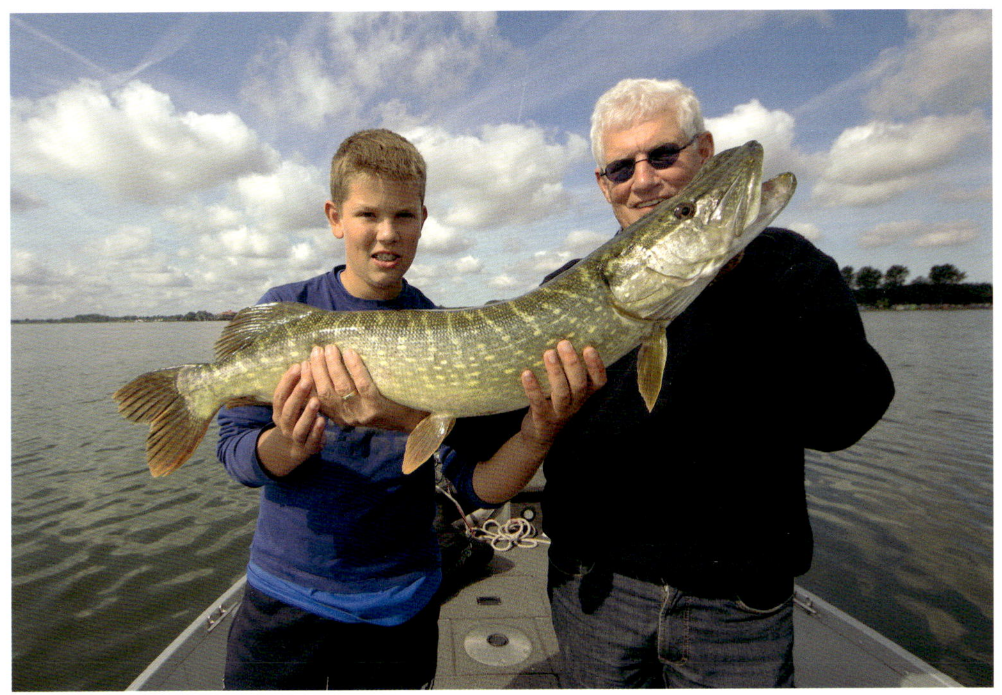

oft einen genauso intensiven Drill wie mit einem Meter-Hecht an schwerem Gerät auf einem See. Groß und intensiv, das ist auch immer relativ beim Hechtangeln. Trotzdem möchte man als Hechtangler natürlich immer auch die Meter-Marke knacken, und oberhalb dieser Marke ist ja auch noch eine Menge Spielraum. Und irgendwann möchte dann jeder Hechtangler auch den unvergesslichen Fang eines Fisches von 1,20 Meter oder sogar 1,30 Meter erleben. Die Gewässer dafür gibt es in den Niederlanden. Wir haben einige große Seen, die bekannt sind als gute Hechtgewässer. Nicht selten sind es Gewässer, die ebenso gut sind für kapitale Zander und Barsche. Deshalb begegnen wir einigen Gewässern wieder, die wir schon im Kapitel über den Zander kennengelernt haben. Schauen wir uns nun einmal die besten Hechtstellen der Gewässer an.

➤ *Alkmaardermeer*

Ich hatte das Glück, jahrelang in der Nähe des *Alkmaardermeer*s zu wohnen. Das riesige Gewässer war für mich aber lange Zeit ein Revier zum Zanderangeln. Die fing ich sehr gut und reichlich. Dort auf Hecht zu angeln, kam mir gar nicht in den Sinn. Schließlich hatte ich auch nur äußerst selten mal einen Hecht als Beifang. Manchmal ging mir jahrelang kein Hecht an den Zanderköder. Hechte waren dort also für mich kein Thema. Bis ich eines Tages auf Zander geschleppt habe und einen Monsterhecht fing. Diesem folgten am selben Tag noch sieben weitere große Hechte. Das machte mich natürlich stutzig, und es schien mir, als hätte ich da eine Menge versäumt in den letzten Jahren. Als ich anfing, gezielt auf Hecht zu angeln, bestätigte sich, dass dieser See ein enormes Potenzial hat. Noch häufiger fing ich mehrere

Da hängt ein Monster aus dem *Alkmaardermeer* am Haken. Meter-Hechte sind nicht selten in dem See.

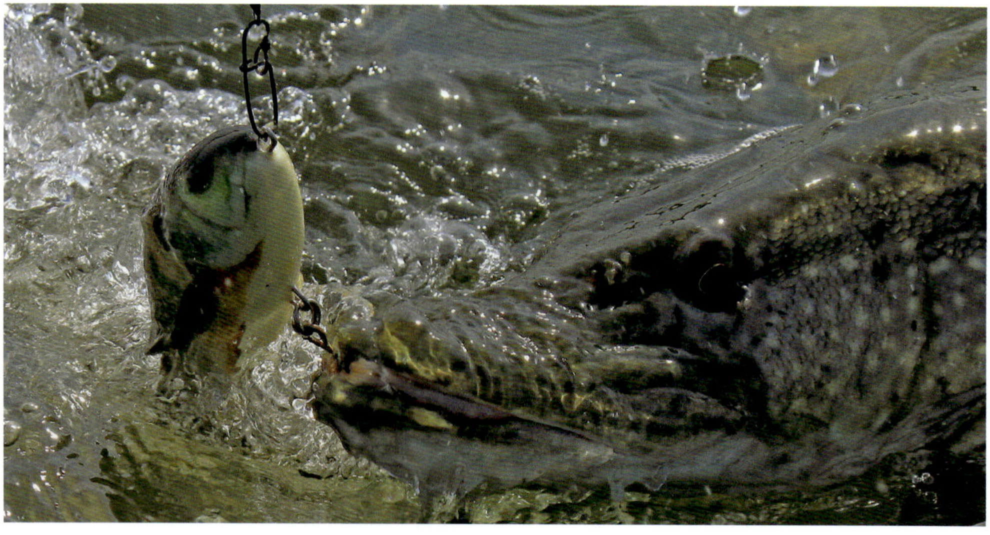

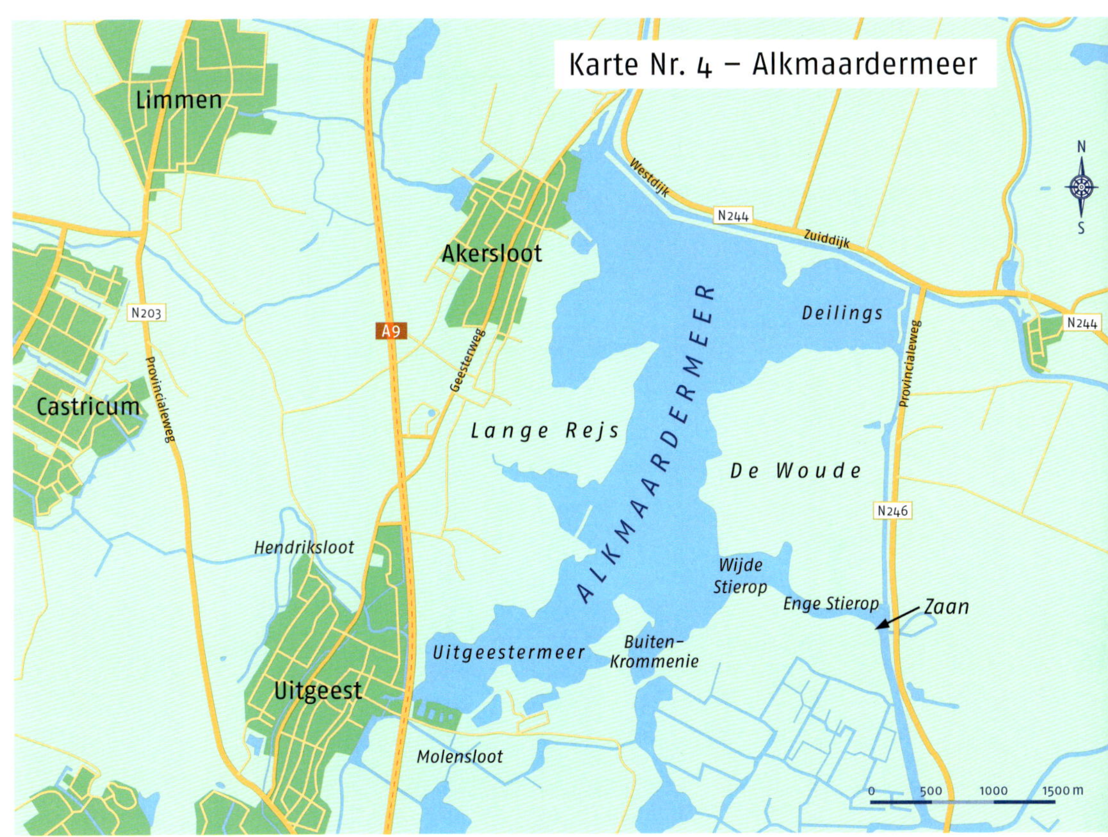

Meter-Hechte an einem Tag, und im Laufe eines Jahres kam dabei eine ganze Reihe von Hechte über 1,20 Meter zustande. Und das hat man dann doch nicht an allzu vielen Gewässern.

Weil ich schon in dem Kapitel über Zander vieles über das *Alkmaardermeer* geschrieben habe, will ich mich hier etwas kürzer fassen. Ich weiß nicht, wieso es so ist, aber in diesem See trifft man in tieferem Wasser höchst selten auf Hechte. Fast alle Hechte, die ich in dem See gefangen habe, stammen aus Tiefenbereichen bis vier Meter. Die meisten davon haben sogar deutlich über der Viermetermarke gebissen.

Im *Alkmaardermeer* hat man eine recht lange gute Saison beim Raubfischangeln. Im Zeitraum Juli und August kann es aber eine problematische Phase geben. Oft färbt sich das Wasser in der Zeit deutlich grün, und die Hechte werden dann sehr passiv. Der Juni und zumindest die erste Hälfte vom Juli sind aber eine sehr gute Zeit. September und Oktober sind richtige Spitzenmonate an dem See. Was man auf diesem See vielleicht nicht erwartet, man hat ausgezeichnete Möglichkeiten, dort mit Oberflächenködern zu angeln.

Das *Alkmaardermeer* ist aber nicht überall einfach zu beangeln. In einigen Bereichen sind die Bodenstrukturen so verwirrend, dass man einige Jahre braucht, bis

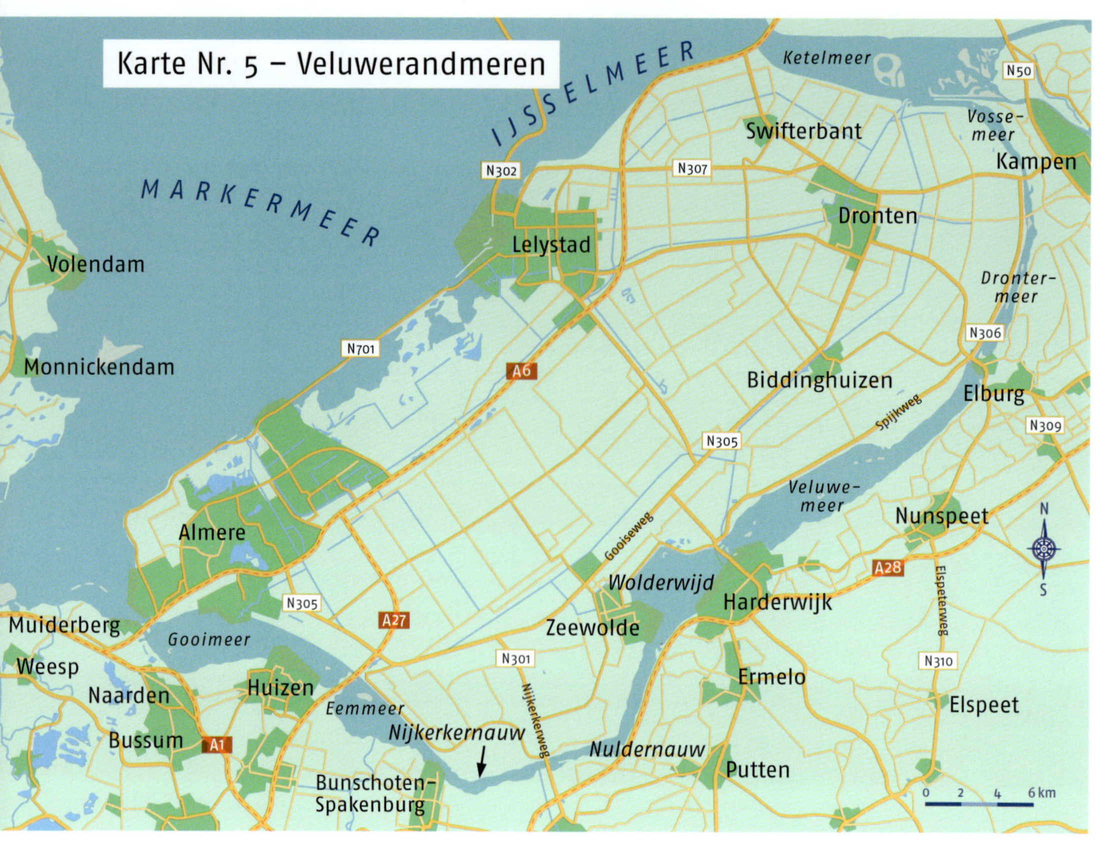

man weiß, wie man den Tiefenlinien folgen muss. Es gibt aber auch einfache Bereiche, die leichter zu durchschauen sind und in denen man genauso seine großen Hechte fangen kann. Ein solcher Bereich ist zum Beispiel der nordwestlichen Teil des Sees von der Halbinsel im Norden bis in Richtung Akersloot und dort bis zur Einmündung des *Nordholland-Kanals*. Auf der gesamten Strecke sollten Sie versuchen, das Boot über einer Wassertiefe von 4 bis 5 Meter zu halten. Dabei werfen Sie immer in Richtung Deich. Sie können in diesem Bereich natürlich auch schleppen. Auch dabei werden Sie sicher einige Hechte ins Boot bekommen. Als Köder möchte ich Ihnen hier den Bull Dawg in der Farbe Cisco empfehlen, der für die Hechte dort unwiderstehlich zu sein scheint. Sehr gut folgen kann man dem Kantenverlauf vor der Halbinsel mit der Bezeichnung De Woude im Norden und südlich davon De *Stierop*, wo sich auch die Einmündung des Flusses *Zaan* befindet. Der gesamte Kantenverlauf ist dort sehr produktiv, und man kann praktisch überall sehr gut werfen. Das gilt auch für den Bereich vor der Landzunge Buiten-Krommenie bis in zum Eingang vom *Uitgeestermeer*. Nahezu überall dort lässt es sich gut werfen, aber auch schleppen. Nördlich vom *Uit-*

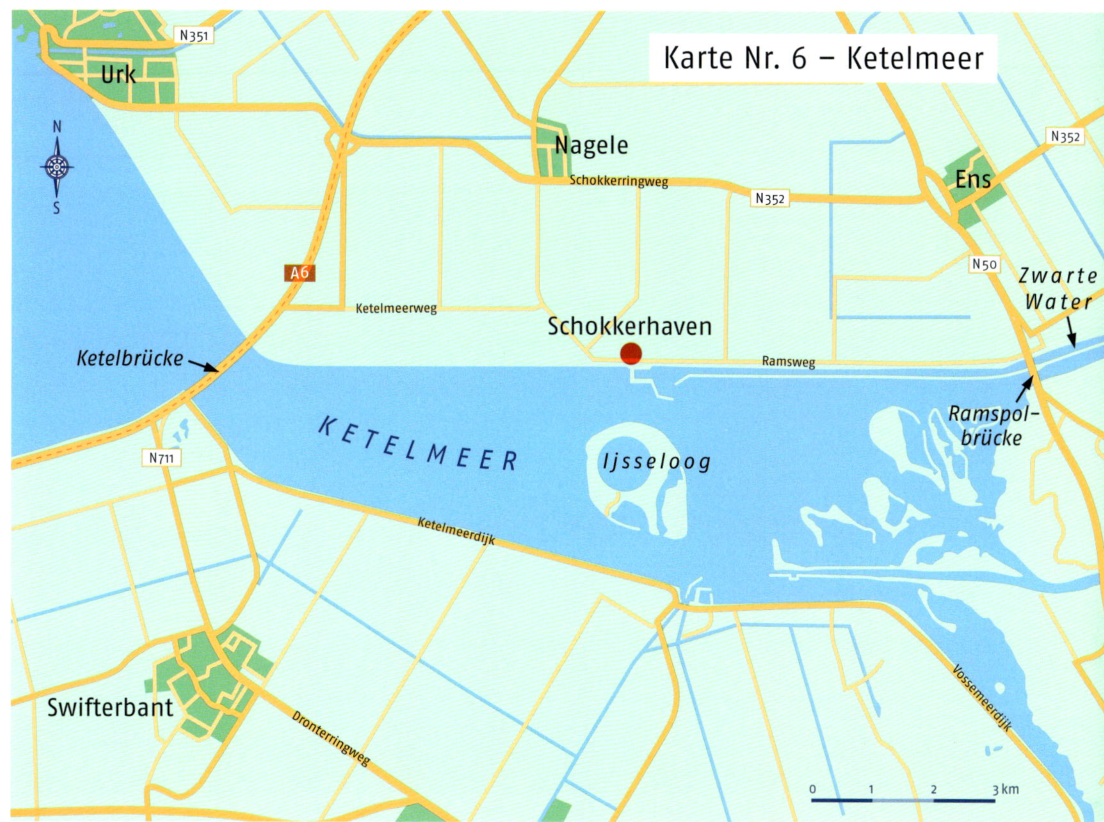

geestermeer wird es dann schwierig bis unmöglich, bestimmten Tiefenlinien zu folgen. Aber gerade hier hat man sehr gute Chancen auf kapitale Hechte. Deshalb lohnt es sich, diesen Bereich intensiv zu beangeln. Die Unberechenbarkeiten setzen sich nach Norden fort bis zu der Verengung aus der Landzunge im Westen und De Woude im Osten. Links und rechts gibt es dort zum Teil ausgedehnte Flachwasserbereiche, die Sie gründlich abwerfen sollten, denn dort lauern ein paar anständige Hechte.

Den Bull Dawg habe ich Ihnen ja bereits empfohlen. Am *Alkmaardermeer* sollten Sie aber auch ein paar große Gummifische wie den Ripple von Berkley dabei haben, ich empfehle vor allem graue Farbvariante. Schleppen lohnt sich besonders mit großen Spinnern und Spinnerbaits. Sie werden sich wundern, wie effektiv diese Köder hier sind.

➤ *Ketelmeer*

Ungefähr in der Mitte der Niederlande befinden sich die *Veluwerandmeren*, bestehend aus mehreren mit einander verbundenen Seen, die zusammen ein Gewässer mit einer riesigen Oberfläche ergeben. Die Seen sind bei der Landgewinnung entstanden, als zunächst die Zuiderzee und dann das

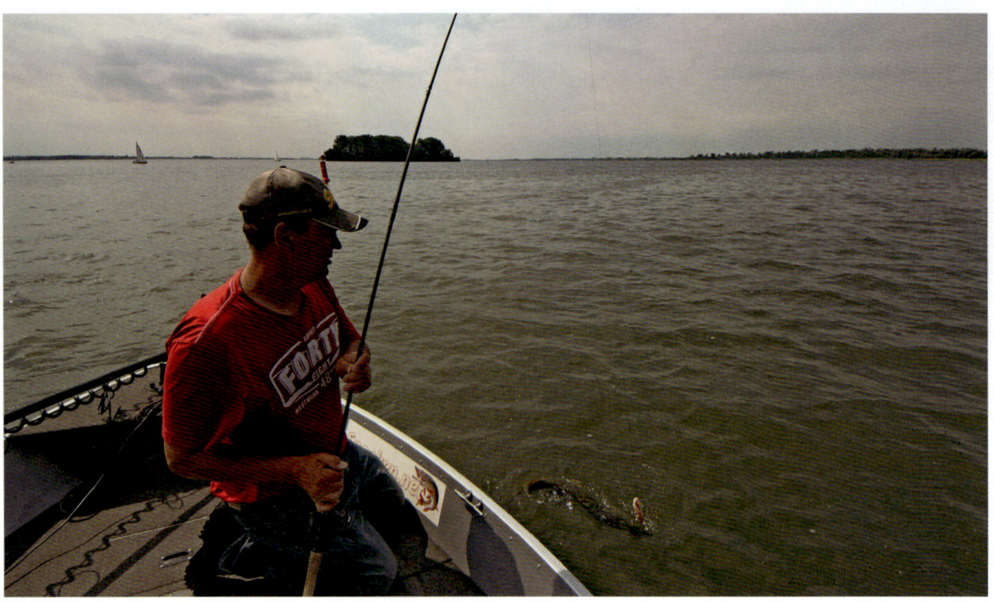

Das *Ketelmeer* ist schon groß, es steht direkt in Verbindung mit dem noch größeren *Ijsselmeer*. Gute Hechtstelle gibt´s hier reichlich.

Ijsselmeer eingepoldert wurden. Die *Veluwerandmeren* sind gewissermaßen ein riesiges Wasserauffangbecken. Sie haben sich aber auch zu einem beliebten Naherholungsgebiet entwickelt. Das gesamte Gewässersystem ist rund 85 Kilometer lang und wird von nur zwei Schleusen unterbrochen. Ein Teil der *Veluwerandmeren* ist das *Ketelmeer*, das ins *Ijsselmeer* mündet. Dieser See wird als Hechtgewässer stark unterschätzt. Aber seien wir ehrlich, er ist von den Randmeren auch das schwierigste Gewässer.

Gute Stellen sind hier vor allem die Mündung zum *Ijsselmeer* und in die entgegengesetzte Richtung die Verengung zum *Zwarte water*. Angeln Sie aber nicht auf dem *Zwarte water* selbst, denn das ist ein Schongebiet, in dem nicht geangelt werden darf. Aber glücklicherweise schwimmen immer mal ein paar große Hechte aus dem *Zwarte water* ins *Ketelmeer*, und dort können Sie sie abpassen. Mitten im *Ketelmeer* befindet sich die Insel Ijsseloog, genau genommen besteht sie aus zwei Inseln. Rund um diese beiden Inseln und vor allem auch zwischen ihnen hat man sehr gute Chancen auf ein paar Hechte. Die Sichtigkeit des Gewässers wechselt stark zwischen klar und sehr trüb. Hier werden neben Hechten auch sehr gute Zander gefangen. Außerdem gibt es hier sehr große Rapfen. Wenn die Hechte gerade nicht wollen, sind die Rapfen eine tolle Alternative.

Angler auf den *Veluwerandmeren* sprechen oft von der Oudelandskant und der Nieuwelandskant. Mit Oudelandskant ist dabei das alte Land gemeint, das zum Binnenland

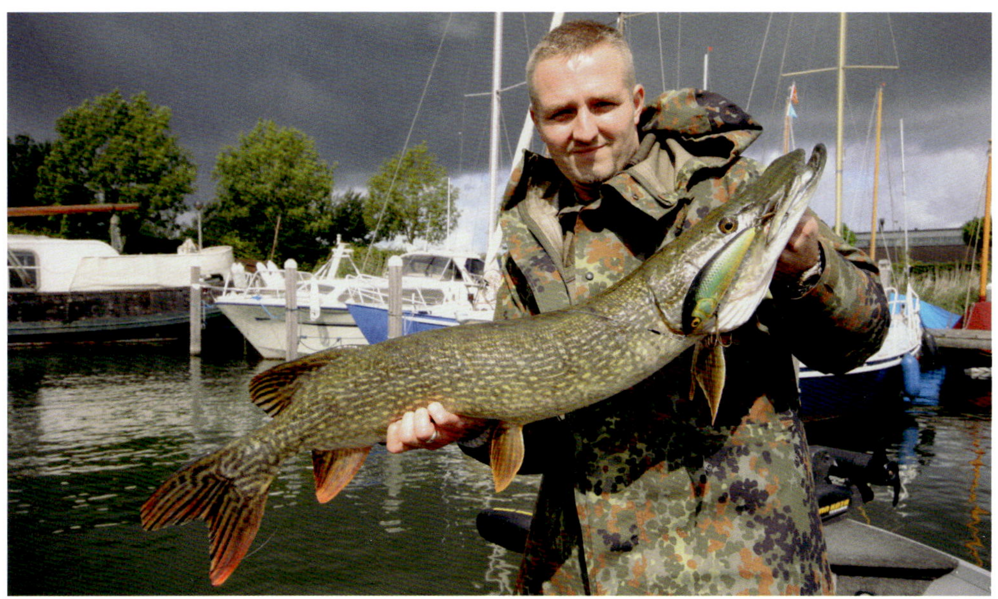

Im Winter sind alle Häfen der Binnenseen spannende Bereiche für Hechtangler.

hin liegt. Nieuwelandskant meint dagegen das neue Land, das durchs Einpoldern entstanden ist. Das sind in diesem Fall die Flevopolder. Nur auf das *Ketelmeer* trifft diese Unterscheidung nicht zu, weil es auf beiden Seiten aus neuem Land besteht. Im Norden gegenüber der Insel Ijsseloog befindet sich ein Yachthafen, der Schokkerhaven. Um den Hafen herum und im Hafen sollten Sie sich ein bisschen aufhalten, denn das machen die Hechte auch. Wenn Sie vom Hafen aus nach Osten in den Kanal einfahren, steuern Sie auf die Ramspol Brücke zu. Das ist ein spannender Bereich, an den Sie sich vor allem erinnern sollten, wenn es auf dem 3500 Hektar großen *Ketelmeer* einmal zu windig ist.

➤ *Vossemeer* und *Drontermeer*

Nach Südwesten geht das *Ketelmeer* in das *Vossemeer* über, das insgesamt etwas kleiner ist. Zu einem guten Teil ist das *Vossemeer* mit einer Tiefe von weniger als einem halben Meter extrem flach. Dabei verläuft auf ganzer Länge eine Schifffahrtsrinne von fünf Meter Tiefe durch diesen See. Auch wenn das Angeln in der Rinne verlockend ist, sollten Sie dort wegen des starken Schiffsverkehrs nichts riskieren. Dort wird ganz zu Recht erwartet, dass man sich wie auf einer Schnellstraße in den Verkehr eingliedert und nur in die vorgegebene Richtung fährt. Alles andere sollten Sie auch nicht machen, weil es zu gefährlich wäre. Es gibt aber ja noch andere interessante Bereiche. Zum Beispiel den rund um die Schleuse zwischen *Vossemeer* und *Dronter-*

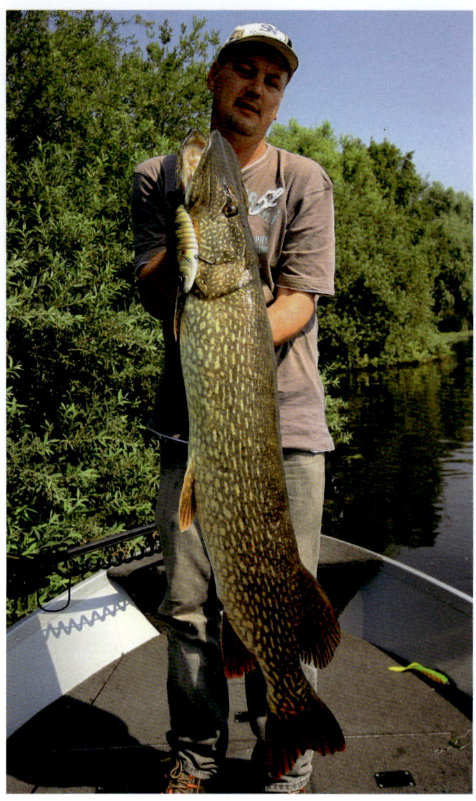

Im *Drontermeer* sind so einige Hechte von dieser Größenordnung unterwegs.

meer. Vor der Schleuse können Sie problemlos beide Rand- und Uferbereiche beangeln. Hier lässt es sich auch sehr bequem werfen. Ist dort nicht viel zu holen, fahren Sie durch die Schleuse ins *Drontermeer* und versuchen dort Ihr Glück.

Wollen Sie direkt ans *Drontermeer*, können Sie Ihr Boot auch dort auf einer Slipanlage ins Wasser lassen. Die Anlage befindet sich in Elburg am Flevoweg 1. Das Drontemeer ist ungefähr 10 Kilometer lang und hat eine Oberfläche von 475 Hektar, wovon etwa 200 Hektar zu beangeln sind. Denn ein Großteil dieses Sees ist so flach, dass er nicht mit dem Boot befahren werden kann. Die weiten seichten Bereiche machen den See aber für alle Naturfreunde interessant, denn dort gibt es einen enormen Reichtum an Vögeln. Und obwohl man praktisch parallel zum Rijksweg N 306 fährt und angelt, hört man davon aufgrund des dichten Baumbestandes nichts. Die Bäume geben auch Schutz gegen Wind. Selbst an sehr windigen Tagen kann man oft problemlos auf dem *Drontermeer* angeln. Auf der Seite zur N 306 befindet sich die tiefste Rinne des Gewässers, sie ist durch Bojen gekennzeichnet. Diesen Bereich sollten Sie unbedingt abwerfen, er ist immer für einige Hechte gut, und erschrecken Sie nicht, wenn da ein richtiges Monster dazwischen ist. Aber auch die flacheren Bereiche des Sees, an denen man oft üppigen Wuchs von Wasserpflanzen sieht, sind für große Hechte gut. Als Köder sollten Sie Gummifischen um 20 Zentimeter Länge mit unterschiedlich schweren Bleiköpfen dabei haben, außerdem ein paar Spinner und Spinnerbaits sowie Jerkbaits. In dem *Drontermeer* werden übrigens auch immer wieder mal kapitale Zander gefangen. Und mit denen darf man auch beim Hechtangeln rechnen.

Auf dem *Drontermeer* wird viel auf Raubfisch geschleppt. Das ist hier auch eine gute und praktikable Methode. Man kann sich dabei schließlich sehr gut an der Linie der Bojen orientieren. Fahren Sie aber auch hier immer in die richtige Richtung des Schiffsverkehrs. Das heißt: von Elburg nach Roggebotsluis/*Vossemeer* an den roten Bojen entlang und in die umgekehrte Richtung an den grünen Bojen entlang. So

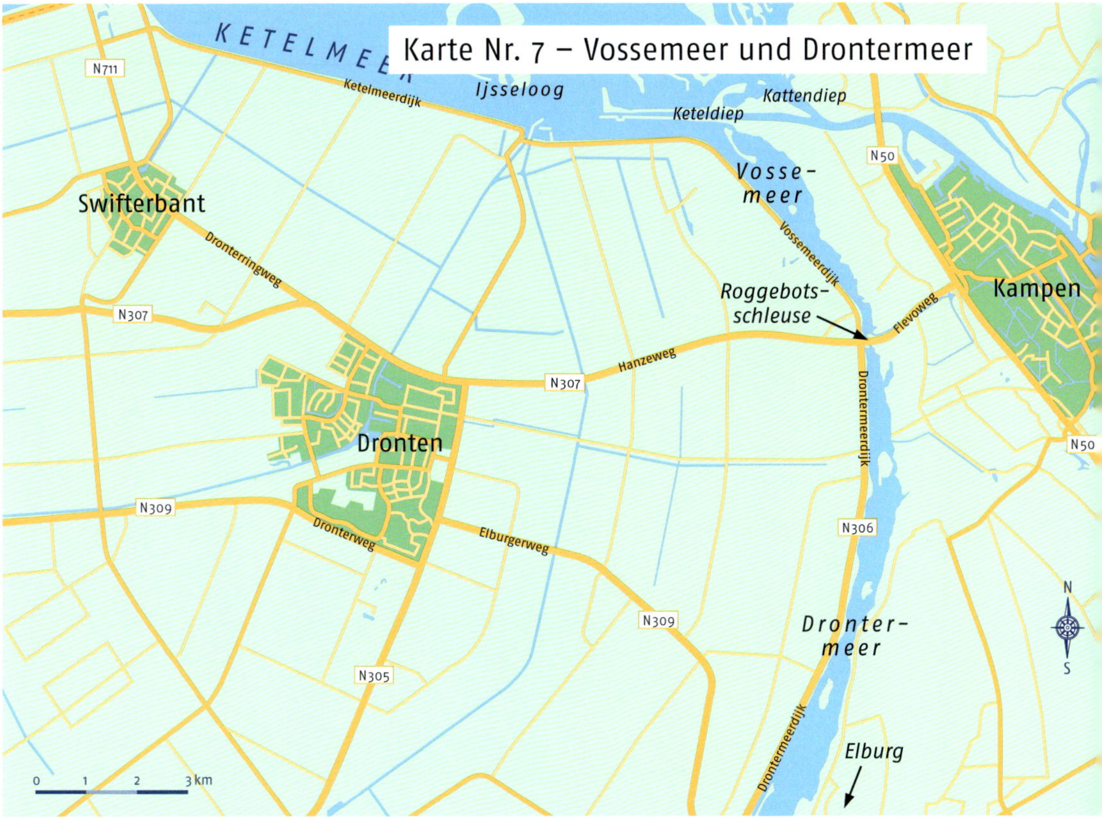

Karte Nr. 7 – Vossemeer und Drontermeer

KETELMEER
Ketelmeerdijk
Ijsseloog
Kattendiep
Keteldiep
Vosse-meer
Vossemeerdijk
Roggebots-schleuse
Flevoweg
Kampen
Swifterbant
Dronterringweg
Hanzeweg
Dronten
Drontermeerdijk
Dronterweg
Elburgerweg
Dronter-meer
Elburg
N711
N307
N50
N309
N306
N305
N
S
0 1 2 3 km

Auch auf den Gewässern der *Veluwerandmeren* zählen Spinnerbaits zu den Erfolgsködern.

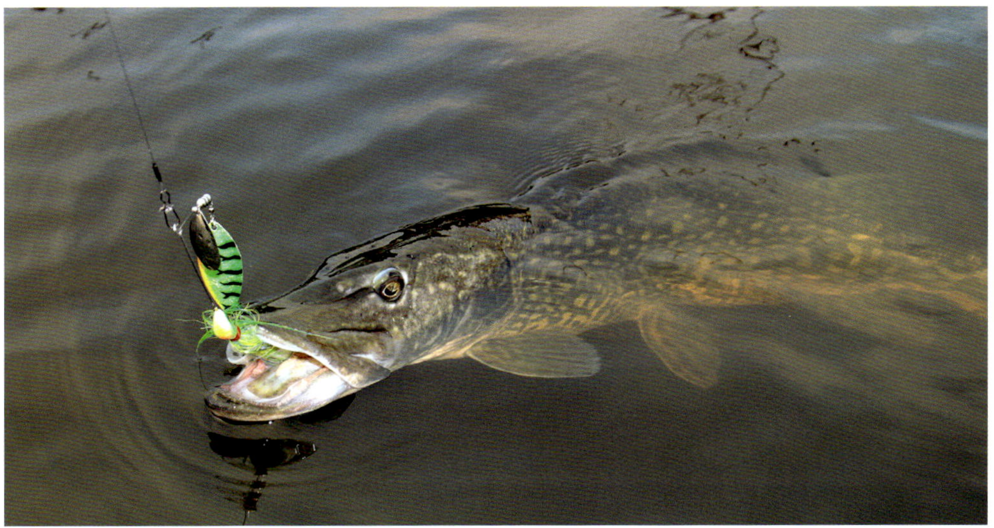

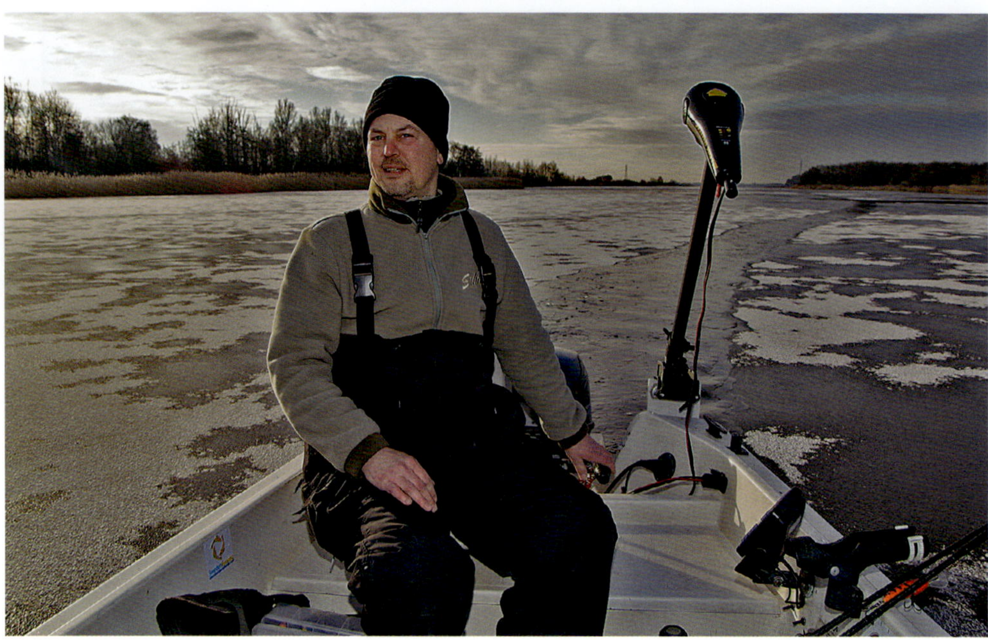

Ein kalter Tag auf dem *Drontermeer*, aber auch an solchen Tagen wird gut gefangen.

kommen Sie niemandem in die Quere und die anderen Bootsfahrer sehen, was sie da machen und haben dann auch Verständnis dafür. An einigen Stellen des Sees befinden sich tiefe Löcher und Rinnen in denen es auf sieben Meter herunter geht. Lassen Sie solche Gelegenheiten niemals aus. An solchen Stellen angle ich immer vertikal auf Hecht. Und an den tiefen Stellen steht eigentlich immer ein schwerer Fisch.

Die beste Stelle bewahren wir uns für den Schluss auf. Es ist der Hafen von Elburg bzw. der Kanal, der parallel zum Flevoweg verläuft und an dem sich der Hafen befindet. Es handelt sich um einen Kanal von ungefähr anderthalb Kilometer Länge, in dem Yachten für viele Millionen Euro liegen. Ab Oktober wird dieser Kanal zu einem Irrenhaus für Hechte und Hechtangler. Im Herbst und Winter werden hier hunderte Meter-Hechte gefangen. An guten Tagen kann ein erfahrener Hechtangler hier gut und gerne zehn Meter-Hechte fangen. Ich selber angle dort ehrlich gesagt nicht, weil mir zu viel Betrieb herrscht, aber wer will, kann dort mit toten Köderfischen auf recht einfache Weise einige Meter-Hechte fangen.

➤ *Veluwemeer*

Der Yachthafen von Elburg liegt zwischen dem *Drontermeer* und dem *Veluwemeer*. Gleich am Anfang des *Veluwemeers* in Elburg finden Sie schon die erste gute Stelle. Es ist der Bereich um die Brücke zwischen den beiden Seen. Dort befindet sich zum

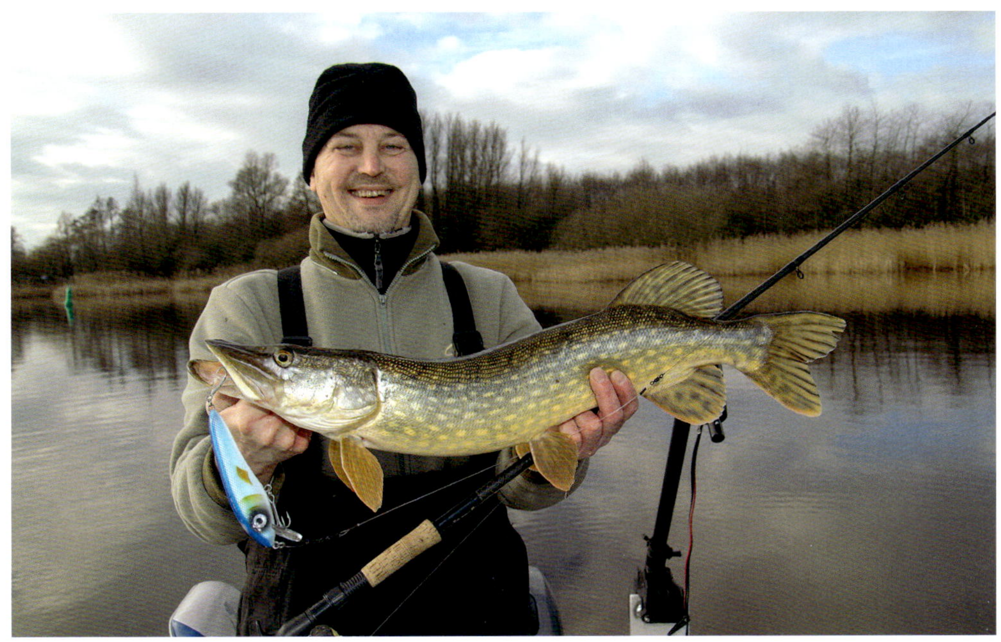

Von diesen Hechten gibt es reichlich im *Drontermeer*.

Veluwemeer hin ein tiefes Loch, in dem man mit allem rechnen darf. Danach beginnt der See eigentlich erst und erstreckt sich über 17 Kilometer mit einer Wasserfläche von 3250 Hektar. Der allergrößte Teil davon kann auch gut beangelt werden. Also, wo soll man anfangen? Große Teile des Sees sind nur bis zu zwei Meter tief und zeigen ein üppiges Wachstum von Wasserpflanzen. Da stehen sicher Hechte zwischen den Pflanzen, aber es ist gar nicht so einfach, sie in dem Pflanzendickicht zu fangen. Dann gibt es eine Fahrrinne, die natürlich nicht uninteressant ist. Aber es gibt meines Erachtens noch bessere Stellen. Um das zu erklären, muss ich kurz etwas weiter ausholen.

Eigentlich sind die *Veluwerandmeren* nämlich immer noch in der Entwicklung. Es wird dort nämlich immer noch Kalksandstein abgebaut, und dadurch können Stellen, die heute noch flach sind, bald schon zu den tiefen Stellen zählen. So richtig tief wird es allerdings nirgendwo werden, denn er Abbau findet nur bis zu einer Tiefe von maximal acht Metern statt. Der Abbau des Kalksandsteins hat aber zu einem interessanten Bodenrelief geführt, das an den meisten Stellen nicht tiefer als fünf Meter herab reicht. Der Boden ist allerdings sehr uneben, es gibt Erhöhungen, Vertiefungen und von drei auf fünf Meter abfallende Kanten, manchmal geht es sogar auf sechs Meter herunter, dann aber auch wieder auf drei Meter nach oben. Inzwischen haben sich in dieser unregelmäßigen Unterwasserlandschaft auch Muscheln und Wasser-

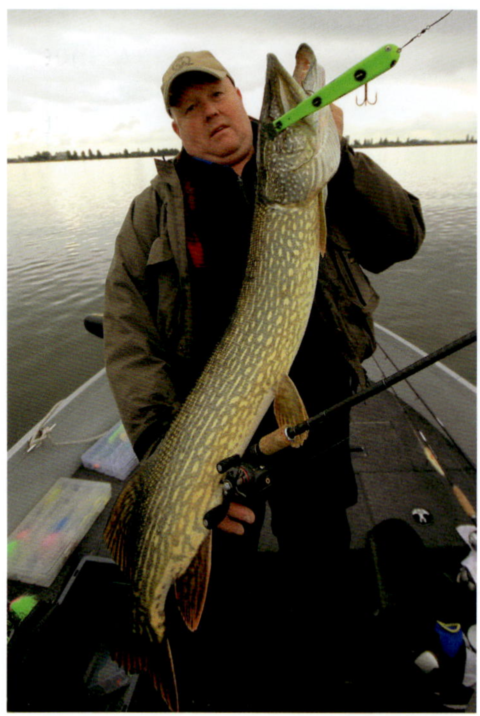

Starker Hecht aus dem Veluwemeer, gefangen auf einen Suick-Jerkbait.

pflanzen angesiedelt, und das macht sie für viele Fische sehr interessant. Die Gewässer der *Veluwerandmeren* entwickeln sich dabei immer weiter, und es kann sein, dass ein Bereich bald ganz anders aussieht als noch bei dem letzten Besuch.

Das *Veluwemeer* teile ich für mich ein in Schleppgewässer und Spinngewässer. Vor allem der Bereich zwischen Elburg und den ersten kleinen Inseln bei der Erweiterung des Sees ist für mich zum Schleppen prädestiniert. Hier ist der See zu einem guten Teil recht tief, teilweise bis sechs Meter, und da verspricht das Schleppen die besten Fänge. Auch in dem genannten Abschnitt gibt es flachere Zonen. Sie befinden sich vor allem nach Südosten zur Oudelandskant, also zum alten Land hin. Dort gibt es auch Abschnitte mit Wasserpflanzenbewuchs, wo man ganz gut spinnfischen kann.

Trotzdem ist es für mich eher der Abschnitt zum Schleppangeln. Und dabei kommt man selten nach Hause, ohne etwas gefangen zu haben. Als eine besonders gute Stelle muss ich noch den Yachthafen De Klink erwähnen. Der ganze Bereich um und in diesem Hafen ist spannend und liefert immer wieder ein paar richtig schwere Hechte. Am Ufer der Nieuwelandskant nach Nordwesten hin sieht man breite Schilfkanten, die eigentlich sehr vielversprechend erscheinen. Allerdings ist das Wasser davor meistens sehr flach und deshalb nicht so ergiebig.

Dann gibt es dort auch noch Sandstrände, an denen man im Sommer auf Nacktbadende trifft. Aber wir sind ja wegen der Hechte dort. Und deshalb nehmen wir uns den zweiten Teil des *Veluwemeers* von den Inseln bis zur Harderschleuse vor, an der dieser See endet. Dies ist die breitere Strecke des Gewässers, auf der wir allerlei Möglichkeiten haben. Wie wäre es zum Beispiel mit einer 7 Kilometer landen Drift? Das ist eine großartige Chance, die man eigentlich nutzen muss. Driften Sie dabei an der Nordwestlichen Seite zum neuen Land hin, und zwar so, dass Sie immer an den grünen Bojen entlang treiben und dabei immer an der Kante zur tiefen Fahrrinne angeln. Auf der gegenüberliegenden Seite wird es schwieriger mit einer langen, kontrollierten Drift. Denn auf dieser Seite geht

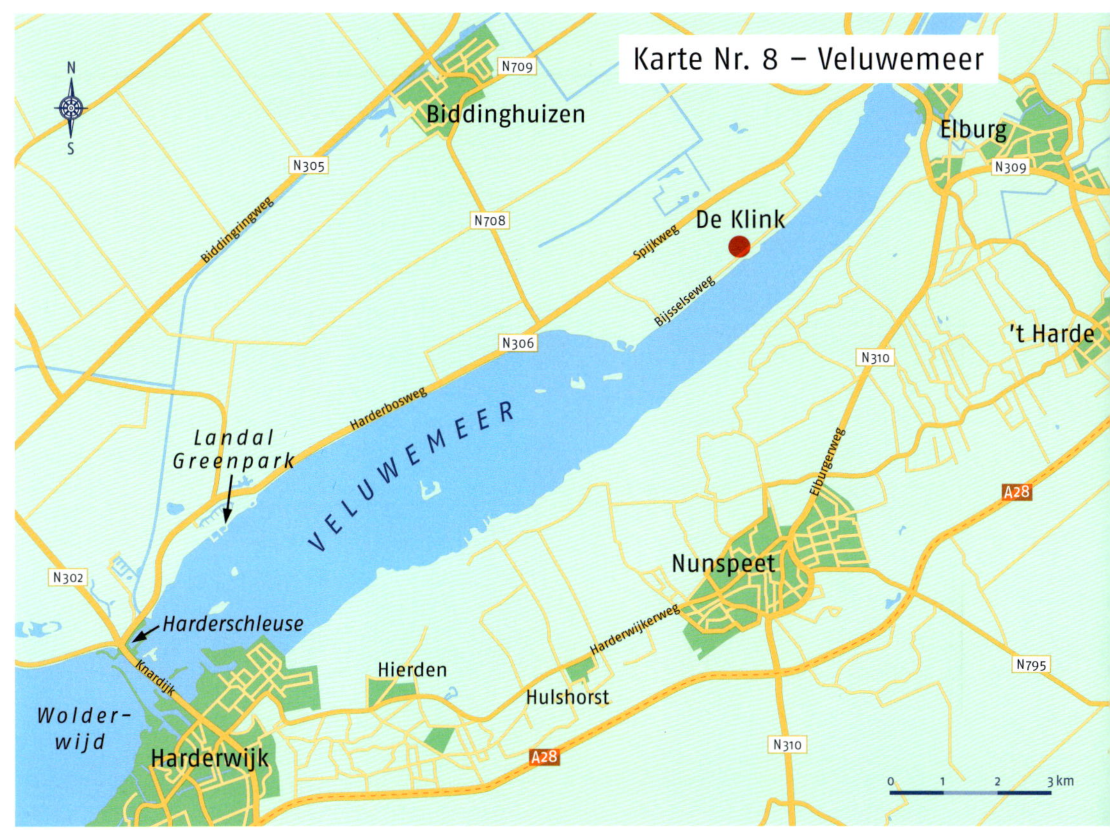

es vom flachen Wasser gleich viel steiler herunter ins Tiefe. Diese Kante ist nicht ganz so leicht zu beangeln. Aber es ist keine Frage, dass sich dort ebenfalls ein paar sehr große Hechte aufhalten.

Sehr spannend wird es dann noch einmal am Ende des *Veluwemeers* bei Harderwijk. Brücke, Schleuse und Häfen strukturieren diesen Teil des Sees und sorgen für viele interessante Stellen. Es sind fast zu viele, um sie an einem Tag alle gut kennenlernen zu können. Wenn Sie sich tatsächlich mehrere Tage Zeit nehmen wollen, was sich bestimmt lohnt, können Sie in der Umgebung zum Beispiel im Landal Greenpark gute Übernachtsmöglichkeiten finden.

Im *Veluwemeer* kann man den ganzen Sommer über sehr gut mit Jerkbaits angeln. Sehr gute Köder für dieses Gewässer sind aber auch große Spinner und Spinnerbaits. Ich angle hier selber gerne mit der Fliegenrute und großen Streamern, auch das verspricht sehr gute Fänge. Natürlich nur in den flacheren Bereichen. An den tiefsten Stellen des Sees ist man mit Gummifischen besser beraten. Ein letzter Tipp noch zum *Veluwemeer*: Behalten Sie hier immer die Felder der Wasserpflanzen im Auge. Es lohnt sich, dort an den Kanten zu angeln und den Köder immer wieder mal an den Bereichen zum offenen Wasser hin entlang zu führen.

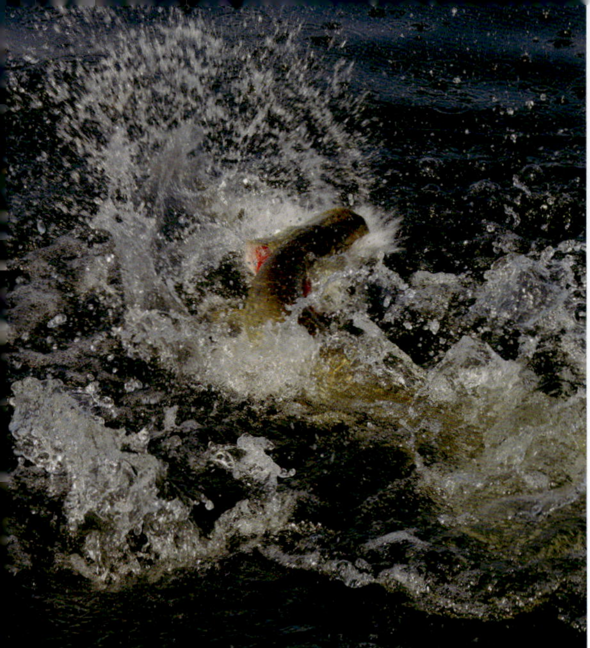

Die Hechte aus dem Veluwemeer sprühen vor Energie, besonders in den Sommermonaten.

Ein schöner Tag und ein schöner Fang auf dem *Wolderwijd*.

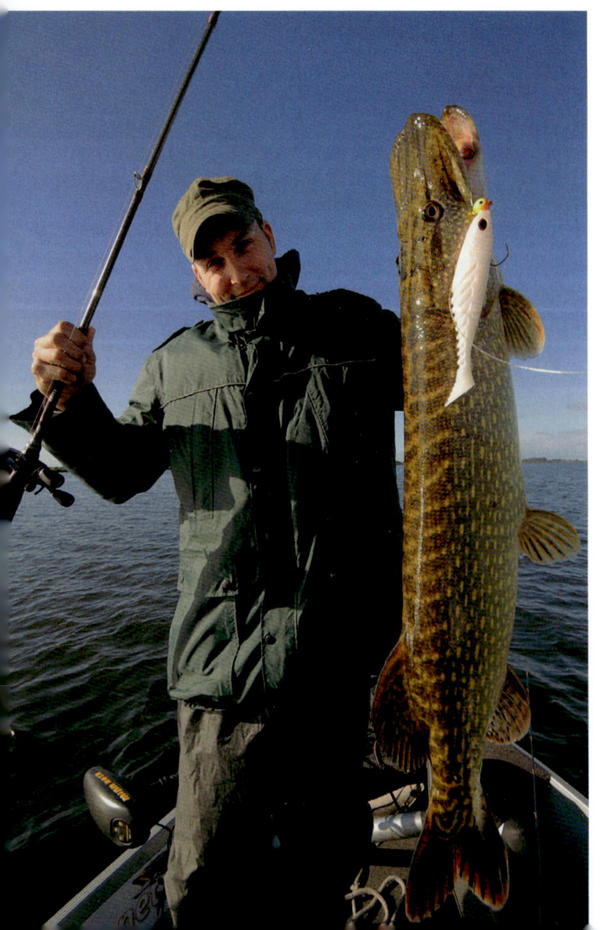

➤ *Wolderwijd*

Wenn Sie die Schleuse des *Veluwemeers* bei Harderwijk passieren, kommen Sie auf den nächsten See, es ist das *Wolderwijd*, das mit 2000 Hektar Wasserfläche auch nicht gerade klein zu nennen ist. Bis vor kurzem war dieser See nicht sonderlich interessant, weil der überwiegende Teil extrem flach war. Nachdem aber intensiv Kalksandstein abgebaut wurde, ist der See sehr viel tiefer geworden und hat eine interessante Bodenstruktur bekommen. Die durchschnittliche Tiefe des Sees liegt nun bei fünf Metern, wobei es auch deutlich flachere Stellen und ein paar tiefere Löcher gibt. Maximal geht es dann bis sieben Meter in die Tiefe.

In den Randbereichen des Gewässers gibt es viel Pflanzenbewuchs. Deshalb sollte man den Rändern unbedingt einen Besuch abstatten. Gut 900 Hektar des Sees zählen aber zum tiefen Wasser, in dem man besser schleppen als werfen kann. Ganz besondere Bereiche stellen die Inseln auf diesem See dar. Das sind natürlich echte Hotspots, die man als Angler nicht außer Acht lassen sollte. Hier empfiehlt es sich allerdings, die Bereiche um die Inseln abzuwerfen. Vor dem Hafen von Zeewolde können Sie zu einer langen Drift ansetzten, die Sie über einen Bereich mit rund zwei Meter tiefem Wasser führt. Dort erkennen Sie auch allerlei Pflanzenfelder, zwischen denen aber immer genug Platz ist, um dort einen Köder hindurchzuführen. Nördlich von Zeewolde gibt es einen weiten, tiefen Bereich, in dem mit Sicherheit ein paar schwere Hechte lauern. Im Sommer wird die Grenze zwi-

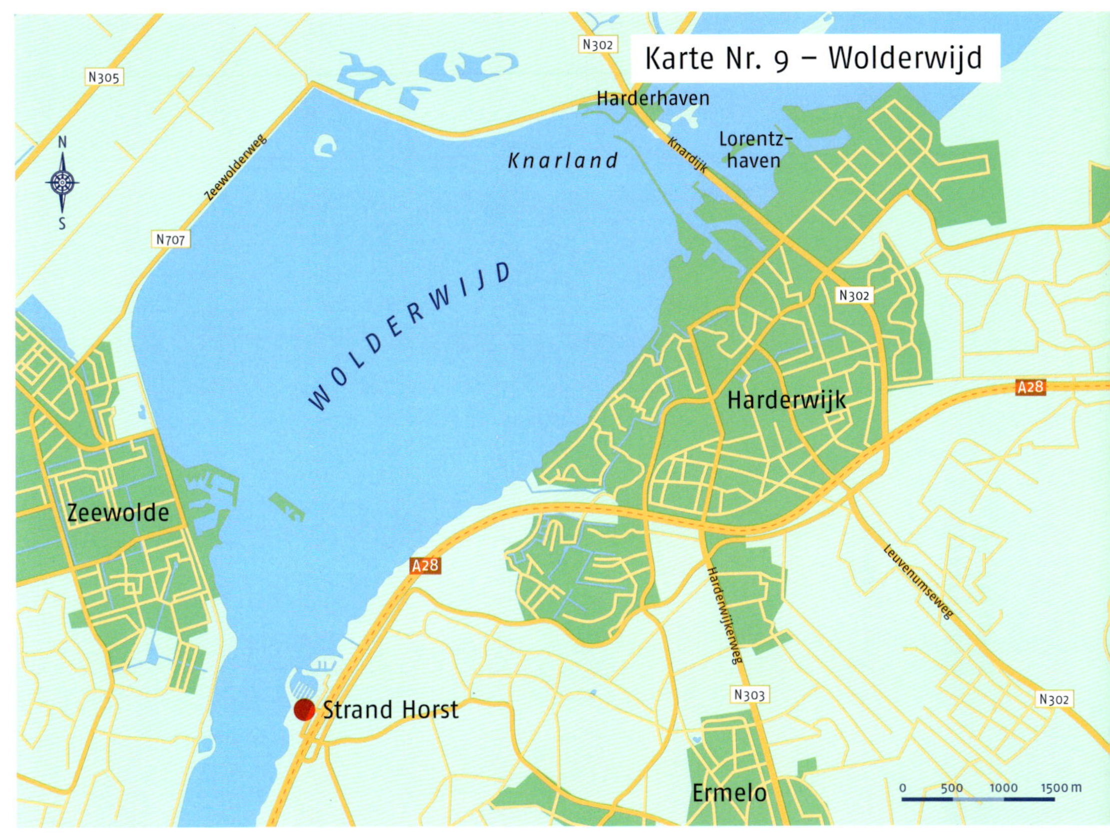

schen flachem und tiefem Wasser dort mit grünweißen Bojen markiert. Driften Sie an dieser Kanten entlang und fischen Sie den tiefen Bereich gründlich mit Gummifischen ab. Wenn Sie den Köder vom flachen ins tiefe Wasser über die Kante führen wollen, machen Sie das besser mit schwimmenden Wobblern und Spinnerbaits.

Mit einer so großen Wasserfläche wie der des *Wolderwijd* macht man sich nicht an einem Tag vertraut. Sie können hier tagelang immer wieder etwas Neues entdecken. Sie können das Gewässer systematisch beim Schleppen erkunden, ein Erlebnis ist aber sicher auch die fünf Kilometer lange Drift von Harderwijk nach Zeewolde. Orientieren Sie sich dabei an den roten Bojen, und halten Sie sich immer so, dass Ihr Köder über die Kante zwischen flachem und tiefem Wasser läuft, denn an den Kanten lauern die Räuber.

Wenn Sie sich mehr Zeit für dieses Gewässer nehmen wollen, das *Wolderwijd* liegt nicht weit entfernt von dem bereits erwähnten Landal Greenpark. Es gibt aber auch in Strand Horst hübsche Übernachtungsmöglichkeiten, und Sie haben dort das Gewässer praktisch vor der Haustür.

➤ Nuldenauw und *Nijkerkernauw*

Wenn es vom *Wolderwijd* weiter nach Südwesten geht, bekommt das Gewässer einen

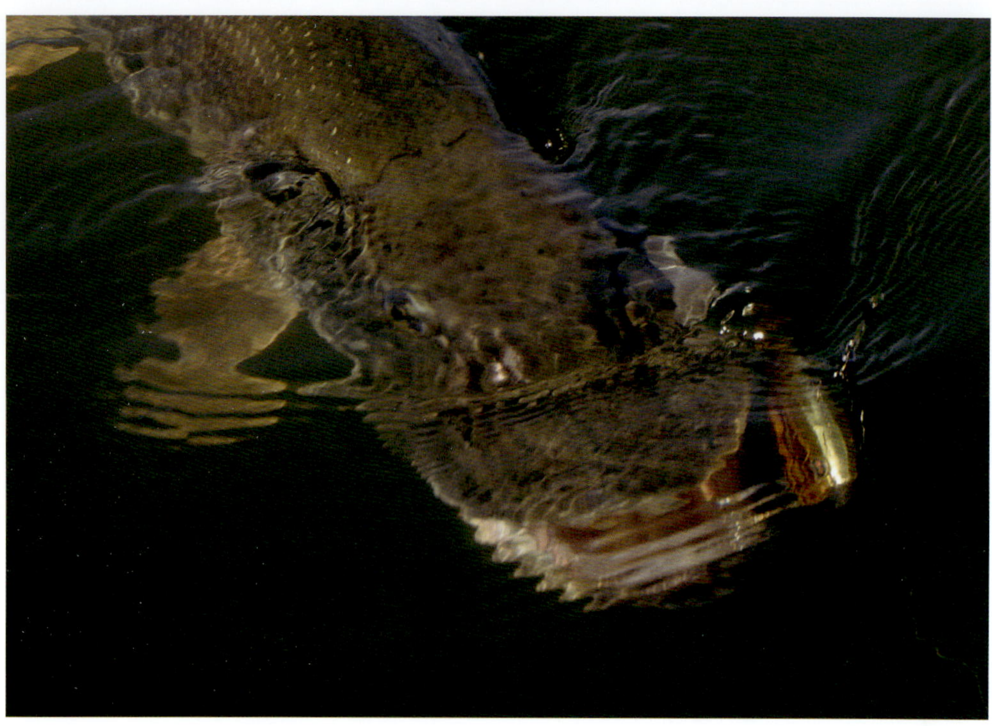

Foto oben: Biss auf einen Schleppköder. Auf weite Strecken des *Wolderwijd* hat man beim Schleppen die besten Fangchancen

Foto unten: Vorsicht bei schlechter Sicht! Auf den großen Seen verkehren große Schiffe, die keine Rücksicht auf kleine Boote nehmen.

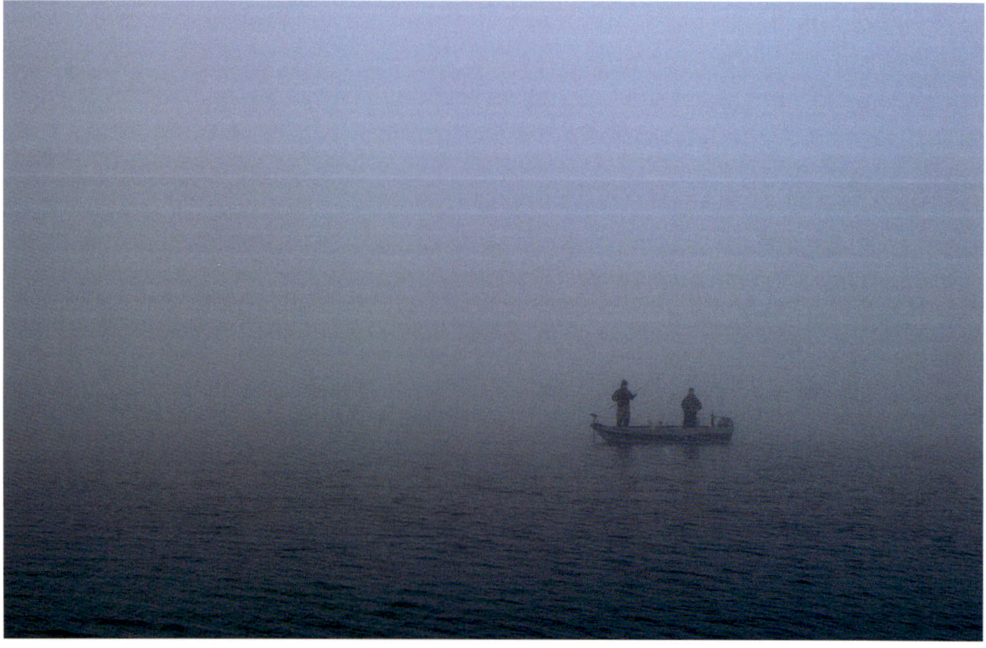

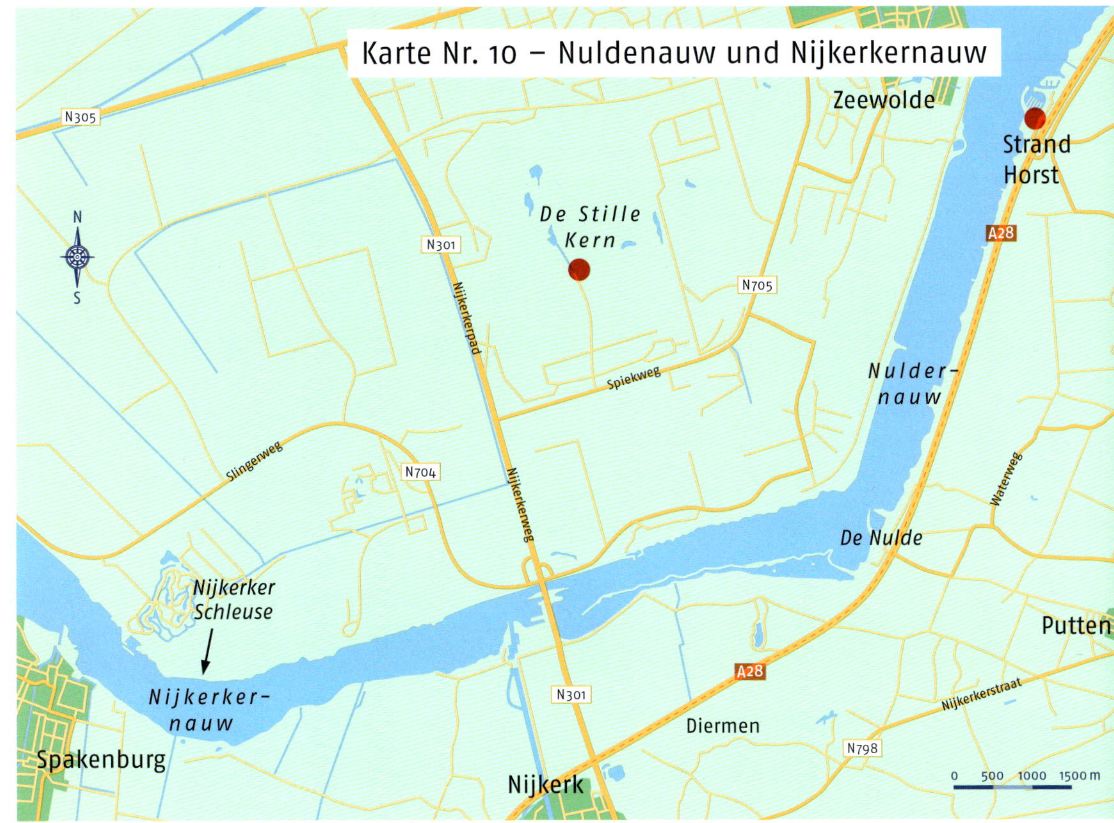

kanalartigen Charakter. Die nächsten zehn Kilometer sind das *Nuldernauw*, das gleichmäßig ungefähr 600 Meter breit ist. Einen großen Teil davon nimmt die Fahrrinne für die Berufsschifffahrt ein. Es bleibt hinter den markierenden Bojen aber noch Platz zum Spinnfischen. Ich betone das Spinnfischen extra, weil die meisten Angler angesichts der eintönigen Maße dieses Sees dazu neigen, hier nur zu schleppen. Aber auch das Werfen kann hier sehr ergiebig sein.

Ich angle selber gerne auf diesem Gewässer und drifte dann so lang wie möglich, um den Kantenbereich abzuschleppen. Wenn die Drift zu Ende ist, fahre ich zum Ausgangspunkt zurück, dabei schleppe ich dann, und anschließend drifte ich wieder. Auch wenn das Gewässer nicht so spannend aussieht, es leben gewaltige Hechte darin. Ich habe dort selbst schon Hechte bis 42 Pfund im Boot gehabt. Solch ein Fisch ist natürlich überall eine Ausnahme, aber Hechte um 30 Pfund sind hier keine Ausnahme.

Zum südwestlichen Ende hin wird das Gewässer immer klarer, und es finden sich dort immer mehr Pflanzenfelder in seichterem Wasser. Das Wasser ist dort nur anderthalb Meter tief, und in den ausgedehnten Feldern liegen zahlreiche Hechte auf der Lauer. Sicher sind das häufig kleinere

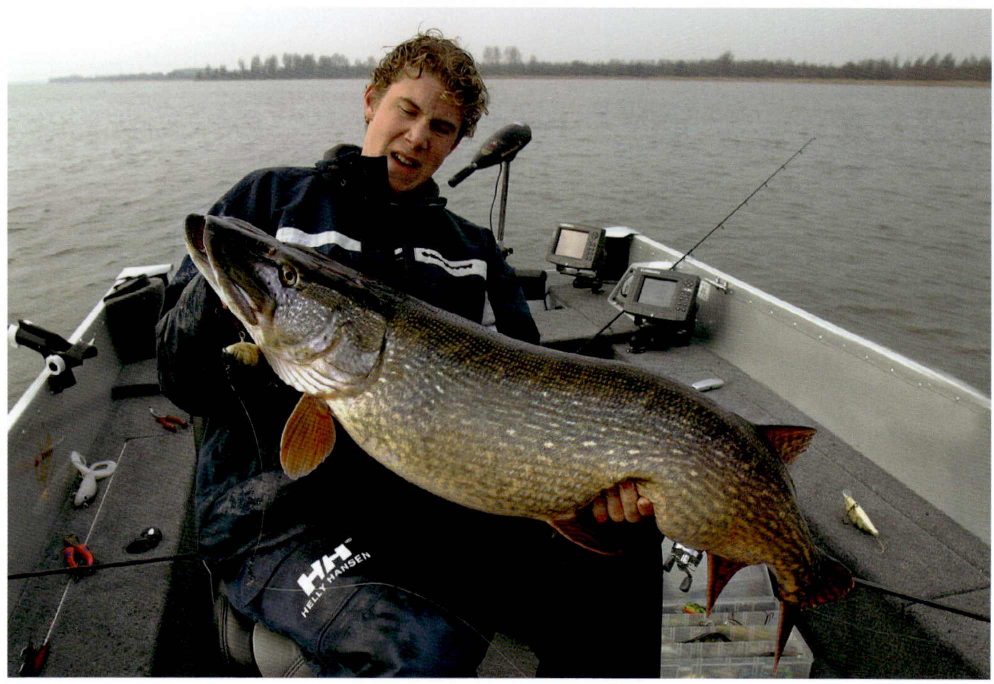

Foto oben: Einer der ganz großen Hechte aus dem *Nuldernauw*.

Foto unten: Das sind die schönsten, aber auch die gefährlichsten Momente im Drill. Bei einem Kopfschüttler mit weit aufgerissenem Maul kann der Köder schon mal davonfliegen.

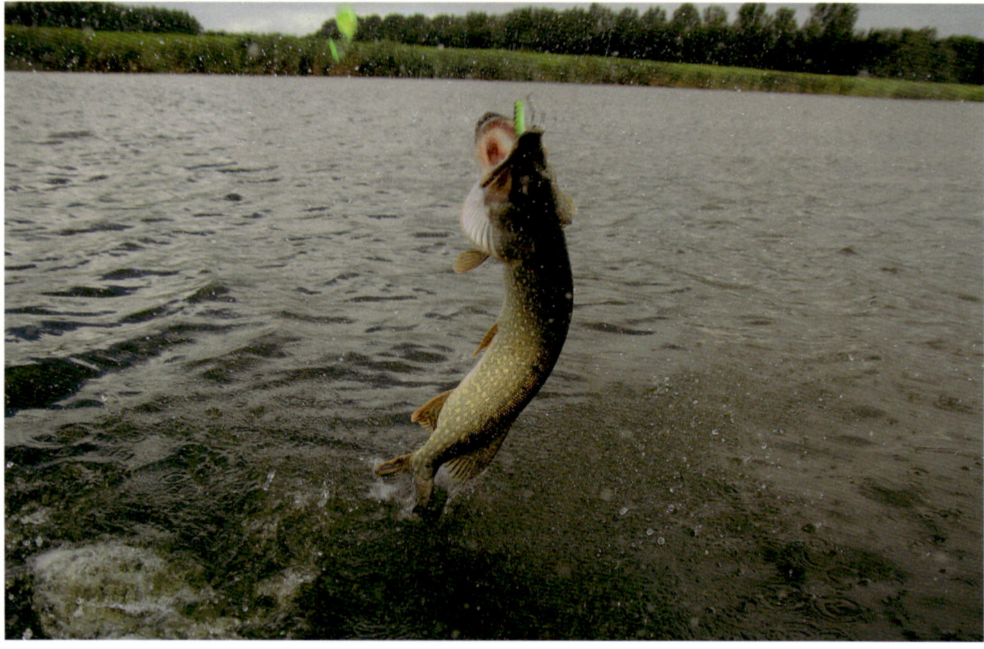

Exemplare, aber es liegen auch ein paar Schwergewichte dazwischen. Natürlich angelt man in diesem Bereich am besten mit schwimmenden Wobblern, auch reine Oberflächenköder sind hier sehr erfolgreich. Ich verbinde mit diesem Gewässer einen besonderen persönlichen Rekord. Es klingt geradezu unglaublich, aber ich habe einmal mit der Fliegenrute auf Hecht geangelt und mit drei Würfen nacheinander drei Hechte über einen Meter gefangen. Also, wer mit der Fliegenrute auf Hecht angeln mag, der sollte sie an diesem See unbedingt dabei haben. Beide Seiten des *Nuldernauw* sind hoch interessant und verdienen es, gründlich beangelt zu werden, denn dort darf man überall mit starken Hechten rechnen. Wenn wir das westliche Ende des Nuldenauw erreicht haben, stehen wir vor einer Schleuse, der Nijkerkerschleuse, die das Gewässer von nächsten, nämlich dem *Nijkerkernauw* trennt. Es erstreckt sich über eine Länge von acht Kilometern und hat ebenfalls einen kanalartigen Charakter. Das Wasser wird jetzt auffällig klar, im Winter kann man hier sicher drei bis vier Meter tief ins Wasser schauen und damit an vielen Stellen den Boden erkennen. Das *Nijkerkernauw* hat eine abwechslungsreiche Bodenstruktur mit zahlreichen tiefen Löchern, die bis auf acht Meter herabreichen. An den Stellen, wo flaches und tiefes Wasser aneinandergrenzen, wird es wieder spannend. Viele dieser Stellen kann man an dem Pflanzenwuchs zum flacheren Bereich hin erkennen. In diesem See schleppe ich gerne über dem tieferen Wasser. Gute Fänge sind aber auch an beiden Uferbereichen möglich, die man beim Driften systematisch abangeln kann. In diesem See erwarten einen neben großen Hecht auch starke Zander. Sie bekommt man vor allem beim Vertikalangeln über den tiefsten Löchern an den Haken.

➤ *Eemmeer* und *Gooimeer*

Bei Spakenburg verbreitert sich das *Nijkerkernauw* und geht nach Nordwesten über in das *Eemmeer*. Dieser 1300 Hektar große See umfasst weite Bereiche, die sehr flach und anglerisch nicht so sehr interessant sind. Aber es gibt auch tiefere Abschnitte und vereinzelte bis acht Meter tiefe Löcher, in denen die Suche nach dem Hecht sehr erfolgreich verlaufen kann. Das Angeln hat hier tatsächlich oft mit Suchen zu tun, aber es kann zu großen Ergebnissen führen. Weil man in diesem Gewässer Strecke machen muss, ist es oft das Sinnvollste, hier zu schleppen. Wenn der Wind günstig steht, kann sich aber eine Drift entlang der Uferkante lohnen. Das Ende des *Eemmeers* markiert im Nordwesten die Stichtse Brug, die Brücke, die das Gewässer vom nächsten, de *Gooimeer* trennt.

Das 2670 Hektar große *Gooimeer* hat in den letzten Jahren eine wahre Metamorphose erfahren. Jahrelang wurde das Gewässer von Blaualgen geplagt, die das Wasser vor allem in den Sommermonaten stark eingetrübt haben. Das hat sich in den letzten Jahren aber so sehr geändert, dass das *Gooimeer* sich zu einem der hellsten und klarsten Gewässer in den Niederlanden entwickelt hat. Die Folgen sind nicht zu übersehen: Das Laichkraut hat sich in ei-

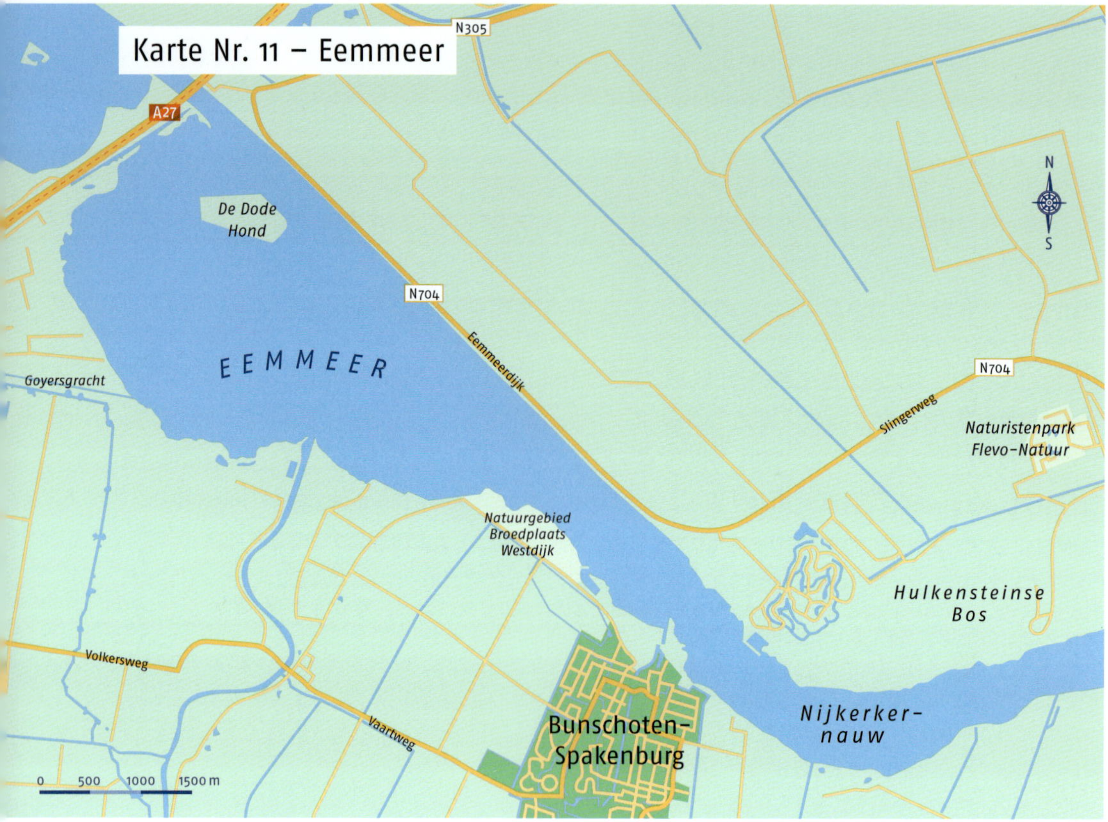

Karte Nr. 11 – Eemmeer

N305
A27
De Dode Hond
N704
EEMMEER
Eemmeerdijk
Goyersgracht
N704
Slingerweg
Naturistenpark Flevo-Natuur
N
S
Natuurgebied Broedplaats Westdijk
Hulkensteinse Bos
Volkersweg
Vaartweg
Bunschoten-Spakenburg
Nijkerker-nauw
0 500 1000 1500 m

Im klaren Wasser hat man gute Chancen mit der Fliegenrute und großen Streamern.

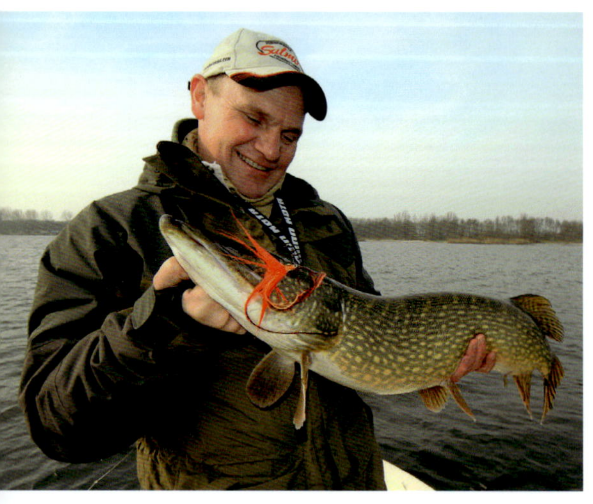

nem unglaublichen Tempo ausgebreitet und bedeckt große Bereiche des Flachwassers. Und damit bildet es Verstecke für zahlreiche Hechte. Das *Gooimeer*, das früher einmal eines der besten Zandergewässer der Niederlande war, entwickelt sich nun zu einem der besten Hechtgewässer, und zwar zu einem, das dem Hechtangler alle erdenklichen Möglichkeiten bietet.

Gerade in den flacheren Bereichen mit intensivem Pflanzenwuchs bietet es sich an, mit flach laufenden Wobblern und Streamern zu angeln. Weil es in diesem See aber genauso auch ausgedehnte Strecken mit tiefem Wasser gibt, sollte man hier auch

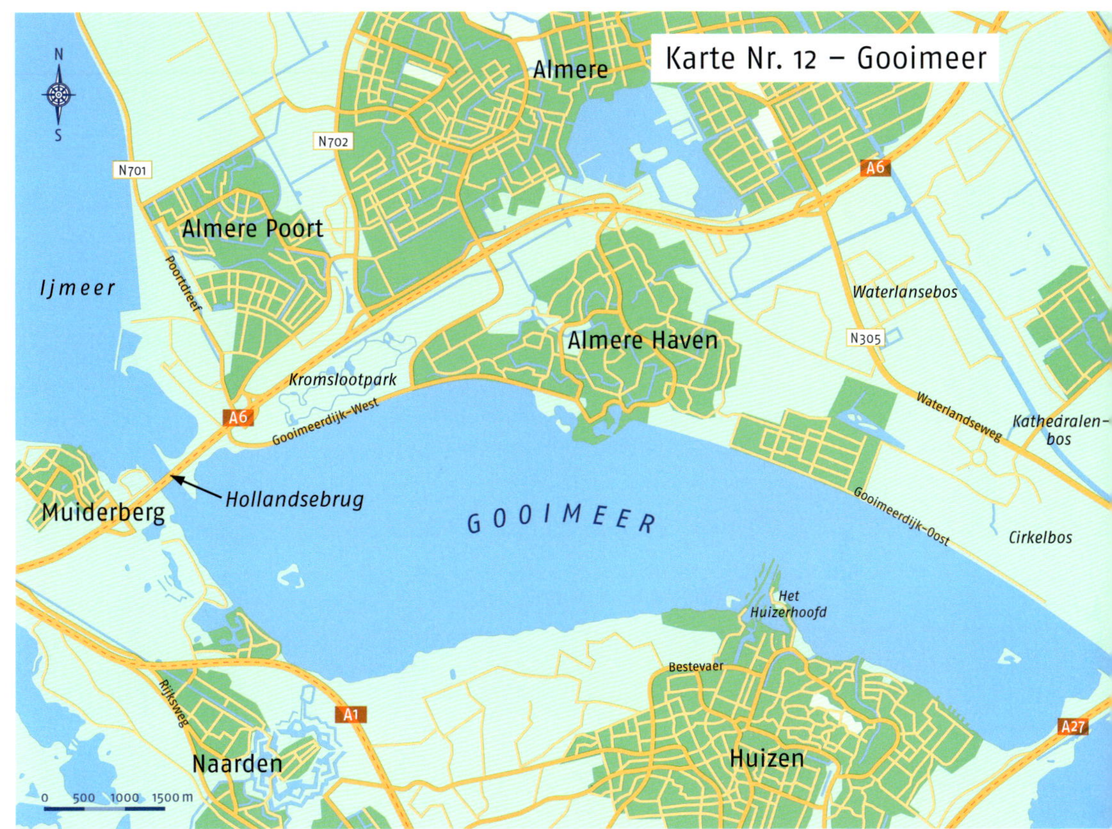

immer tief laufende Wobbler mit dabei haben. Und natürlich gehören gerade für die tiefen Stellen auch ein paar Gummifische mit schweren Bleiköpfen ins Gepäck. Eine Technik, die nicht jedem geläufig ist und auch nicht jedermanns Vertrauen genießt, ist das Schleppen mit Gummifischen. Aber es ist eine Technik, die richtig gut funktioniert. Und das *Gooimeer* gehört zu den Gewässern, auf denen diese Technik zum Besten gehört, was man überhaupt unternehmen kann, um ein paar starke Räuber zu fangen. Denn man darf überall mit großen Hechten rechnen, aber es liegt immer eine riesige Wasserfläche vor einem, die es abzusuchen gilt. Schleppen mit Gummiködern gehört da zu den effektivsten Methoden.

Früher war es eine der besten Methoden zum Fang großer Zander, beim Driften einen Stint am Fireball anzubieten. Nun stellt man fest, dass diese Methode genauso gut auch kapitale Hechte an den Haken bringt. Schon erstaunlich, wie man manchmal durch reinen Zufall eine wirkungsvolle Methode entdeckt.

Ein sehr interessanter Bereich für kapitale Hechte liegt in dem Seeteil vor der Ortschaft Naarden. Nicht weniger spannend geht es in dem gesamten Abschnitt vor

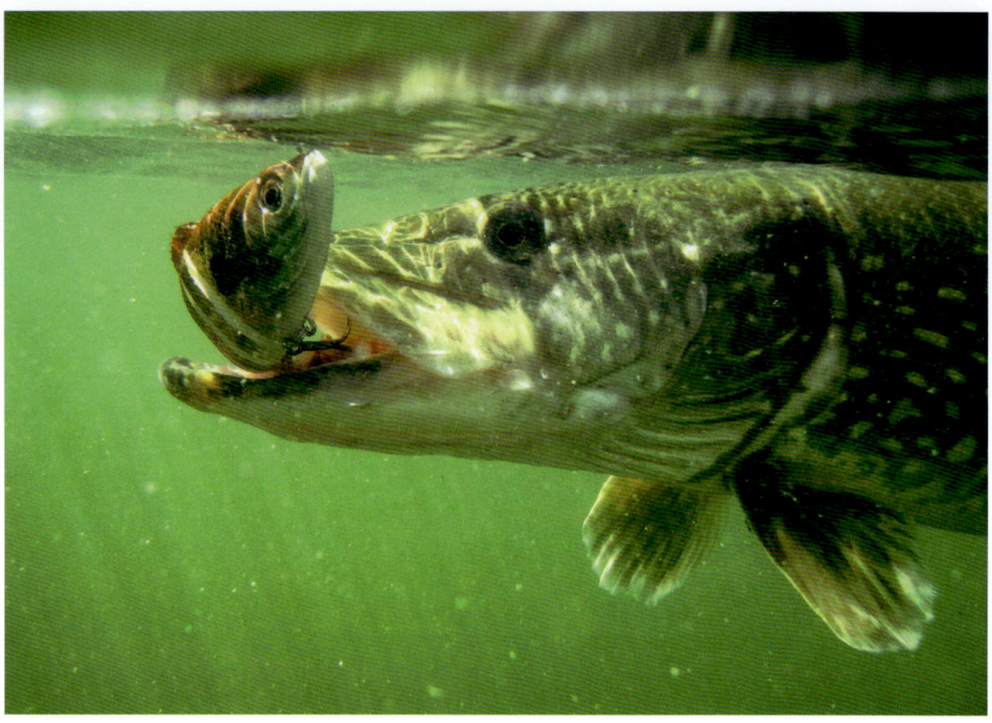

Foto oben: Das Wasser des Gooimeers ist sehr klar geworden. Dort fangen natürlich bewegliche Swimbaits sehr gut.

Foto unten: Gummifische sind immer eine gute Wahl, ob zum Schleppen oder zum Jiggen an den tieferen Stellen.

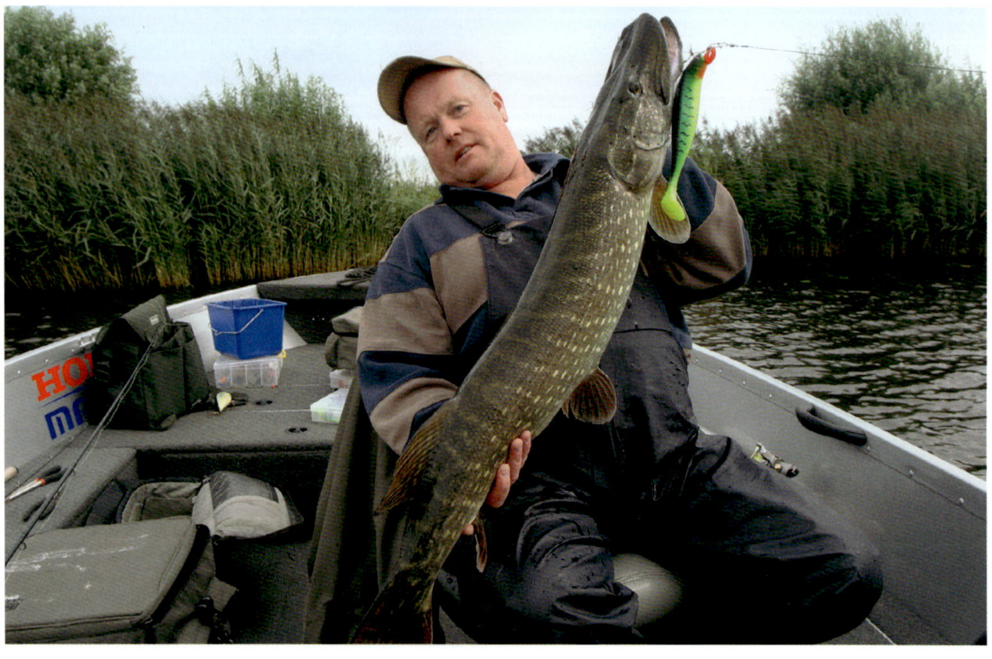

dem Städtchen Huizen zu. Nur empfehlen kann ich eine lange Drift im nördlichen Teil des *Gooimeers* entlang an den grünen Bojen von Almere, angefangen bei der Boje 45 bis zur Hollandse Brug, der Brücke, an der dieser See im Westen endet. Auf der Strecke wechselte die Gewässertiefe zwischen fünf und zehn Metern, aber überall dort können Hechte auf der Lauer liegen. Natürlich können Sie auch mit Hilfe eines Echolots versuchen, einem bestimmten Kantenverlauf möglichst genau zu folgen. Die Linie der Bojen bietet auf jeden Fall immer eine gute Orientierung für die grobe Richtung, in die man sich bewegen muss.

Vor der Brücke im Westen befindet sich eine kleine Insel. Die sollten Sie natürlich nicht unbeachtet lassen. An jeder Seite der Insel können Hechte auf der Lauer liegen. Rund um die Insel sollten Sie alles besonders gründlich abangeln. Dies gilt natürlich auch für die Inseln auf den anderen vorgestellten Seen.

➤ *Volkerak*

Das rund 6000 Hektar große Gewässer ist schon seit Jahren ein bevorzugtes Ziel vieler Raubfischangler. Was kein Wunder ist angesichts der vielen Möglichkeiten. Dort gibt es jede Menge Zander, man kann Barsche über 50 Zentimeter fangen, und Hechte – was die Hechte betrifft, so hat der See den Beinamen Jurassic Lake, denn die Hechte sind so groß, dass sie wie aus einem anderen Zeitalter wirken. Jedes Jahr werden dort einige Hecht über 40 Pfund

Doppeldrill auf dem *Volkerak*, einmal Zander, einmal Hecht. Beide können dicht nebeneinander stehen.

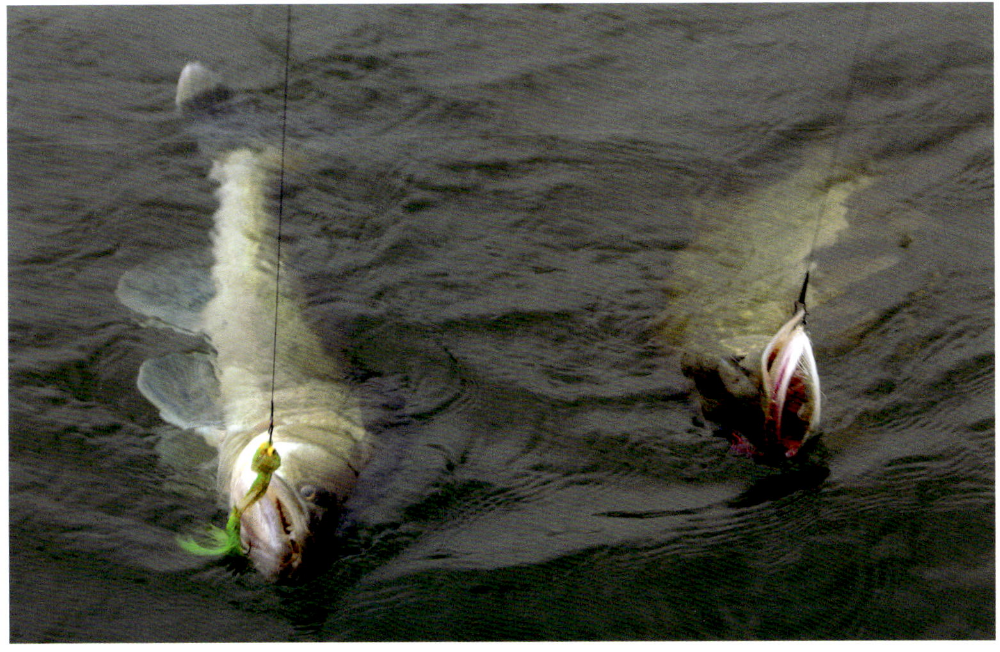

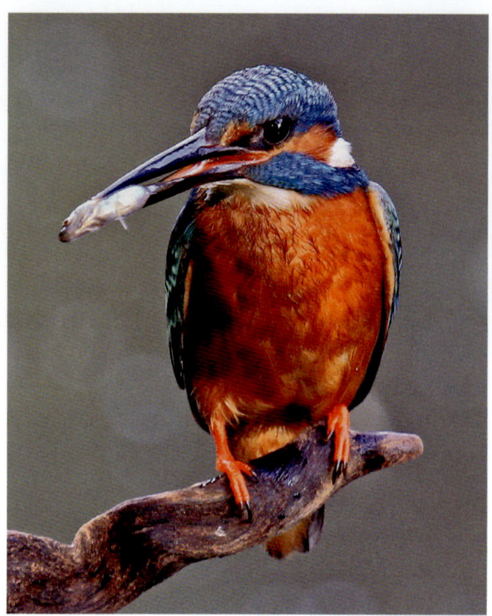

Und wenn man selber gerade nichts fangen sollte, dann kann man manchmal zumindest den anderen beim Fangen zuschauen.

ins Boot gehoben. Rund ums *Volkerak* gibt es viele natürliche Uferzonen. Viele davon sind auch zum Spinnfischen hochinteressant. Selbstverständlich lässt es sich auf dem *Volkerak* auch sehr gut schleppen, aber an den guten Uferstellen ist das Werfen und Spinnen die spannendere und oft auch die wirkungsvollere Methode. Das Wasser des *Volkerak*s ist sehr sauber, und in den zum Teil sehr breiten flachen Uferzonen wachsen die Wasserpflanzen aus einer Tiefe bis zu fünf Metern bis dicht unter die Oberfläche.

Bei der Wahl der Angelmethode kann man sich vielleicht am besten an der Wassertiefe orientieren. In den tiefen Bereichen bis etwa sechs Meter ist es wohl die bessere Wahl zu schleppen, in den flacheren Regionen und vor allem in der Nähe der Ufer wäre das Spinnfischen aber zu empfehlen. Das *Volkerak* ist allerdings nicht nur bei Anglern, sondern auch bei anderen Wassersportlern sehr beliebt. Und weil es auch als Naherholungsgebiet dient, ist ein Teil des Gewässers anderen Vergnügungen vorbehalten und für Angler gesperrt. Das sollte uns aber nicht zu sehr stören, denn zum einen ist das Gewässer immer noch groß genug und zum anderen sind die gesperrten Bereich gute Schongebiete für die Hechte, die von dort in das gesamte Gewässer ausziehen. Die Schongebiete sind deutlich durch rotweiße Bojen markiert. Es versteht sich, dass man innerhalb dieser Zonen nicht angelt. Aber man kann zumindest dicht an den Grenzen angeln und dort findet man vielfach sehr interessante Uferbereiche. Sie erkennen zwar die Schutzgebiete unschwer an den Bojen, aber schauen Sie sich doch vorher auch auf einer Karte an, wo Sie angeln dürfen und wo nicht, damit Sie nicht vergeblich in irgendeine Richtung fahren.

Die Wasserpflanzen tun uns meistens den Gefallen, nicht ganz bis zur Oberfläche zu wuchern, sie lassen uns unter der Oberfläche noch genug Platz, um dort mit einem Sortiment unterschiedlicher Köder angeln zu können. Alle flach laufenden Kunstköder sind gut geeignet für diese Gewässerstellen. Besonders empfehlen kann ich den Svartzonker McMy. Auch Zalt-Wobbler bringen die richtigen Eigenschaften mit, um hier sehr erfolgreich zu sein. Dringend empfehlen möchte ich auch große Spinner und Spinnerbaits. Letztere vor allem mit den Farben Rot für das Spinnerblatt und Schwarz für die Gummifransen oder das Büschel aus Bucktailhaaren.

Nahezu überall, wo Sie eine breite natürliche Uferzone erkennen, finden Sie zugleich auch eine gute Stelle zum Werfen. Überall, wo Sie Pflanzenfelder an der Oberfläche oder durch das klare Wasser auch unter der Oberfläche erkennen, wird es spannend. Interessant sind zum Beispiel die Strecken um die Inseln nahe Oude Tonge. Dort finden Sie Pflanzenfelder, die aus größerer Tiefe nach oben wachsen. Natürlich lauern dort schwere Räuber.

Wenn Sie sich für ein paar Tage am *Volkerak* einnisten wollen, finden Sie rund ums Gewässer schöne Unterkünfte. Besonders zu empfehlen sind die Bungalows rund um den Suisendijk in Oude Tonge. Alle Informationen bekommen Sie bei Nautique Rentals (www.nautiquerentals.nl).

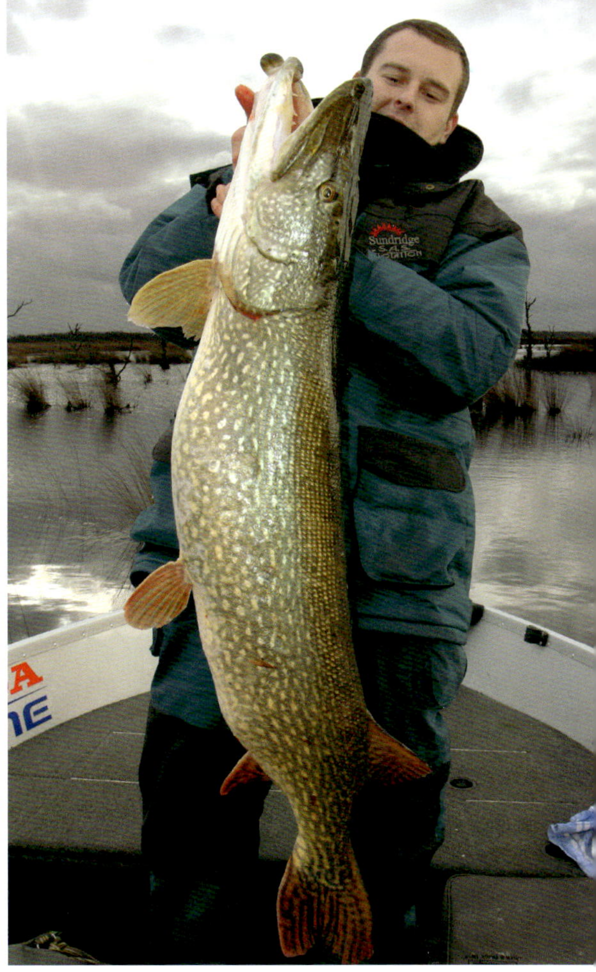

Vinkeveen ist eine Legende unter den niederländischen Seen, kein Wunder bei solchen Monstern.

➤ Seen in Nordholland

Es gibt ja so viele gute Hechtgewässer in den Niederlanden, auch viele kleinere See. Rund um Amsterdam liegen einige gute Seen wie *Stooterplas* und *Het Twiske*, um nur zwei besonders empfehlenswerte Seen zu nennen. *Het Twiske* ist ein See von 100 Hektar Fläche, auf dem Jahr für Jahr Hechte über 1,30 Meter Länge gefangen werden. Praktisch an diesem Gewässer ist, dass es dort problemlos Boote zu mieten gibt. Und weil der See nicht allzu groß ist, kann man es auch verkraften, dass man dort rudern muss. *Het Twiske* bietet sich auch an als ein Gewässer, an dem man sehr gut mit totem Köderfisch vom Ufer angeln kann. Vor allem in den Wintermonaten ist das dort eine sehr zuverlässige Methode, um ein paar kapitale Hechte zu fangen. Wenn Sie an dem See angeln und ein Boot mieten wollen, nehmen Sie Kontakt auf unter info@twiskehaven.nl (Internet: www.twiskehaven.nl).

Neben dem See gibt es noch mehr Gewässer in der Umgebung. Zahlreiche Gräben und Kanäle bieten weitere Möglichkeiten für Hechtangler. Das macht die gesamte Region sehr interessant.

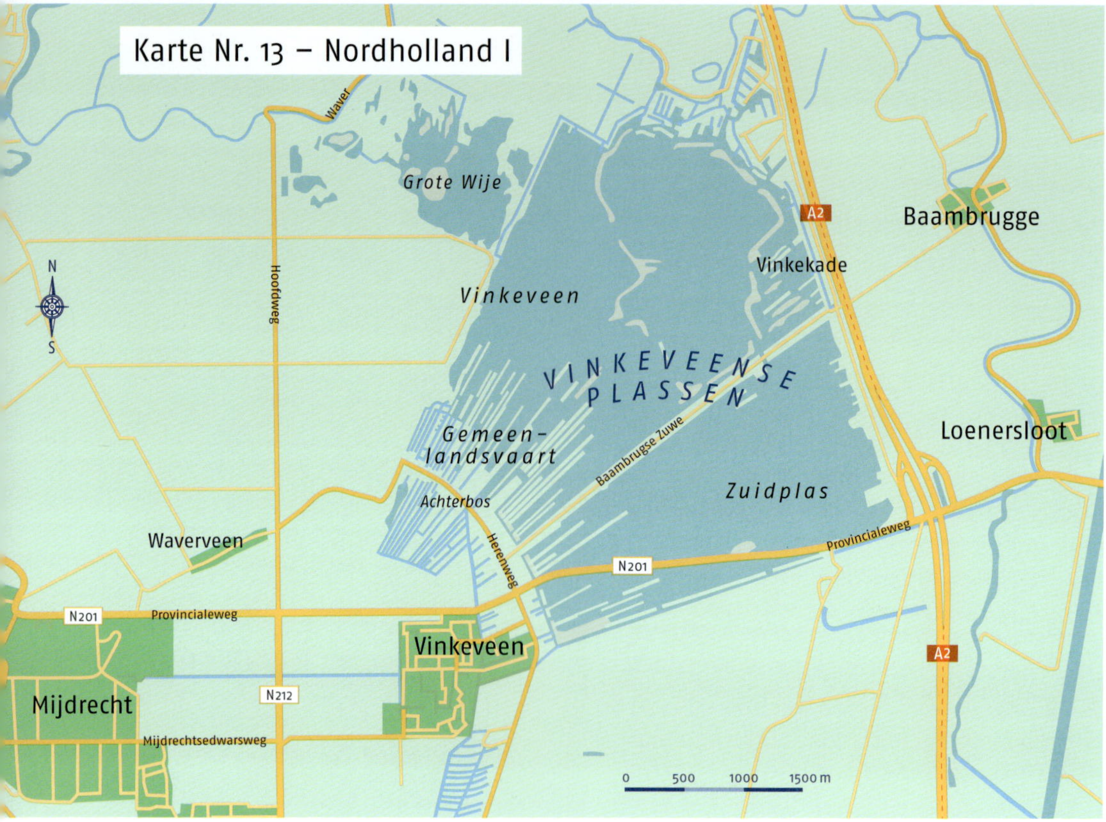

Karte Nr. 13 – Nordholland I

Waver
Grote Wije
Baambrugge
Vinkekade
Vinkeveen
Hoofdweg
VINKEVEENSE PLASSEN
Loenersloot
Gemeenlandsvaart
Baambrugse Zuwe
Zuidplas
Achterbos
Waverveen
Herenweg
Provincialeweg
N201
A2
Vinkeveen
Mijdrecht
N212
Mijdrechtsedwarsweg
0 500 1000 1500 m

In *Vinkeveen* wachsen viele Pflanzen, und das bedeutet viel Hecht.

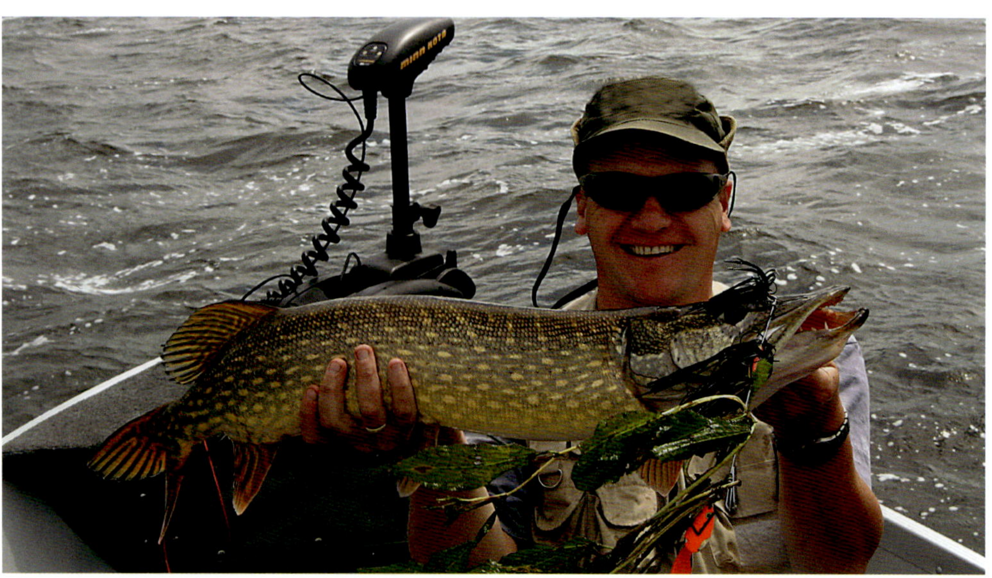

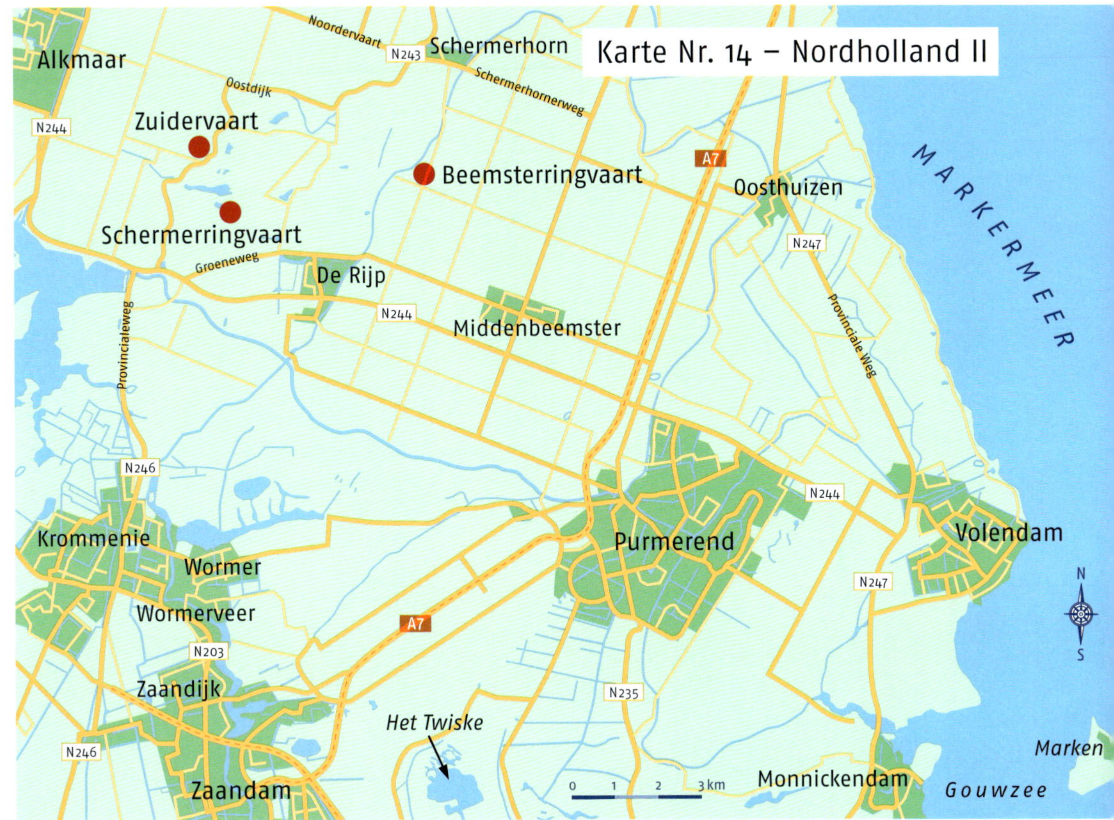

Ein besonderes und fast schon legendäres Hechtgewässer ist *Vinkeveen*. Ich habe dort als Teenager zum ersten Mal geangelt und seitdem viele schwergewichtige Hechte gefangen. Der See ist durch Torfabbau entstanden, und die Art, wie er von Menschenhand geformt wurde, macht ihn gerade so interessant für Hechte. Auf dem See gibt es zahlreiche langgestreckte Halbinseln. Das waren früher die Stege, auf denen der Torf zum Trocknen gestapelt wurde. Von diesen Stegen fällt das Wasser auf ein bis drei Meter Tiefe ab. Das Wasser ist insgesamt recht klar, und weite Bereiche zeigen einen intensiven Pflanzenwuchs. In den offenen Bereich ist der See bis fünf Meter tief. In nahezu allen Randbereichen wachsen die Wasserpflanzen, die zum Teil einen breiten Gürtel bilden. *Vinkeveen* ist groß und gut genug, um darauf einen ganzen Angeltag zu verbringen.

Als eine besondere Stelle des Gewässers möchte ich Ihnen den Bereich hinter den Inseln in Richtung des Dorfes *Vinkeveen* empfehlen. Dort befindet sich ein weites im Durchschnitt drei Meter tiefes Gebiet, in dem das Wasser meistens so klar ist, dass man überall auf den Boden schauen kann. Dieser Bereich des Sees ist mit einem kleinen Kanal verbunden, an dem

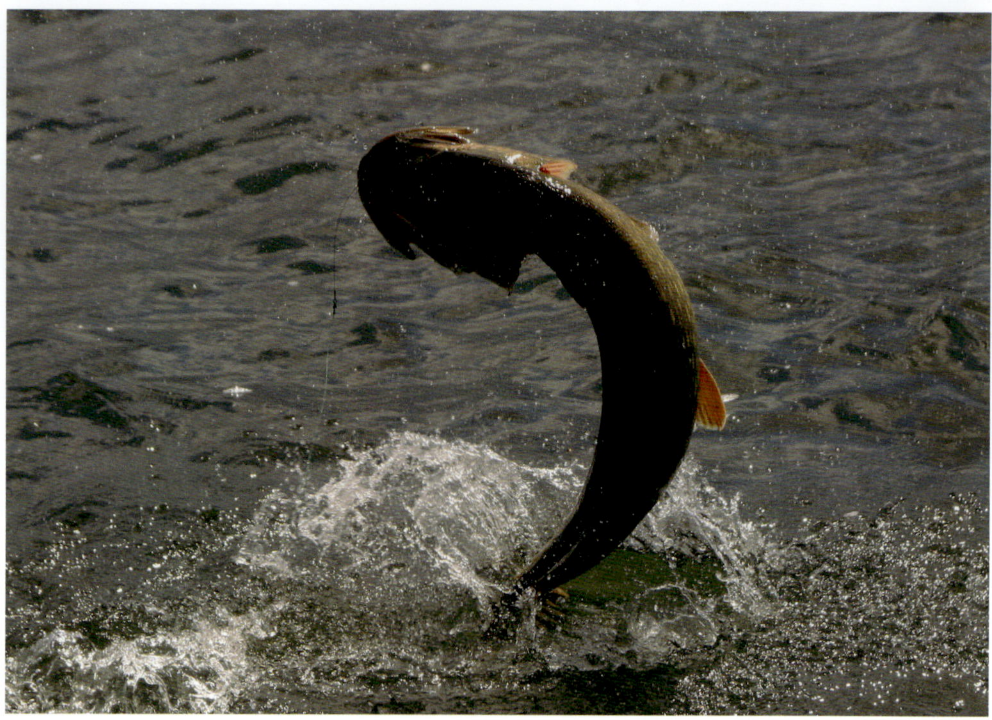

Die Hechte in den Moorseen haben viel Temperament, Sprünge im Drill sind fast garantiert.

sich eine Reihe Ferienhäuser befindet. Auch diesen Kanal sollten Sie unbedingt mit abfischen, denn dort gibt es auch viele Einstände für gute Hechte. Vor allem dort, wo sich die Seerosen ausgebreitet haben, stehen sicher Hechte, und für Jerkbait-Angler ist das ein ausgezeichnetes Übungsgelände. Aber erschrecken Sie nicht, wenn dort ein paar kolossale Karpfen an Ihrem Boot vorbeiziehen.

Wie auf vielen klaren Gewässern kann man auch auf *Vinkeveen* sehr gut mit Streamern angeln. Spinnfischern seien unbedingt auch Spinnerbaits empfohlen. Eine Besonderheit des Gewässers besteht darin, dass die Hechte hier sehr gut auf Oberflächenköder reagieren. Vor allem früh morgens und am Abend lohnt es sich, mit Oberflächenködern wie Stickbaits oder Poppern zu angeln. Ich würde für *Vinkeveen* vor allem die Morgenstunden zum Angeln empfehlen, weil es auf dem See noch andere Wassersportler gibt, die aber erst später im Laufe des Vormittags eintreffen. Wenn sie dann den See bevölkern, ist es Zeit für die Rückfahrt, um dann am Abend zurückzukommen. Weitere Informationen zu *Vinkeveen* (Internet: http://www.vvpverhuur.nl/de) bekommen Sie unter info@VVPverhuur.nl

Ein weiterer guter Hechtsee befindet sich an der Schnellstraße N 201. Zu beiden Seiten der Straße erstreckt sich der *Zuidplas*. Ich

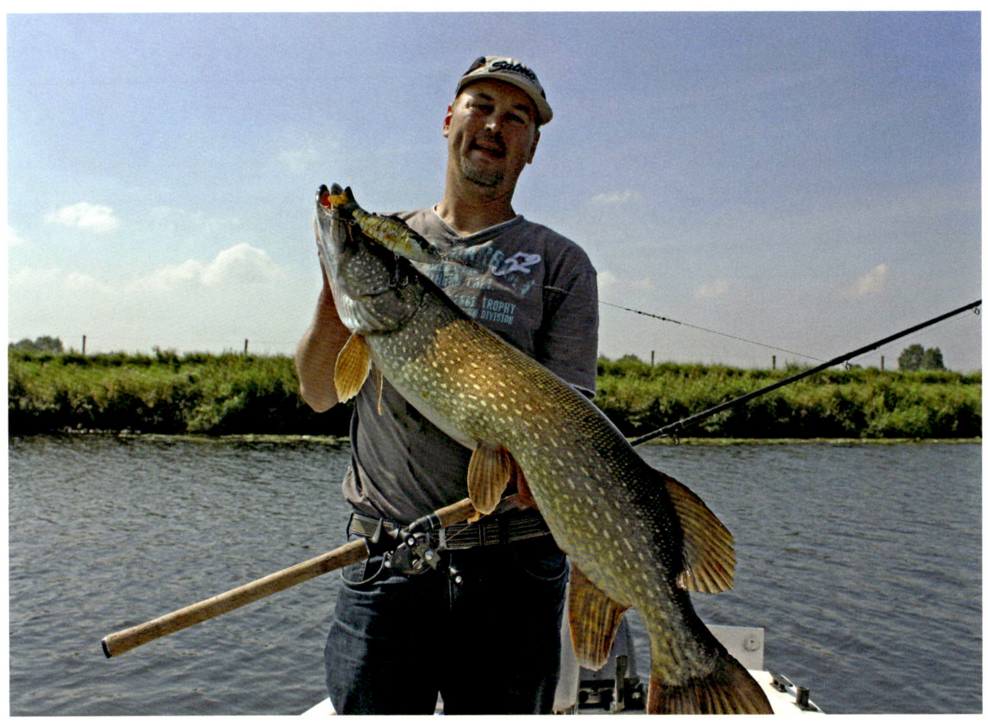

Und es gibt noch so viele andere Gewässern, in denen man solche Hechte fangen kann.

würde diesen See sogar zu den schönsten Hechtgewässern des Landes zählen. Auch dieser See ist durch Torfabbau entstanden, und auch in diesem See gibt es die charakteristischen Stege, auf denen der Torf zum Trocknen gestapelt wurde. Im Laufe der Zeit sind diese Stege aber so sehr erodiert, dass ihre Oberkanten bereits einen Meter unter der Wasseroberfläche liegen. Zu ihren Seiten fällt das Wasser auf drei bis vier Meter ab, aber auf ihrem Scheitel wachsen dichte Wasserpflanzen. Für die Hechte sind das ideale Stellen, um sich dort auf die Lauer zu legen und ahnungslos vorbeischwimmende Beute zu greifen. Diese markanten Stellen findet man in verschiedenen Bereichen des Sees, vor allem aber entlang der N 201. Dieser See bieten eine Fülle interessanter Stellen, eigentlich kann man überall mit Hechten rechnen, es gibt kaum einen Bereich, in dem man nicht gut fangen kann. Man kann sich leicht in dieses Gewässer verlieben. Es beherbergt schließlich auch nicht nur viele Hechte, sondern ebenso viele Barsche. Vor allem im Spätsommer sieht man dort die Möwen und Seeschwalben ins Wasser stechen, um Kleinfische zu erbeuten. Folgen Sie dann den Seevögeln und beangeln Sie die Stellen mit kleinen Kunstködern. Denn an dieser Stelle machen nicht nur die Vögel, sondern auch die Barsche Jagd auf kleine Fische.

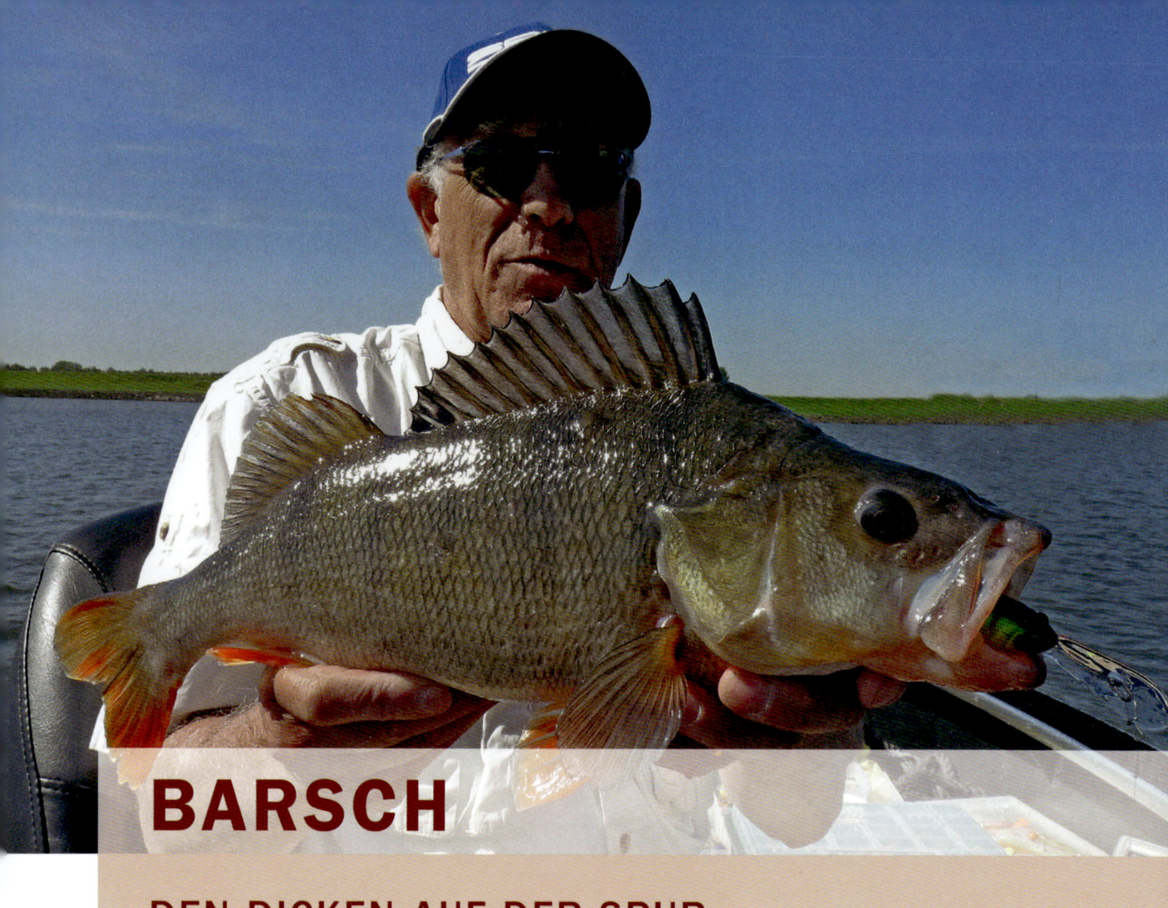

BARSCH

DEN DICKEN AUF DER SPUR

Neben Hecht und Zander gibt es natürlich noch ein paar Raubfische in den Niederlanden. Der Barsch ist weit verbreitet in nahezu allen Gewässern und kann mit allen erdenklichen Methoden und Ködern gefangen werden. Wenn von Barschen in den Niederlanden die Rede ist, schwingt dabei aber doch etwas Besonderes mit. Denn Barsche können in den Niederlanden richtig groß werden. Und kapitale Barsche sind – das weiß jeder Raubfischangler – eine echte Rarität. Barsche lassen sich ähnlich wie Hechte mit unterschiedlichen Techniken fangen. Einige davon fangen aber meistens besser als andere. Man denke beispielsweise an das Dropshotten oder an das ultraleichte Spinnfischen, zwei Methoden, die das Barschangeln doch zu einer sehr speziellen Angelegenheit werden lassen.

➤ Fangzeiten

Barsche können selbstverständlich das ganze Jahr über gefangen werden. Aber es gibt auch besonders günstige Zeiten im Laufe des Jahres. Dazu gehören die Sommermonate, in denen die Barsche sehr aktiv sind und oft sogar an der Wasseroberfläche jagen. Hat man erst einen Barsch gefangen, dann weiß man auch, dass da noch mehrere in der Gegend sind. Manchmal machen es einem die Barsche sehr leicht, sie zu finden. Wenn im Sommer Schwärme von Möwen und vor allem Seeschwalben über dem Wasser kreisen und ins Wasser stechen, dann bedeutet das, dass Barsche auf Jagd sind und ihre Beutefische an die Oberfläche treiben. Vom Ufer aus kann man den wilden Treiben meistens nur tatenlos zusehen, vom Boot aus beteiligt man sich aber an dem Jagen und kann oft dutzende schöner Barsche dabei erbeuten. Aber es gibt zum Glück genug Gewässern, an denen man sehr gut vom Ufer aus Barsche fangen kann. Überall, wo das Wasser gestaut wird, an allen Schleusen, an Zuflüssen, an den Buhnen der Flüsse, bei und unter den Brücken sind die Barsche auf Beutezug, und es gibt noch viele andere markante Plätze, an denen die Barsche unterwegs sind.

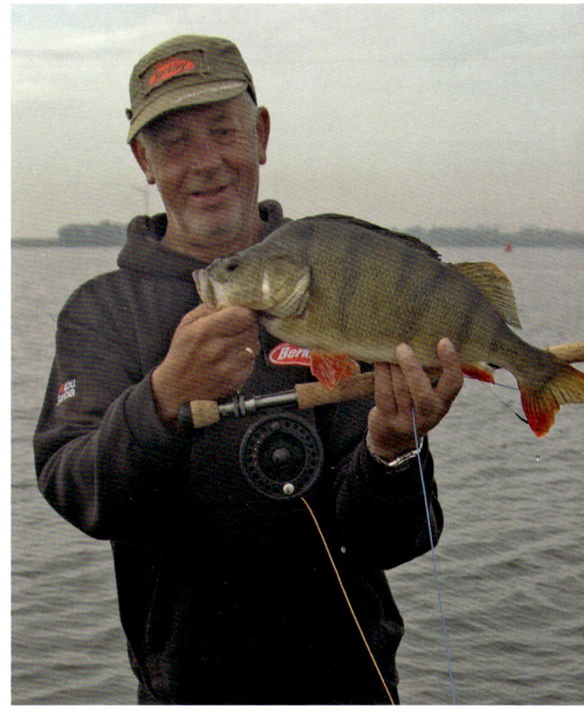

Was für ein Klotz von einem Barsch, und dann noch mit der Fliegenrute gefangen. Das ist auch für Bertus etwas ganz Besonderes.

➤ Fangtechniken

Selbst in der kalten Jahreszeit hat man gute Chancen auf dicke Barsche. Viele kapitale Barsche werden dann an den tiefsten Gewässerstellen mit der Dropshot-Methode gefangen. Auch beim Vertikalangeln auf Zander geraten immer wieder große Barsche an den Haken. Wundern Sie sich nicht, wenn die Barsche manchmal sogar größer sind als die Zander, die Sie fangen. Barsche über 50 Zentimeter Länge sind für viele Raubfischangler ein Traum. Aber es gibt in den Niederlanden Gewässer, da sind solche Barsche nicht einmal Ausnahmefische.

Es gibt verschiedene gute Techniken, um Barsche, auch große Barsche zu fangen. Eine gute Methode besteht im Vertikalangeln mit kleinen Gummifischen. Ich habe aber auch schon sehr gute Erfahrungen beim Spinnfischen mit kleinen Wobblern gemacht. Dabei geht es um tief laufende Wobbler, die aktiv geführt werden. Aber auch das Werfen und Spinnen mit Gummifischen eröffnet gute Fangchancen.

Wenn Sie mit kleinen Wobblern auf Barsch schleppen, sollten Sie sich ein paar Gedanken über das Geschehen unter Wasser, sprich über den Lauf des Wobblers machen. Für alle Wobbler wird ein Lauftiefenbereich angegeben. Wie tief Sie den Wobbler laufen lassen, liegt aber auch mit

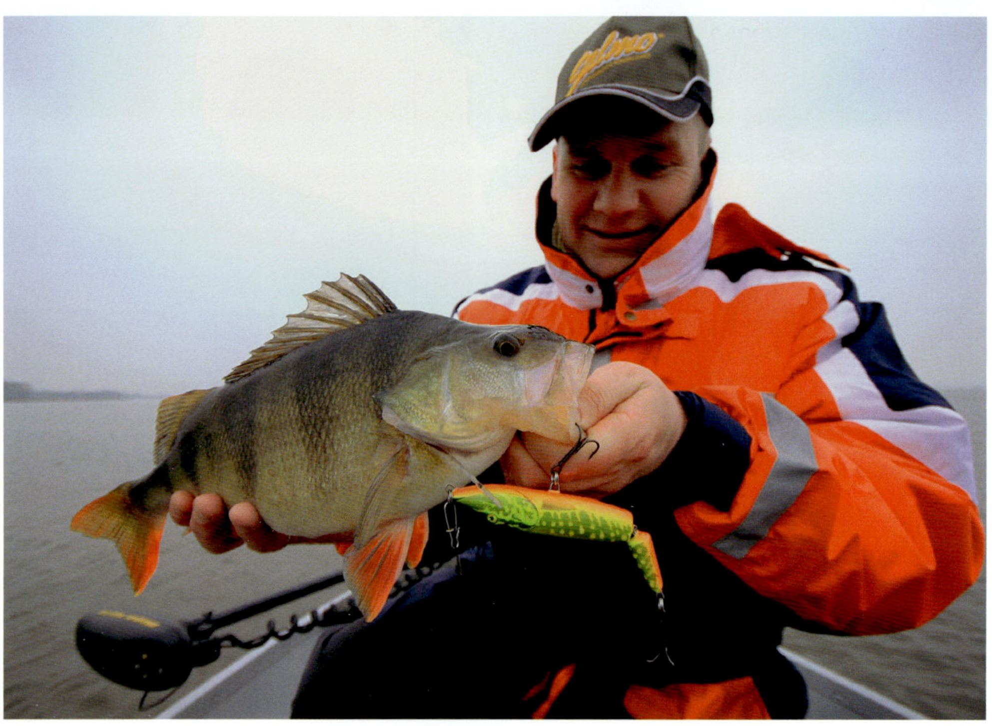

Umgekehrte Verhältnisse: Der Hecht als Wobbler und der Barsch, der ihn fressen will.

an Ihnen. Die meisten Wobbler erreichen ihre größte Schlepptiefe, wenn sie rund 50 Meter hinter dem Boot laufen. Wenn Sie noch mehr Schnur rauslassen, wird der Wasserdruck auf die Schnur so groß, dass der Wobbler wieder nach oben kommt. Nun heißt es mitdenken: Wenn Sie einen Wobbler haben, der eine Lauftiefe von fünf Metern hat, bedeutet das, er erreicht diese Tiefe bei 50 Meter Abstand hinter dem Boot. Dabei spielt auch der Durchmesser der Schnur eine Rolle. Je dünner die Schnur, desto weniger Druck herrscht auf der Schnur und desto tiefer taucht der Wobbler ab. Es heißt aber auch, dass der Wobbler die angegebene Tiefe unter Umständen gar nicht erreicht, wenn Sie eine (zu) dicke Schnur verwenden.

Wenn Sie einen fünf Meter tief tauchenden Wobbler haben und das Wasser ist aber nur drei Meter tief, müssen Sie noch nicht gleich verzweifeln. Führen Sie den Wobbler einfach kürzer hinter dem Boot, so dass er seine angegebene Lauftiefe nicht erreichen kann. Ich kann sogar die Angsthasen beruhigen: In den Poldern wird der Schleppköder oft nur einen oder zwei Meter hinter dem Boot geführt. Dabei kann man erleben, wie wenig sich Hecht, Zander und Barsch an einem Außenbordmotor stören und direkt am rotierenden Propeller vorbei auf den Köder zuschießen. Fische haben keine Angst vor vorbeifahrenden Booten. Also, um mit einem tief laufenden Wobbler nicht so tief zu schleppen, nehmen Sie so viel Schnur auf, dass nur noch wenige Meter Schnur zwischen Rutenspitze und Köder liegen. Der fünf Meter tief laufende Wobbler, läuft dann dicht hinter dem Boot unter Umständen nur noch einen Meter tief. Auf diese Weise können Sie einen einzigen Wobbler in sehr unterschiedlichen Tiefen laufen lassen und sich die Anschaffung allzu vieler Wobbler sparen. Kaufen Sie einen tief laufenden Wobbler und setzen Sie ihn an einem kurzen Schnurstück so ein, dass er flach läuft. Und Sie werden damit genau so viele Fische fangen wie mit einem Wobbler, der für solch einen flachen Lauf bestimmt ist.

Das Angeln auf Barsche rechnet man in der Regel zum leichten Spinnfischen. Wie leicht man es nimmt oder nehmen kann, hängt aber immer auch von den Umständen und dem Köder ab. Einer meiner liebsten Wobbler zum Schleppen auf Barsch ist der Flatt Shad von Sébile. In der sinkenden Version ist das schon ein ziemlich schwerer Brocken, der absinkt wie ein Backstein. Beim Schleppen vibriert er dann ganz beträchtlich. Also, er besitzt schon Merkmale, die über das leichte Spinnfischen hinausgehen. In den Größen 6,6 und 9,6 Zentimeter zählt er schon nicht mehr zu den ganz kleinen Wobblern. Für einen großen Barsch ist das aber eine angemessene Portion. Sie erfordert aber auch angemessenes Gerät, damit man den Köder sicher führen und spüren kann. Ich benutze deshalb beim Angeln auf große Barsche Geräte, die genauso gut zum Zanderangeln taugen. Denn beim Barschangeln mit den genannten Wobblern dürfen Sie sich darauf gefasst machen, dass nicht nur Barsche beißen. Es werden sich auch andere Raubfische interessiert zeigen. Und auf die sollte man mit dem richtigen Gerät vorbereitet sein.

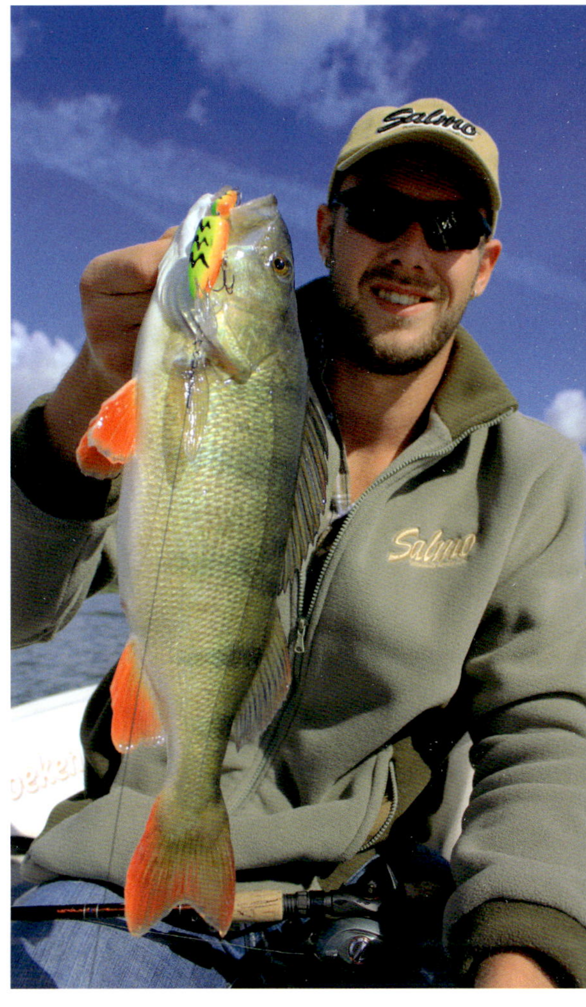

Ein schöner Sommerbarsch auf einen kleinen Wobbler. Auf diese Weise kann man viele hübsche Barsche fangen.

➤ Das Topgewässer *Haringvliet*

Wo sollte man hin, wenn man einmal wirklich große Barsche fangen will? Ich habe bereits das *Haringvliet* als außergewöhnlich gutes Zandergewässer vorgestellt. Es ist aber auch die erste Adresse für kapitale Barsche. Weil es insgesamt ein sehr gutes Raubfischgewässer ist, wird man dort also nicht immer ganz alleine sein. Aber das Gewässer ist schließlich groß genug, damit jeder Angler einen eigenen großen Bereich findet, wenn er gezielt auf Barsch gehen will. Und glauben Sie mir, selbst wenn die meisten Angler der Zander wegen kommen, die eigentliche Attraktion dieses Gewässers sind die riesigen Barsche. Auf dem *Haringvliet* findet man eigentlich überall Barsche. Diese Feststellung hilft Ihnen natürlich noch nicht weiter. Es gibt schließlich aber auch absolute Top-Stellen, und an denen habe ich selbst schon manches Mal außergewöhnliche Angeltage auf Barsch erlebt.

Wobbler sind Top-Barschköder, vor allem beim Schleppen sind sie unschlagbar.

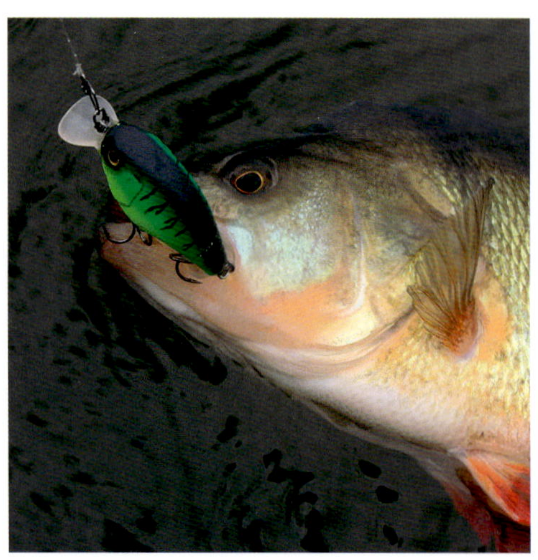

Eine Stelle, an der ich schon einige gewaltige Barsche gefangen habe, liegt im Bereich der *Haringvliet*brücke der A 29. Man kann dort ganz einfach unter der Brücke angeln. Da man auch leicht ins Wasser kommt, sind dort einige Angler auch gerne mit dem Bellyboat unterwegs. In dem gesamten Bereich um die Brücke herum bestehen beste Chancen auf einen wirklich kapitalen Barsch. Und es ist nicht nur ein Großbarsch dort unterwegs. Alle genannten Techniken führen an der Brücke zum Erfolg. Ich selbst bevorzuge dort das Vertikalangeln, aber gerne schleppe ich dort auch eine Runde mit kleinen, tief laufenden Wobblern. Gut gefangen habe ich zum Beispiel mit dem Koolie Minnow long lip von Sébile. Vor allem die Farben Blau, Weiß und Silber/Schwarz wirken hervorragend auf die Barsche.

Fahren Sie bei der *Haringvliet*brücke immer mit größter Aufmerksamkeit, nicht nur damit Ihnen kein Biss entgeht, sondern damit Ihnen dort auch sonst nichts entgeht. Denn Sie sind nicht allein dort. Wahrscheinlich sind noch andere Angler dort, und es gibt dort oft einen regen Berufsschiffsverkehr. Und der verlangt, dass Sie sich an die Regeln halten und vorsichtig agieren. Der gesamte Bereich und die ganze Breite unter der Brücke verdienen es, gründlich abgeangelt zu werden. Vor allem der Übergangsbereich von der Brücke zum offenen Wasser ist spannend und verspricht immer wieder einen starken Barsch.

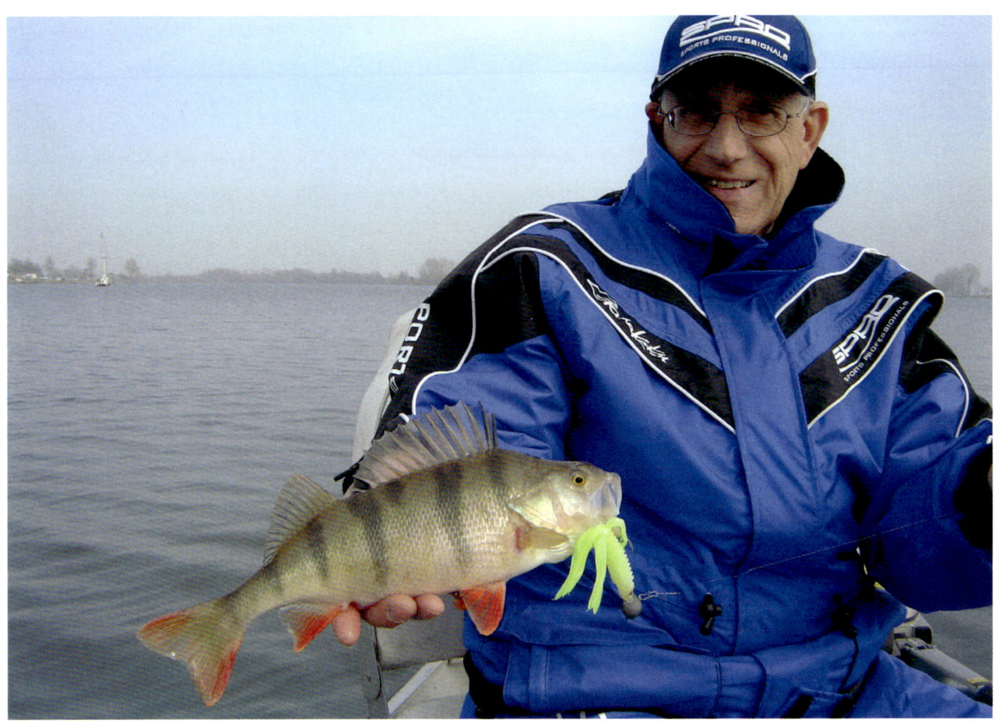

Foto oben: An vielen Flüssen dominieren die Barsche als Räuber, und sie lassen sich mit diversen Ködern und Methoden fangen.

Foto unten: Auch wenn sie nicht alle über drei Pfund wiegen, diese Barsche sind einfach richtig tolle Fische.

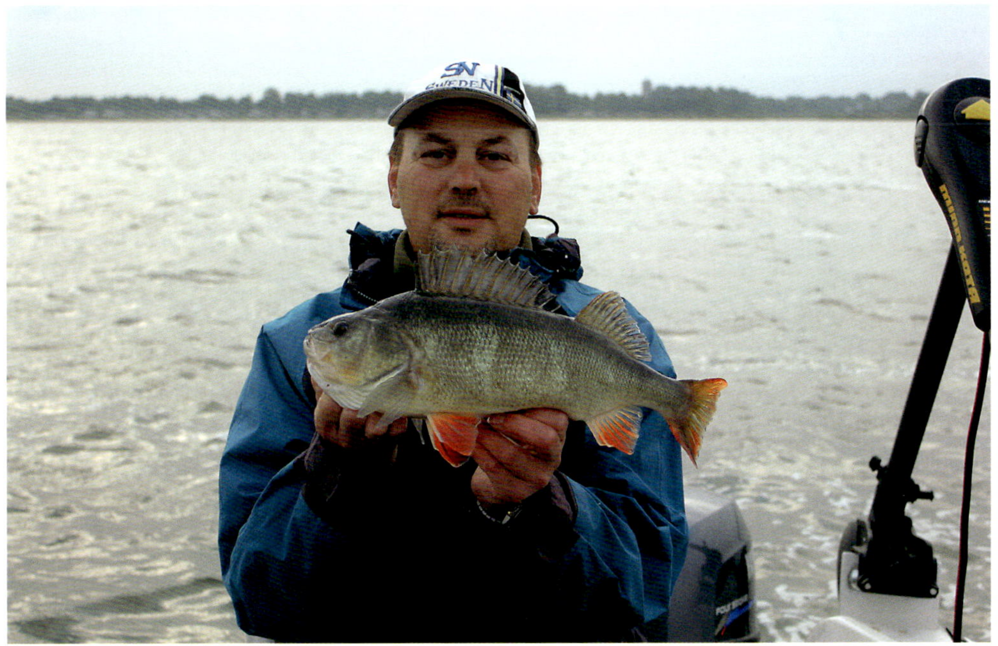

Die zweite Top-Stelle des *Haringvliet* liegt im Bereich Het Spui. Das ist ein Kanal, der für uns ansonsten nicht weiter interessant ist, dessen Einmündung aber einen echten Hotspot darstellt. Auch an dieser Stelle habe ich immer wieder tolle Barsche gefangen. Der gesamte Mündungsbereich des Kanals ist sehr interessant und eigentlich kann man auch überall mit Barschen rechnen. Die meisten Fänge hatte ich aber auf der vom Kanal aus gesehen rechten Seite. Auf der linken Seite erstreckt sich eine lange Böschung mit üppigem Pflanzenwuchs. Und auch dort darf man immer mit schönen Barschen rechnen. Ein kleines Stück in den Spui hinein zu schleppen, bringt auch oft ein paar Fische, neben Barsch nicht selten auch Zander. Weil im Bereich der Einmündung oft eine starke Strömung herrscht, ist es immer sehr empfehlenswert, das Boot vor der rechten Mündungsseite zu verankern und diesen Bereich dann gründlich abzuwerfen. Angeln Sie mit einem Gummifisch am Jigkopf oder an der Dropshot-Montage. Ich kann mir kaum vorstellen, dass Sie dann nicht einen erfolgreichen Angeltag erleben werden. Übrigens ist die Stelle besonders im Sommer sehr ergiebig. Wenn man dann einen guten Tag erwischt, kann das wirklich ein unvergessliches Erlebnis werden.

Jetzt müssen wir uns noch den Hafenbereich um Stellendam vornehmen. Ich weiß, ich habe jetzt viele gute Stellen ausgelassen, aber ich will Ihnen tatsächlich nur meine drei Top-Stellen nennen, auch wenn es noch viele andere gut Plätze gibt. Im Hafenbereich von Stellendam lässt es sich auch sehr gut vom Ufer aus angeln. Die besten Aussichten hat man dann im Sommer. Dabei ist der Hafen auch im Winter ein Sammelplatz der Fische. Und auch dann kann man großartige Fangtage erleben.

Wer in dem Hafen mit dem Boot unterwegs ist, wird schnell bemerken, dass es sich um ein wirklich großes und tiefes Gebiet handelt. Über weite Strecken ist das Wasser nahezu unverändert um zehn Meter tief. Der weite ebene Boden wirkt sehr unscheinbar, aber genau dort darf man mit kapitalen Barschen rechnen. Das Gebiet ist auch allemal groß genug, um dort den gesamten Tag zu verbringen. Der ebene Boden eignet sich natürlich sehr gut zum Vertikalangeln. Aber auch Driften und Werfen ist eine gute Möglichkeit, den gesamten Bereich effektiv abzufischen. Unter die Barschfänge wird sich sicherlich der eine oder andere Zander mischen, aber wer hätte dagegen etwas einzuwenden?

➤ Kapitale aus dem *Volkerak*

Das an das *Haringvliet* grenzende *Volkerak* habe ich nun schon einige Male erwähnt. Es ist ein Raubfischgewässer, das für Zander- und Hechtangler, aber eben auch für Barschangler hochinteressant ist. Wer es speziell auf große Barsche abgesehen hat, findet ein Toprevier in dem Bereich von Heensche Molen. Dort erstreckt sich eine langsam abfallende Kante, an der man über eine sehr lange und breite Strecke driften und werfen, aber auch vertikal angeln

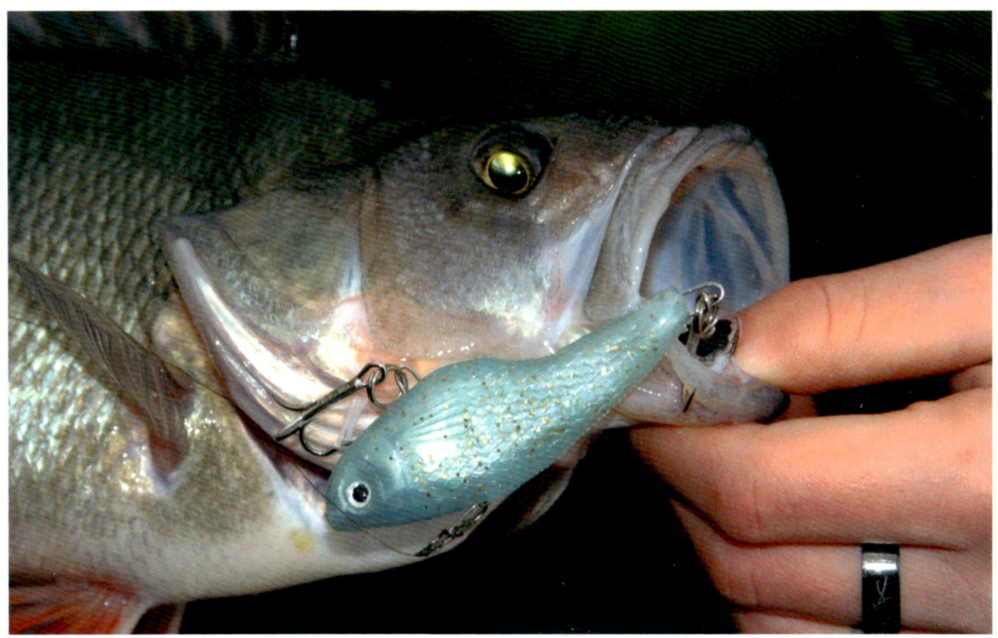

Foto oben: Ein Spinnerblatt hinter dem Wobbler oder dem Gummifisch übt besonderen Reiz auf Barsche aus.

Foto unten: Der sieht schon beeindruckend aus, der alte Dickbarsch.

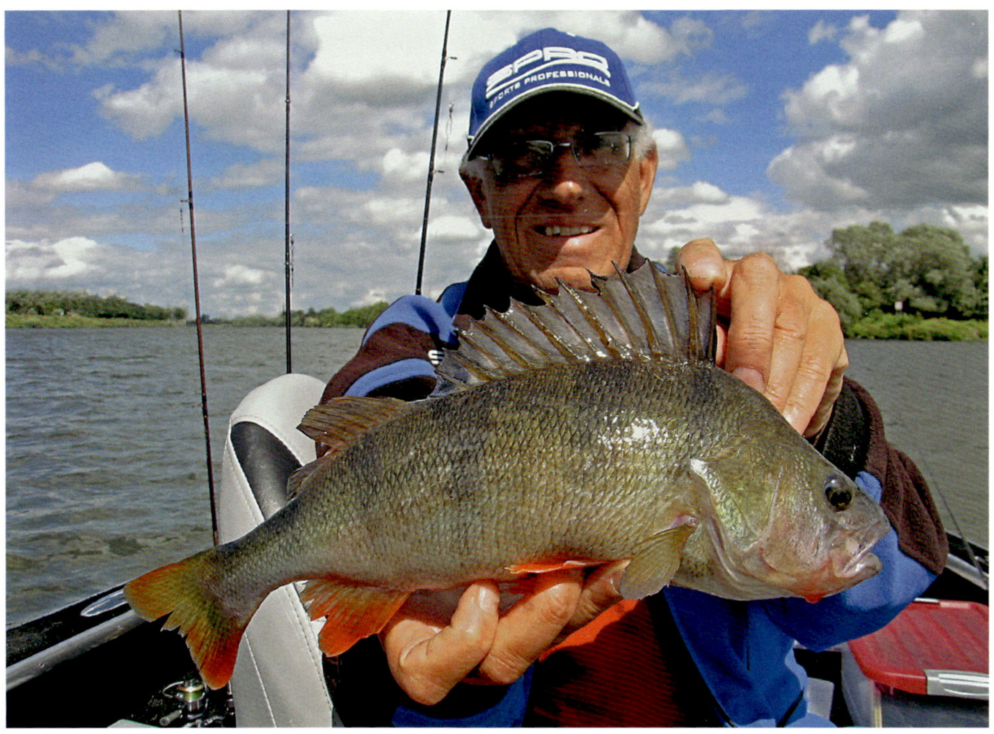

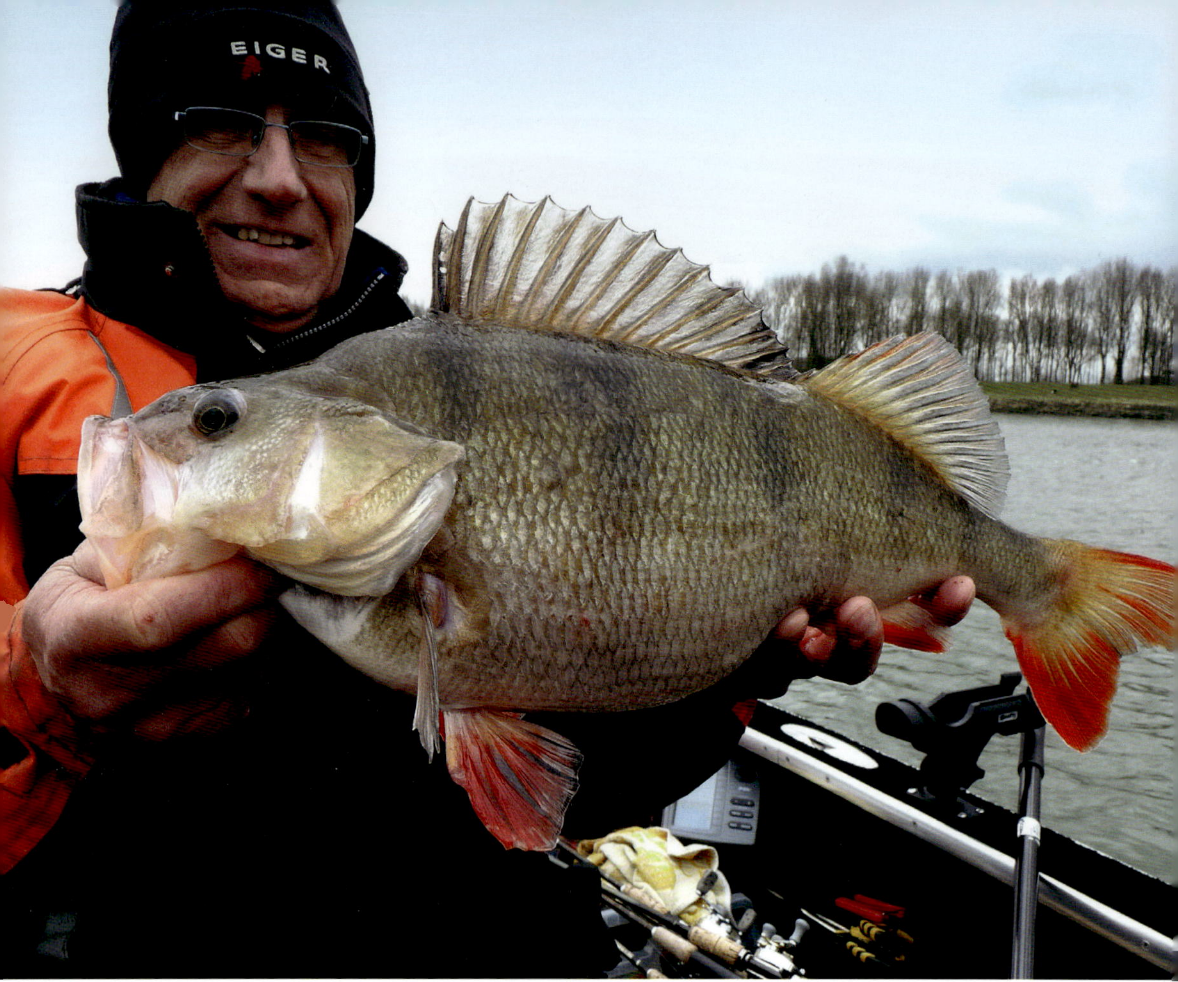

Ein Halbmeter-Barsch, ein Fang, der weitaus seltener ist als ein Meter-Hecht.

kann. Sicher gibt es in diesem Bereich auch Zander, aber oft genug passiert es, dass man nur Barsche fängt, ohne dass sich ein Zander einmischt.

Im Bereich Ooltgensplaat vor den Windkraftanlagen befindet sich ein weiteres spannendes Gebiet für Großbarsche. Dort ist es besonders vielversprechend, mit kleinen Wobblern zu schleppen. Besonders im Sommer ist das eine sehr effektive Methode. Auf der anderen Seite von Ooltgensplaat befindet sich eine künstlich angelegte Insel mit einem langgestreckten Damm. Angeln Sie diesen Bereich auch unbedingt einmal gründlich ab. Dort warten eigentlich immer ein paar richtig dicke Barsche auf Beute.

In den Sommermonaten lohnt es sich eigentlich auch immer, die Stellen zwischen den Wasserpflanzen abzufischen. Gute Köder dafür sind Spinner, kleine Blinker und Wobbler, am besten keine besonderen Farben, sondern einfach nur silberne Modelle. Bei guter Sicht kann man erkenne, dass die Wasserpflanzen bis in vier Meter Tiefe wurzeln. Vor allem die großen einzelgängerischen Barsche halten sich gerne im Bereich dieses Unterwasserdschungels auf. Fischen Sie relativ hoch zwischen diesen Pflanzen, die Fische sehen den Köder aus der Tiefe und attackieren ihn. Wundern Sie sich aber nicht, wenn dann einmal kein Barsch, sondern ein Zander am Haken hängt. Denn auch die Zander lauern hier gerne zwischen den Pflanzen.

Eine Stelle muss ich doch noch erwähnen: die Einmündung des Schelde-Rhein-Kanals. Im Bereich der Mündung, aber auch in dem Kanal selbst lohnt es sich, eine Runde mit kleinen Wobblern zu schleppen. Denn auch dort sind überall starke Barsche unterwegs. Ein besonderer Tipp: Versuchen Sie hier auch einmal, mit kleinen Gummifischen zu schleppen. Nehmen Sie keine zu steifen Gummifische, damit kommen Sie zwar bei Zandern gut an, aber nicht bei Barschen. Die mögen nämlich alles, was sich ordentlich bewegt, viel lieber. Also nehmen Sie einen Gummifisch mit einem schönen Schaufelschwanz, der für verführerische Bewegungen sorgt.

Es gibt natürlich noch zahlreiche andere gute Barschgewässer, zum Beispiel Seen wie *Vinkeveen* und Wijde Blik, alle großen und tiefen Kanäle sowie alle Häfen. Letztere werden vor allem in den Wintermonaten interessant. In all diesen Gewässern kann man richtig schöne Barsche fangen, und ab und zu ist da auch ein ganz dicker Bursche dazwischen. Die Stückzahlen, die man manchmal fängt, sind beachtlich, vor allem mit modernen Methoden wie Dropshotting kann man reichlich Barsche fangen.

Ich könnte noch viele Gewässer aufzählen, in denen man gut auf Barsch angeln kann, aber im Grunde ist fast jedes Gewässer ein ganz gutes Barschgewässer. Barsche zu fangen, ist also gar kein Problem, die Besonderheit sind aber eben die richtig großen, alten Barsche. Und die Gewässer, in denen man die besten Chancen auf die dicken Barschmonster hat, habe ich Ihnen genannt. Wenn Sie das ganz besondere Barschangeln auf große, farbenfrohe und starke Fische erleben wollen, dann sollten Sie eines dieser Gewässer aufsuchen.

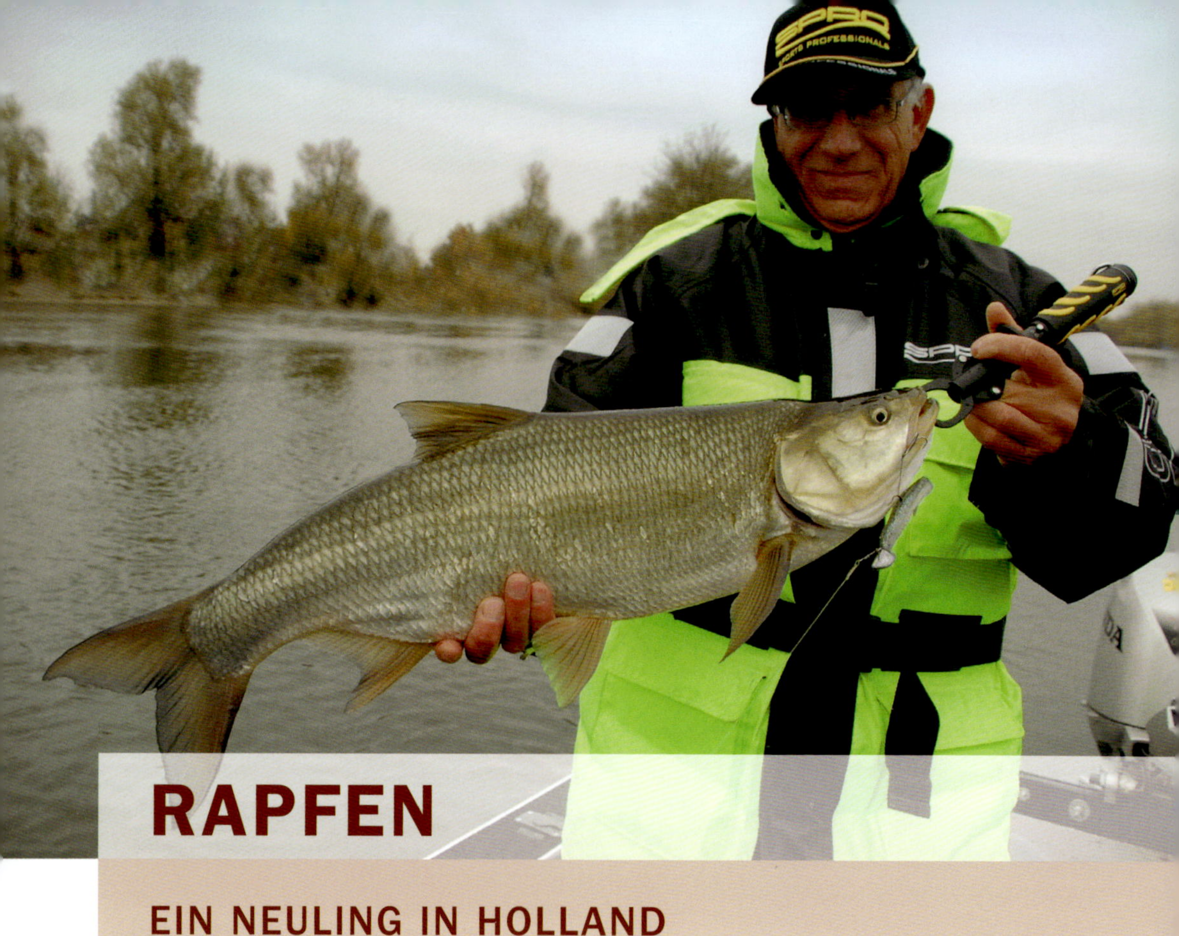

RAPFEN

EIN NEULING IN HOLLAND

Beim Bau den Rhein-Main-Donau-Kanals konnte sicher niemand erahnen, dass er Folgen für den Fischbestand in den Niederlanden haben würde. Aber durch die Verbindung zwischen *Rhein* und Donau wurde dem Rapfen der weite Weg in die niederländischen Gewässer geebnet. Vor zehn Jahren war der Fang eines Rapfens in den Niederlanden noch etwas ganz Außergewöhnliches. Nun zählt er schon zu den ganz normalen Fischen, die in zahlreichen Gewässern vorkommen und gut gedeihen. Und inzwischen gibt es auch schon zahlreiche Angler in den Niederlanden, die sich auf den Fang dieses Fisches spezialisiert haben. Wieso sich jemand auf diesen Fisch spezialisiert, lässt sich leicht nachvollziehen, Rapfen zu fangen, kann nämlich sehr spektakulär sein. Rapfen können dabei ganz beachtliche Maße und Gewichte erreichen, und in den Niederlanden wurden in der Tat schon ein paar riesige Rapfen gefangen.

Den größten Rapfen, den ich je zu Gesicht bekommen habe, hat mein Freund Pieter Nederlof gefangen. Es klingt fast nach Anglerlatein, aber wir angelten auf Hecht und hatten dementsprechend große Kunstköder an der Schnur. Pieter bekam einen gewaltigen Biss auf einen Salmo Fatso

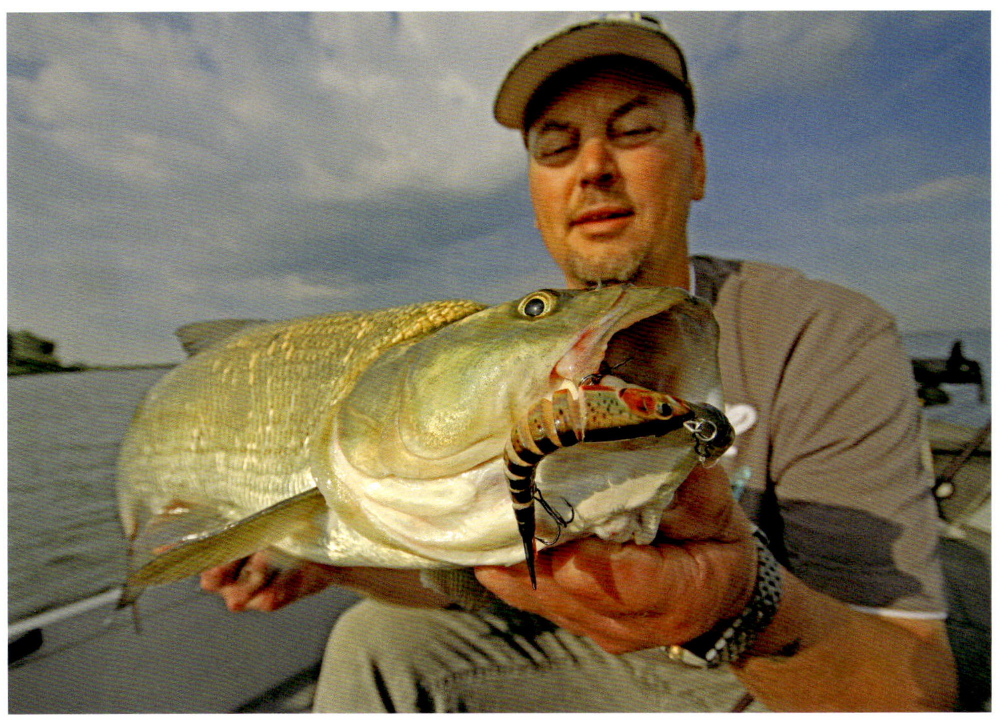

Einem kapitalen Rapfen ist auch ein Hechtköder nicht zu groß.

von 14 Zentimeter, einen ziemlich dicken Köder, der schon für einen Hecht eine beachtliche Portion darstellt. Als der Fisch zum Boot kann, zeigte sich jedoch, dass es ein Rapfen war. Obwohl ich schon einige große Fische gesehen habe, fiel mir beim Anblick dieses gigantischen Rapfens die Kinnlade herunter. Welch ein Fisch! Leider aber auch ein Fisch, der es schaffte, sich dicht vor der Bootswand vom Haken zu be-

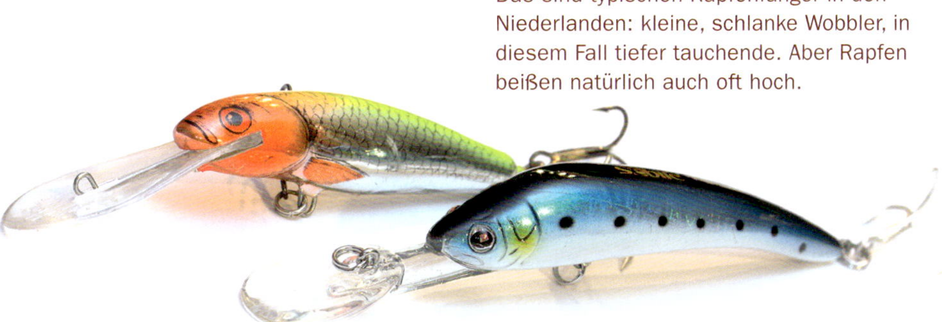

Das sind typischen Rapfenfänger in den Niederlanden: kleine, schlanke Wobbler, in diesem Fall tiefer tauchende. Aber Rapfen beißen natürlich auch oft hoch.

freien. Wie groß dieser Fisch war? Ich bin mir sicher, dass er über einen Meter lang war. Und er hatte einen gewaltigen Körper. Sein Gewicht? Darüber möchte ich besser nicht spekulieren, das lässt sich wirklich schwer schätzen, wenn man solch einen Fisch noch nie gesehen, geschweige denn gewogen hat.

➤ Wichtige Beobachtungen

Rapfen, so sagt man, fängt man am besten, indem man einen Kunstköder rasant durch Wasser führt. So habe ich auch lange Zeit auf Rapfen geangelt und dabei in der Tat den einen oder anderen Fisch gefangen. Aber ich hatte immer schon so meine Zweifel, ob das denn wirklich die beste Methode ist. Denn ich hatte zu viele Zufallsfänge von Rapfen erlebt, die gebissen hatten, als eigentlich auf eine ganz andere Fischart geangelt und dabei der Köder eben nicht sonderlich schnell geführt wurde.

Rapfen haben sicher keine Scheu, einen großen Köder zu nehmen, aber in der Regel ist es doch besser, sie mit kleinen Kunstködern zu beangeln. Köder mit einer Länge bis 10 Zentimeter reichen vollkommen aus. Es dürfen auch gerne Köder sein, die sehr hoch laufen, denn Rapfen jagen schließlich gerne an der Oberfläche. Kunstköder für Rapfen sollten tendenziell eher schlank sein, sie können gerne weitestgehend geradeaus laufen, sie benötigen also kein auffälliges Laufverhalten. Gute Erfahrungen habe ich mit Wobblern gemacht, die mit einem kleinen Spinnerblatt versehen sind. Auch dieser Kombi-Köder sollte nicht allzu groß genommen werden.

Was mir aber vor allem wichtig erscheint beim Rapfenangeln, ist die Beobachtung. Um Rapfen zu lokalisieren, sollte man immer aufmerksam beobachten. Vor allem in der Dämmerung bestehen gute Möglichkeiten, Rapfen beim Jagen zu beobachten. Und dann sollte man besonders darauf achten, worauf sie jagen, wie also aktuell die typische Beute aussieht. Abhängig davon wird der Köder gewählt, der demnach durchaus ein Stückchen größer oder kleiner ausfallen kann. Ich führe diesen Köder dann ein kleines bisschen, aber nicht sehr viel schneller als sonst auch. Denn kleine Fische schwimmen schließlich nicht auffallend schnell. Und wenn sie einmal beschleunigen, dann nur für eine kurze Strecke. Danach stehen sie wieder nahezu auf der Stelle. Versuchen Sie einmal, Ihren Köder genau so zu bewegen, ein paar jerkende und twitchende Bewegungen werden dabei nicht schaden.

Der Rapfen ist für mich weitgehend ein Sommer-Fisch, dem ich mit meinem Freund Pieter besonders früh am Morgen nachstelle. Gerne gehen wir, wenn wir einen Angeltag auf Zander oder Hecht geplant haben, vorab ein bisschen auf Rapfen. Das sind manchmal richtig aufregende Momente, wenn man mit leichtem Gerät so große und kampfstarke Fische beangelt. Vor allem, wenn man dabei auch noch mit Oberflächenködern angelt und die Gelegenheit bekommt, die spektakulären Bisse zu beobachten. Und gerade das Angeln an der

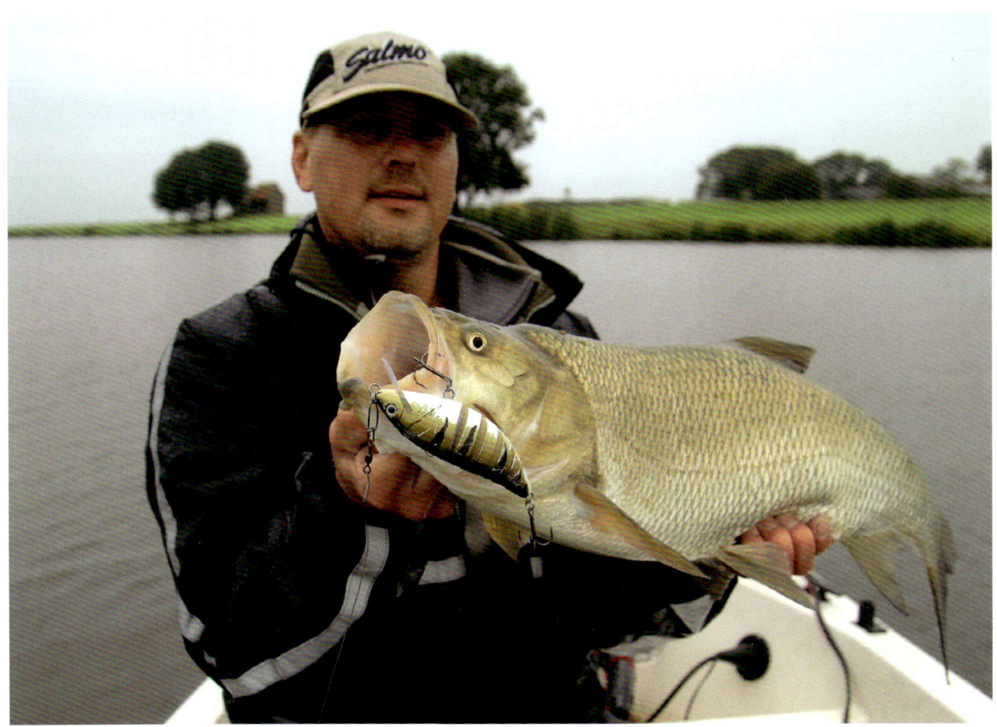

Foto oben: Ein Rapfen um die 80 Zentimeter ist ein Kämpfer, der sich hinter anderen Raubfischen nicht verstecken muss.

Foto unten: Der schlanke Wobbler passte gerade sehr gut ins Beuteschema dieses Rapfens.

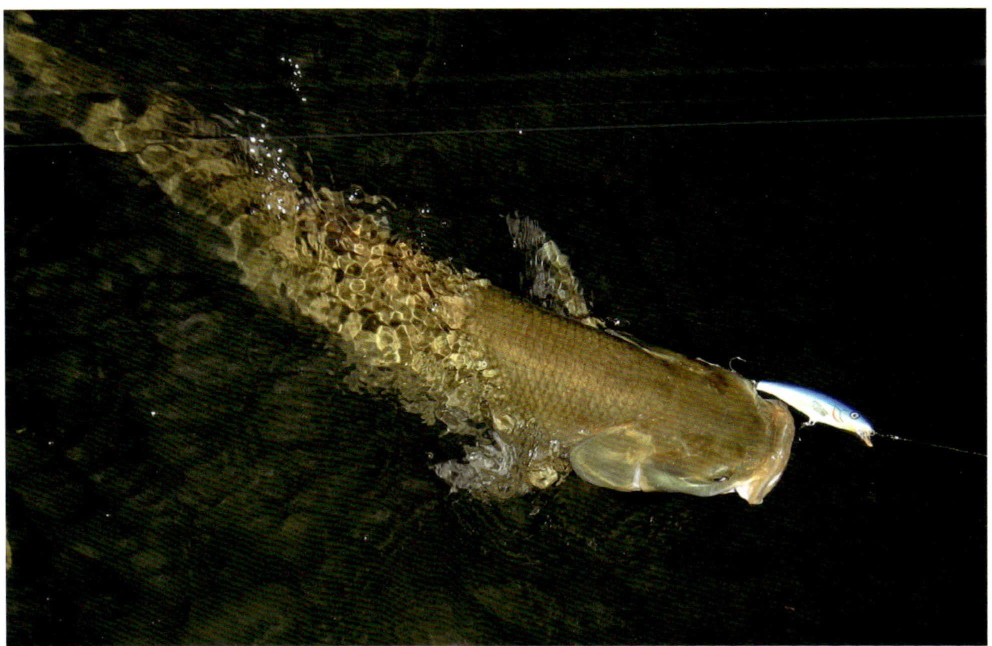

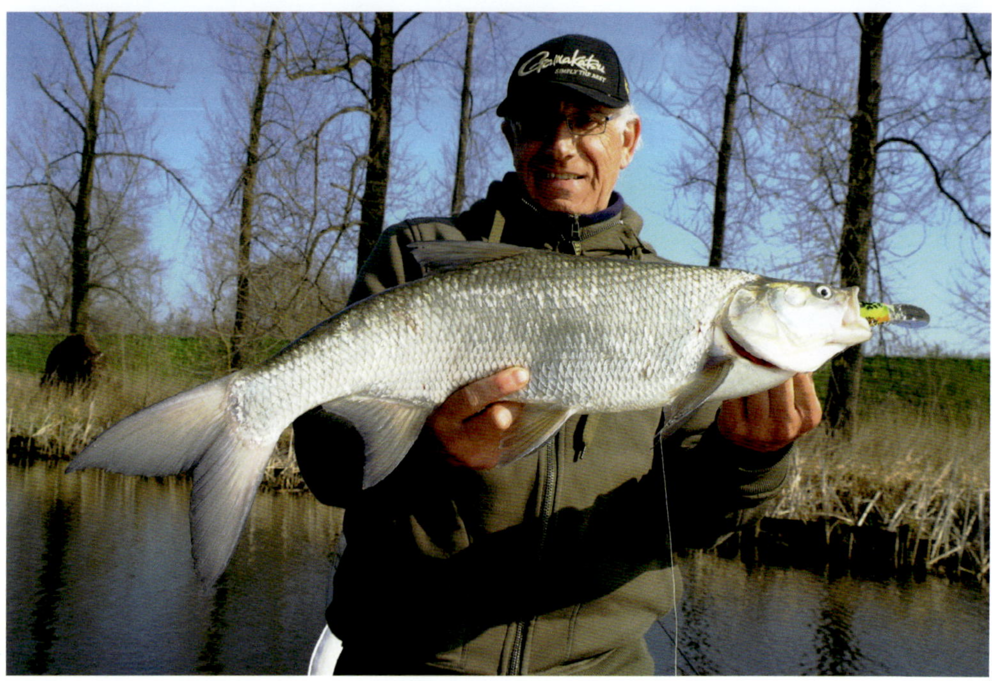

Toller Rapfen aus einem Kanal. Selbst dort gibt es sie schon.

Oberfläche ist eine aufregende und tolle Unterrichtsstunde über das Beißen der Raubfische. Und davon kann man auch wiederum beim Hechtangeln profitieren. Die Bisse der Rapfen kommen knallhart, dann leisten sie kurz heftigen Widerstand, geben aber auch recht bald auf. Als wüssten sie, dass sie nach dem Fang wieder zurückgesetzt werden. Und so ist es selbstverständlich auch.

➤ Die besten Rapfengewässer

Obwohl der Rapfen sich immer weiter ausbreitet, findet man ihn doch noch lange nicht überall. Sie werden ihn sicher noch nicht in all den Poldergewässern antreffen. Der Rapfen gilt im Allgemeinen als ein Strömungsfisch, und dementsprechend wird man ihn auch vor allem in den stärker fließenden Gewässern, also den Flüssen finden. Nichtsdestotrotz trifft man auch an stehenden Gewässern immer häufiger auf Rapfen. Sehr oft sind das allerdings Gewässer mit einer direkten Verbindung zu einem Fluss.

An jedem Fluss in den Niederlanden kann man auf Rapfen angeln. Natürlich gibt es bessere und schlechtere Flüsse, gute und weniger gute Abschnitte. Die *Ijssel* zum Beispiel ist ein ausgezeichnetes Rapfengewässer. Dasselbe lässt sich auch über den Niederrhein und den Lek sagen. Zwischen den Buhnen und an der Strömungskante darf man überall mit Rapfen rechnen. Nahezu überall ist es möglich, vom Ufer aus zu angeln. Die Rapfen sind überall in Reichweite, und auch das macht das Rapfenangeln so reizvoll.

Überall, wo der Fluss stärkere Strömungsbereiche oder Verwirbelungen ausbildet, wird es besonders spannend, denn solche Bereiche sind wahre Anziehungspunkte für Rapfen. Auch die Übergangsbereiche vom fließenden zum stehenden Wasser ziehen die Rapfen magisch an. Ein wahres Rapfenparadies in den Niederlanden bildet der Mündungsbereich der *Ijssel* bei Kampen. Die *Ijssel* mündet in das *Ketelmeer*, das seinerseits bekannt ist für tolle Rapfen. Und obwohl es sich um ein sehr großes Gewässer handelt, kann man an vielen guten Stellen vom Ufer aus angeln. Wenn man ein Boot hat, kann man selbstverständlich auch noch die entlegenen Winkel nach Rapfen absuchen. Passen Sie dort aber gut auf, dass Sie nicht versehentlich in das Zwarte meer abdriften. Das ist nämlich ein großes Naturschutzgebiet, in dem nicht geangelt werden darf.

Am gesamten Ufer des *Ijsselmeers*, das mit einer Fläche von 1100 Quadratkilometern eine riesige Wasserfläche bildet, finden sich zahllose gute Rapfenstellen. Und zwar sind es die vielen Pumpstationen, von denen sich die Rapfen so angezogen fühlen. Vor allem wenn die Pumpwerke arbeiten und dabei Unmengen von Wasser durchpumpen, werden die Rapfen aktiv und sind dann gut zu fangen. Oftmals sieht man dann dutzende Rapfen an der Oberfläche jagen. Die Fische sind aber auch häufig fresswillig, wenn sie sich gerade nicht an der Oberfläche verraten.

Auch an den Stauwerken von *Rhein* und Lek kann der Rapfenangler Sternstunden erleben. Überall an den Brücken und Brückenpfeilern, wo die Rapfen sich vorübergehend aus der Strömung zurückziehen können, kann man mit heftigen Bissen rechnen. Eigentlich ist es gar nicht so schwer, Rapfen zu finden, schließlich verraten sie sich immer wieder durch ihre aggressiven Raubzüge. Ich habe allerdings die Erfahrung gemacht, dass man immer wieder in den frühen Morgenstunden die besten Chancen hat, Rapfen zu sehen und zu fangen. Also heißt es, früh aufstehen, wenn man erfolgreich auf Rapfen gehen will. Aber Angler sind das frühe Aufstehen ja schließlich gewöhnt.

GUIDING IN DEN NIEDERLANDEN

Wenn Sie sich den Einstieg in das Raubfischangeln in den Niederlanden etwas erleichtern und gleich mit dem richtigen Gerät an den richtigen Stellen anfangen wollen, dann nehmen Sie sich doch einen Guide. So profitieren Sie von den Erfahrungen eines einheimischen Kenners und ersparen sich unangenehme eigene Erfahrungen. Allerdings können Sie dabei nicht auf jeden vertrauen, der sich selbst Guide nennt. Ich habe selber viele Guides kennengelernt und bin dabei einigen wirklich guten Leuten begegnet, die ich Ihnen empfehlen kann und bei denen ich sicher bin, dass Sie als Angler nicht von ihnen enttäuscht werden. Es sind alles erfahrene und sympathische Fachmänner, zu denen Sie gerne Kontakt aufnehmen können.

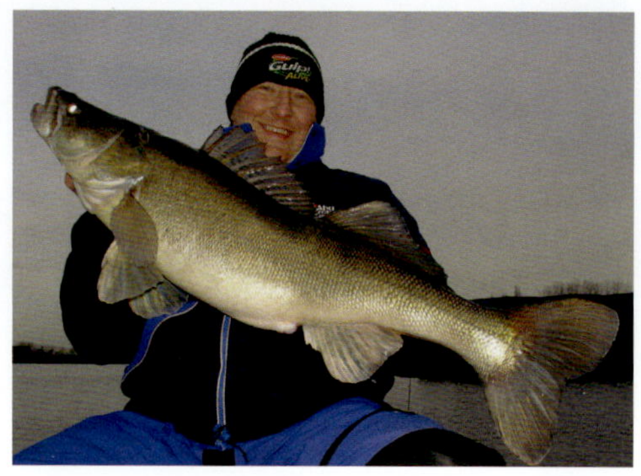

Daan Verbruggen

Daan ist ein Allrounder mit einem starken Hang zum Zanderangeln. Dabei beherrscht er alle Methoden und Techniken. Daan wohnt in Nordholland und kennt sich besonders gut auf Gewässern wie dem *Gooimeer*, der Amsterdamse IJ, dem Fluss De *Zaan* und den großen Flüssen aus. Wenn Sie einen guten Angeltag mit einem wahren Zander-Champion verbringen wollen, dann fragen Sie bei Daan an: dverbruggen@upcmail.nl

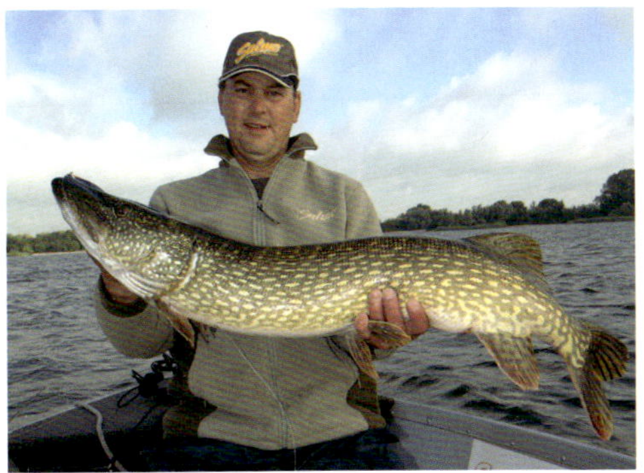

Pieter Nederlof

In diesem Buch habe ich Pieter schon an einigen Stellen genannt. Er ist ein absolut sympathischer Angler. Bei ihm ist ein Gast in den besten Händen. Pieter ist ein Allrounder, dabei allerdings ein bisschen mehr Hecht- als Zanderangler. Außerdem versteht er etwas von Rapfen, die er schon in Größen gefangen hat, von denen andere nur träumen. In Pieters Boot findet zwar nur ein Gast Platz, aber für dessen anglerisches Wohl wird auch gesorgt. Pieter angelt auf den Veluwe Randmeren und auf verschiedenen kleineren, aber sehr guten Gewässern. Auch auf der *Ijssel* kennt er sich sehr gut aus.

E-Mail: pieternederlof@home.nl

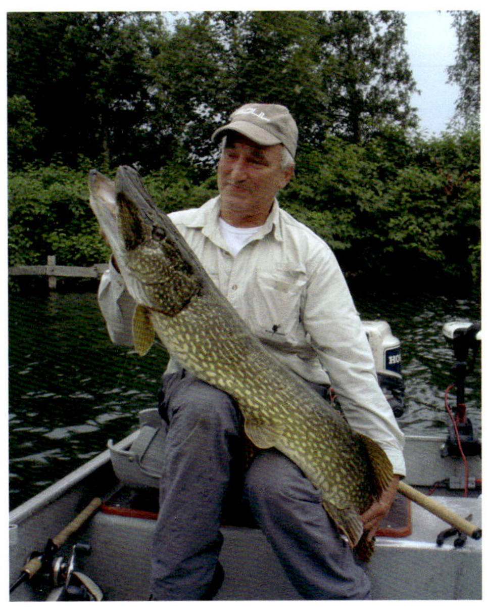

Steef Meijers

Bei allen Entwicklungen des modernen Kunstköderangelns ist Steef Meijers vorne mit dabei. Er angelt sowohl auf Seen als auch Flüssen auf Hecht, Zander, Barsch und Rapfen. Sie können bei Steef aus einem großen Angebot wählen, und er wird alles tun, damit Sie fangen und einen schönen Tag erleben. Auf großen Seen erleben Sie den Tag auf seinem Marcraft 440, auf kleineren Gewässern fährt er mit seinem Alumacraft T14V. Steef betreibt die Homepage www.fishingguidesholland.nl. Auf der Seite finden Sie in deutscher Sprache alle Infos, die Sie für einen Angelausflug in den Niederlanden brauchen.

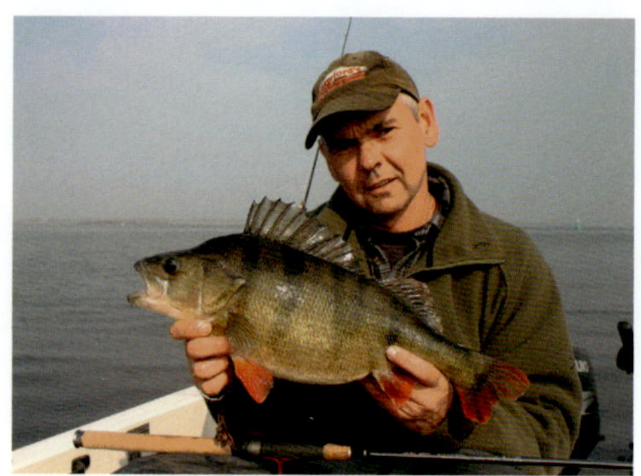

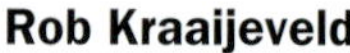

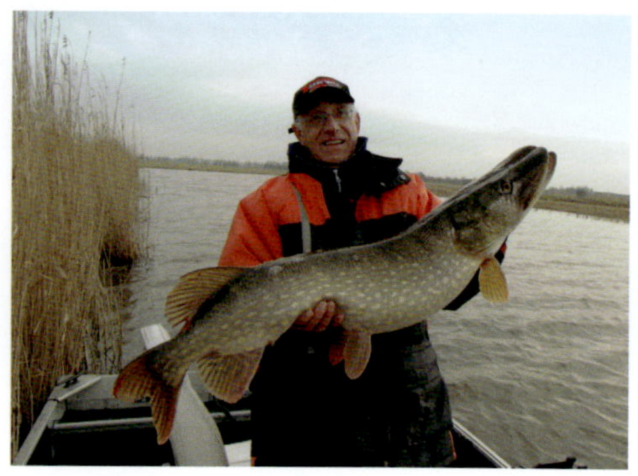

Rob Kraaijeveld

Als ausgewiesener Raubfischprofi hat Rob eine Menge kapitaler Fänge vorzuweisen. Rob entwickelt seine eigenen Kunstköder, vor allem Jerkbaits und fabelhafte Streamer. Er wohnt dicht beim *Haringvliet* und ist deshalb auch oft dort und auf dem *Volkerak* unterwegs. Auch Gewässer wie den Biesbos kennt er sehr gut. Rob geht meistens auf Hecht, ist aber auch ein erfolgreicher Vertikalangler. Mit Rob können Sie auch eine Tour zum Fliegenfischen auf Hecht machen.
E-Mail: robkraaijeveld@upcmail.nl

Johan Caneel

Johan ist ein professioneller Guide, der mit vielen verschiedenen Techniken gut vertraut ist. Er angelt häufig auf den großen Flüssen, begleitet Sie aber auch gerne auf andere Gewässer. Auf Wunsch wird geschleppt, geworfen oder vertikal geangelt. Mit seinem modernen Boot ist er auf alles bestens eingerichtet. Johan pflegt eine eigene Homepage mit vielen nützlichen Informationen auf Deutsch. Infos: www.visgidsjohan.nl

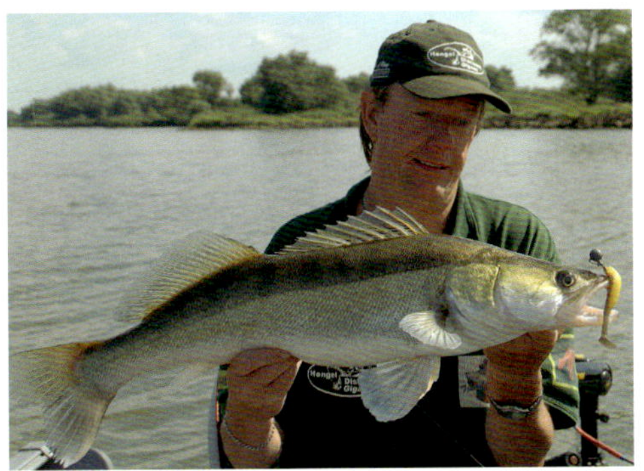

Tjeerd van der Ploeg

Mit Tjeerd muss man eigentlich mal geangelt haben. In seinem Boot ist immer was los, weil immer was gefangen wird. Tjeerd ist stets ein fanatischer Angler bei den Niederländischen Zandermeisterschaften und kennt deshalb alle guten Zandergewässer wie seine Westentasche. Er ist auch ein erfahrener Hechtangler, aber Zander und Barsche sind nun einmal seine Lieblingsfische. Wer diese Fische einmal mit allen wirkungsvollen Techniken beangeln will, sollte sich bei Tjeerd anmelden.
E-Mail: tjvdploeg@home.nl

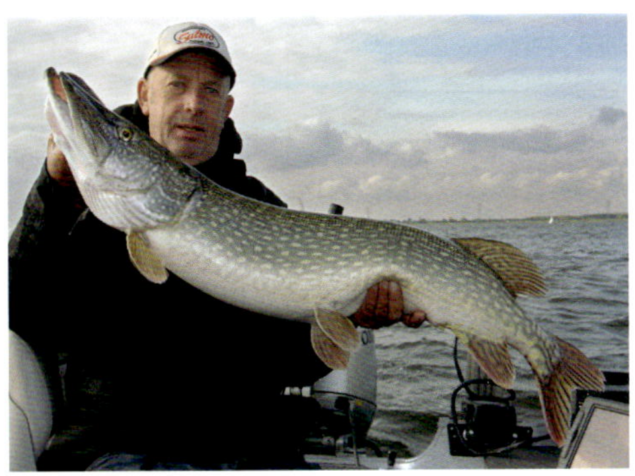

Bertus Rozemeijer

Weitere gute Guides finden Sie auf der Seite der Fishing Guides of Holland www.fishingguidesholland.nl, einer Vereinigung, für die auch alle die genannten Guides tätig sind. Ich guide selbst auch und nehme Sie gerne mit aufs Wasser. Sie können mit mir auf alle möglichen Gewässer fahren, um auf Hecht, Zander und Barsch zu angeln. Ich angle oft auf den *Veluwerandmeren*, aber ich bin auch mit zahlreichen anderen Gewässern sehr gut vertraut. Auf Hecht angle ich mit allen erdenklichen Techniken, am liebsten den aktiven, und mit denen angle ich das ganze Jahr hindurch. Auf Wunsch können Sie auch ein umfangreiches Seminar bei mir bekommen, in dem alle Aspekte des Hechtangelns behandelt werden. Da ich als erster die Technik des Vertikalangels auf Zander eingesetzt habe, kenne ich mich auch damit sehr gut aus. Wenn Sie einen Angeltag bei mir buchen wollen, melden Sie sich bei:
b.rozemeijer@kpnmail.nl

Das Kochbuch für Angler

So leicht gelingen leckere Fischrezepte!

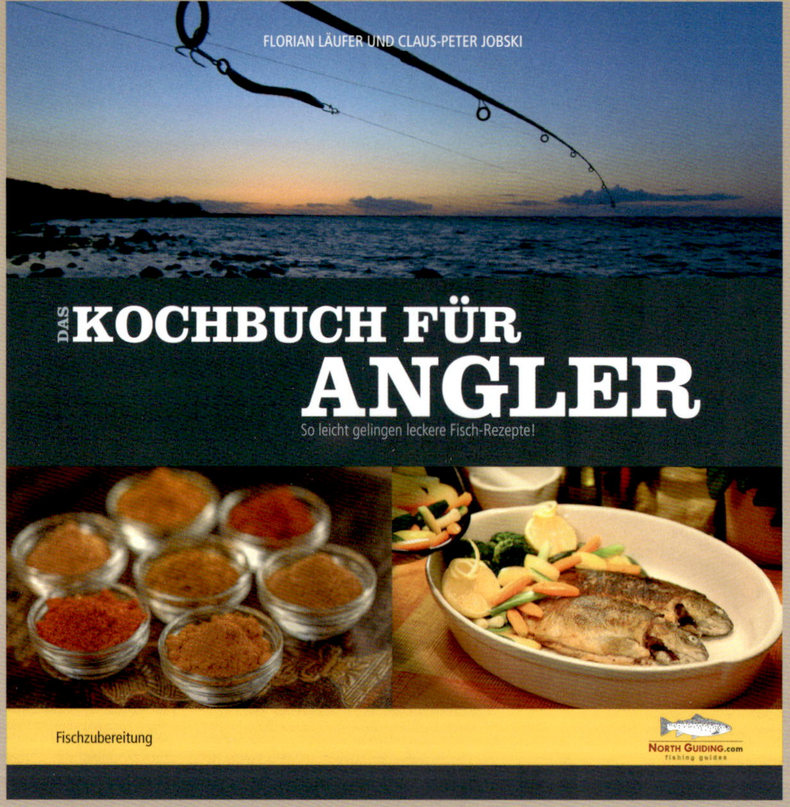

Das Kochbuch für Angler – So leicht gelingen leckere Fischrezepte!
Florian Läufer / Claus-Peter Jobski
ISBN 978-3-942366-32-8, Hardcover 176 S., € 19,95

Das perfekte Kochbuch für leckere Fischrezepte! Pfiffige Tipps rund um eine gelungene Fischzubereitung. Mit 25 ausgewählten Rezepten für Süß- und Salzwasserfischen, die auch Anfängerherzen hochschlagen lassen. Weil sie schnell und einfach zubereitet werden können. Und weil frischgefangener Fisch nur zu Hause so lecker schmeckt. Je nach vorhandenen Zutaten, Zeit und Vorlieben lassen sich mit diesem Buch viele, viele weitere schmackhafte Gerichte zaubern. Sehr praktisch: der fundierte Ratgeberteil. Viele Tricks, Kniffe und praktikable Hinweise helfen z. B. die notwendigen Arbeitsmittel, die besten Zutaten und den passenden Wein auszuwählen. Alles wird verständlich und mit hilfreichen Fotos veranschaulicht.
Fisch ist lecker! Fisch ist gesund! Was liegt also für uns Angler näher, als den gefangenen Fisch auch selbst zuzubereiten?

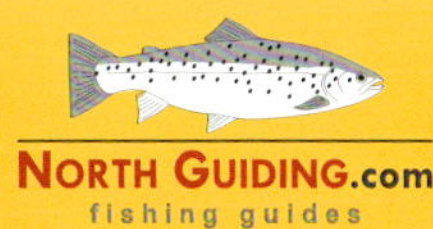

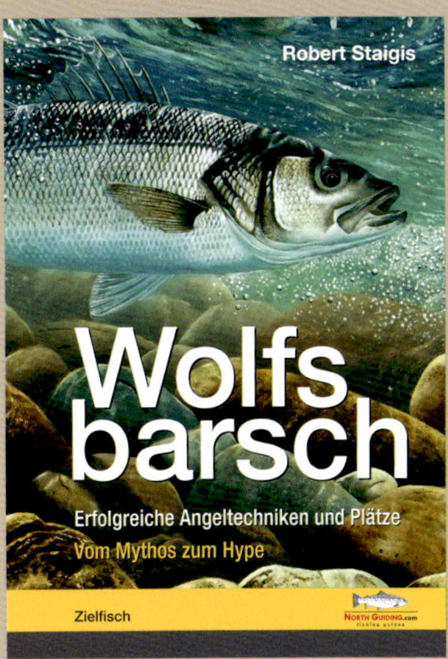

Wolfsbarsch –
Erfolgreiche Angeltechniken und Plätze
Robert Staigis
ISBN 978-3-942366-22-9
Hardcover, 200 S., € 24,95

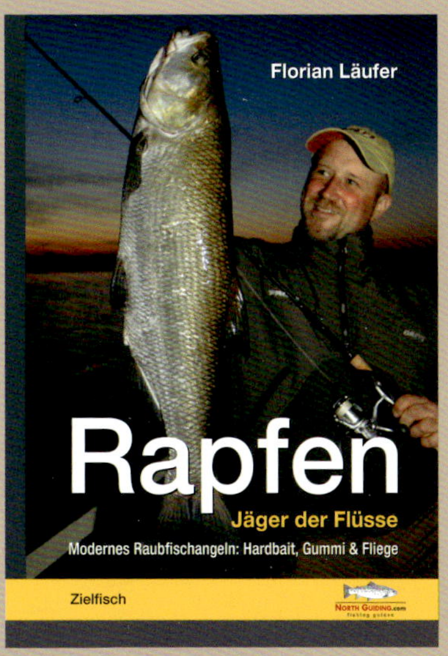

Rapfen – Jäger der Flüsse
Florian Läufer
ISBN 978-3-942366-27-4
Hardcover, 224 S., € 24,95

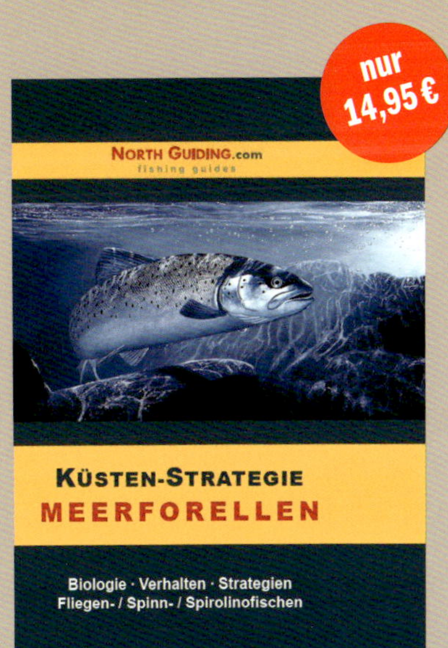

Küsten-Strategie – Meerforellen
Michael Zeman / Heiko Döbler
ISBN 978-3-942366-00-7
Hardcover, 200 S., € 14,95

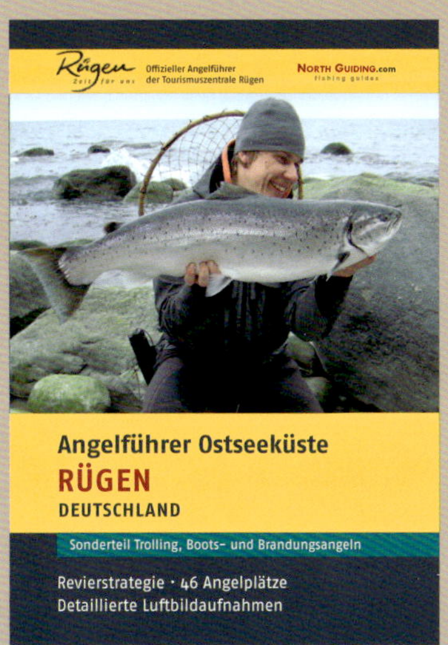

14 Angelführer
OSTSEEKÜSTE für die deutsche, dänische und schwedische Küste mit mehr als 800 Angelplätzen,
je € 18,95

ÜBER DEN AUTOR

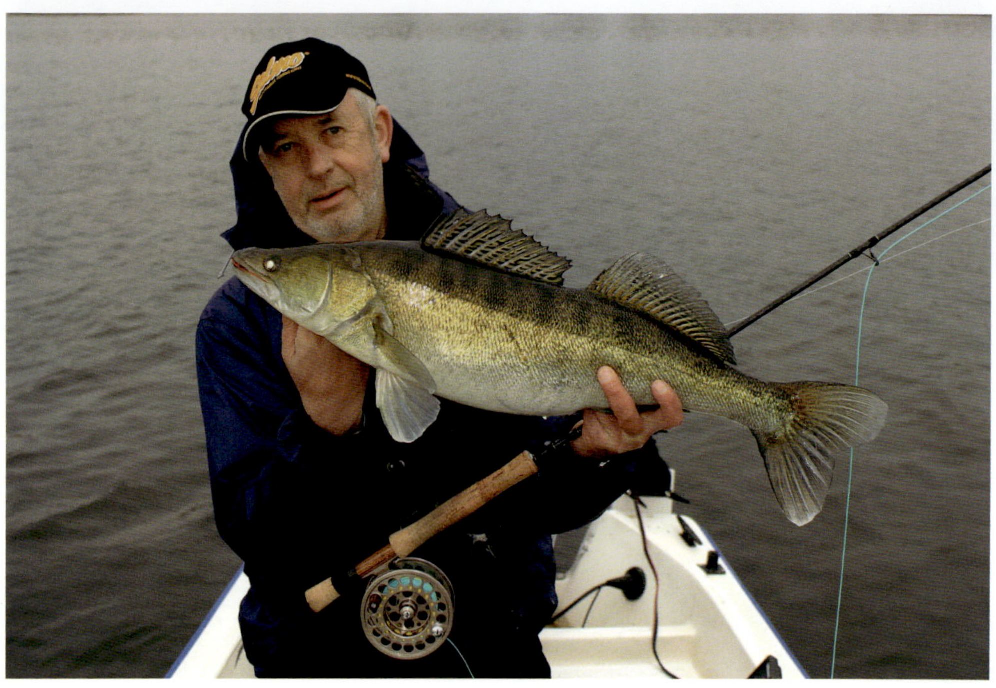

Bertus Rozemeijer wurde am 05.11.1950 geboren und angelt seit seinem 14. Lebensjahr. Schon damals nutze er Kunstködern, als dies noch kaum verbreitet war. Zusammen mit Arjan Willemsen schrieb er 1981 sein erstes Buch, dem noch viele weitere folgten.

Bertus ist bei neuen Entwicklungen und Techniken immer ganz vorne mit dabei. Das Fliegenfischen auf Hecht erfreut sich auch wegen ihm einer breiten Zustimmung und Resonanz bei jedermann. Er war der Erste, der aktiv mit dem Downrigger auf große Forellen fischte und über das Vertikalangeln schrieb.

Zusammen mit Henk Rusman brachte er das Angeln mit Jerkbaits anderen Raubfischanglern näher, ohne die Folgen zu ahnen.

Bertus Rozemeijer ist einer der bekanntesten Raubfischangler in Europa. Sein enormes Fachwissen konnte er sich in mehr als einem halben Jahrhundert erangeln. Der freundliche Niederländer ist ein großartiger Angelkamerad und hat überall auf der Welt verteilt Angelfreunde. Wir sind besonders stolz, dass wir einen derart kompetenten Autor gewonnen haben, denn Bertus gilt als absoluter Top-Experte in Raubfischfragen. Egal ob Hecht, Zander, Barsch: Bertus Rozemeijer hat sie alle bereits in kapitalen Größen gefangen, als die meisten von uns gerade erst eine Bambusrute halten konnten.